社会企业家精神

创造性地破解社会难题

毛基业　赵萌　等著

SOCIAL ENTREPRENEURSHIP

中国人民大学出版社
·北　京·

编写与顾问团队（按姓氏拼音排序）

陈　姚	付　彦	冯云霞	李晓光
李　焰	刘彧彧	毛基业	宋继文
王建英	王刊良	王　强	吴　伟
徐京悦	许艳芳	叶康涛	赵　萌

序一

十分高兴看到这本有关社会企业的著作出版。我对人大尤努斯中心同事们的辛苦付出和他们恰逢其时的工作，表示欣赏与感激。这本书很好地回答了中国现阶段社会企业（social enterprise）与社会事业（social business）发展中至关重要的问题。

这本书为理解社会企业的本质提供了一个恰当而有用的视角。40 多年前，当我把 27 美元放到孟加拉国乡村贫民手中时，我知道自己不是在提供一份经济资助，也不是在示范一种商业模式，而是在传递我对他们追求经济独立与美好生活的内在能力的信心。我是在激发他们的企业家精神。

社会企业是一个内容丰富的大概念。我常常看到人们由于缺乏了解，而把社会企业和社会事业相混淆。本书能够帮助读者了解不同社会企业形态和类别之间的区别与联系；避免由于对社会企业、社会事业、企业社会责任（corporate social responsibility）、共益企业（B corporation）等概念界定不清而导致的误解和误用；理解它们的区别，它们是什么，以及不是什么。

恰当地理解和实践这些概念，将对以造福社会为最终目标来推动国家经济和全球经济的发展产生巨大的推动力。人们正逐渐形成共识：以追逐个人经济利益为导向的经济结构正在世界范围内制造出巨大的社会问题，特别是财富加速集中到越来越少的人手中造成了很大的社会问题。为了遏制贫富差距的扩大趋势，我们亟须推动一种以造福社会大众为目标的经济发展模式。本书向人们清晰展示了可以采取的行动。

本书的另一个特殊价值在于，它首次从平衡的管理视角对中国的优秀社会企业进行了深入剖析，展现了这些企业的优势与劣势、突破与纠结、笃信与困惑。这种实践是中国和世界了解社会企业所需要的。

我要为中国人民大学商学院的同事们鼓掌，是他们的努力让人们更好地认识到中国社会企业创新的最新图景。祝愿人大尤努斯中心及其合作机构，能够坚定不移且持续地为切实提升中国社会企业和社会事业做出贡献。希望社会企业和社会事业在中国的经济发展中扮演越来越重要的角色，为中国和世界性的社会问题提供有效的“中国解决方案”。

穆罕默德·尤努斯　教授

格莱珉银行创始人

2006 年诺贝尔和平奖获得者

2018 年 6 月 4 日于达卡

序二

本书是由中国人民大学商学院的十多位教师汇聚集体智慧、辛勤努力而成，是为推动中国社会企业发展的付出。我在这里简要分享三点我对社会企业现象和本书的浅见。

第一，为什么要关注社会企业？2018年是改革开放四十周年的历史性时刻，也是反思过去规划未来的时刻。在过去的四十年里，中国社会经历了翻天覆地的变革，取得了举世瞩目的成就，实现了人类历史上罕见的跨越式发展。但与之俱来的也有很多复杂且严重的社会问题。例如，贫困人口、食品安全、环境污染、弱势群体的利益保护，以及未富先老等新老问题。有些问题不但没有在改革发展中自动化解消失，反而有加剧和恶化的趋势。事实上，一个社会的发展水平再高，也会存在不均衡现象，也会存在享受不到社会进步的死角。社会越进步，关注社会问题的人越多，对社会问题的容忍度越低，乐于采取行动解决问题的人也会越多。

众多的社会问题靠谁解决？政府、企业，还是个人？事实证明，单一方面都是不够的，需要各方面的社会力量，不仅是政府，还有所有已经意识到这些问题并致力于解决这些问题的人们。如何有效解决社会问题？面对剧变中的社会，以往的社会组织、慈善机构、传统方式都难以应对。随着经济发展模式开始遭遇瓶颈，以及转型升级时机到来，社会在呼唤新的力量和创新的方式来应对众多社会问题。无论什么样的解决方式，可持续发展都是一个重要特征。可持续发展也是今天全球发展的一个主题。应运而生的社会企业，正是符合可持续发展理念的解决社会问题的有效方法。

何谓社会企业？通常的理解是采用商业手段解决社会问题的企业。但理论界和实务界存在各种各样的理解，以赵萌博士为首的中国人民大学商学院的社会企业研究团队提出了一个更为恰当和更具包容性的定义：社会企业是运用企业家精神解决社会问题的组织。这个定义的核心词之一“企业家精神”，包括机会识别、创新精神、承担风险和坚忍不拔的韧性等企业家特质。

第二，为什么中国人民大学商学院要关注社会企业？这是因为我们以“做最懂中国管理的世界一流商学院”为愿景。既然要最懂中国管理，而管理学研究的对象是组织，中国社会企业作为一种新型的组织形态自然是我们的关注对象。此外，世界一流的商学院应该有全球范围的最佳实践，发挥对社会的引领作用，也必须有改变世界、造福人类的情怀。2017 年上半年，我因公访问了英国的两所大学，其中一所把可持续发展和社会责任作为商科的研究主题，也是全校的主题。另外一所学校的商学院要求一切研究方向都要跟社会责任和可持续发展挂钩，新教师招聘优先考虑这些研究领域。社会责任、可持续发展是当今国际上商科教育非常热门的话题。从履行社会责任的角度，人大商学院希望对中国社会企业的发展发挥一定的引领和推动作用。为此，2017 年初中国人民大学商学院携手中国普惠金融研究院，与孟加拉国尤努斯中心合作，共同成立了中国人民大学尤努斯社会事业与微型金融研究中心。以赵萌和王建英为代表的团队还联合国内 15 家主要社会企业推动机构，发布了《中国社会企业发展北京倡议》，以此推动中国社会企业的发展。

中国人民大学商学院内部已经形成了一股力量，有一部分教师开始关注社会，研究社会，走进社会企业，为社会企业在中国的落地开花、蓬勃生长贡献力量。学院的一批中青年教师自觉自发地组织起来，深入多家社会企业进行田野调研，开发了十多个极具启发性的案例，形成本书的主体。

第三，本书有什么特点？本书的主编之一也是主要推动者之一赵萌博士在前言中详细阐述了什么是社会企业，希望有助于界定和理解社会企业这一新生事物，助力其发展。本书的主体是 10 篇有代表性的最新案例。对于实务工作者来讲，榜样的力量是无穷的；这些案例反映了不同的模式、行业和企业家对解决社会问题的探索，能够激励更多的后来者投身于社会企业运动。对于研究人员来讲，案例是理论与实践的桥梁，案例研究是从实践中归纳理论的有效方式和科学方法。通过对多个案例的研读和分析，可以找到代表共性的一般规律。我们的团队可以发挥学科优势和案例研究专长，通过对中国社会企业典型案例的研究，提炼理论。

本书的一个不足是缺乏跨案例分析与比较，以及缺少与现有文献进行对话。希望后续的研究中，他们能够深入进行跨案例比较，进而发现规律，指导实践，做出理论贡献。我们的目标是通过教学、研究和社会实践，致力于推动中国社会企业的发展。

感谢赵萌和王建英两位老师带领人大商学院团队的领导作用和不懈

的努力。没有他们锲而不舍的坚持，本书就不可能问世。他们对社会企业有极高的研究热情，为书中的案例开发做了大量的组织协调工作。感谢参与此书编写的同事们的探索和辛勤工作。感谢接受调研和访谈的所有企业和社会企业家们，他们是真正的先行者，在不确定中奋力探索前行，披荆斩棘为后来者开辟一条新路，照亮前进的方向。

衷心希望本书能够对中国的社会企业发展做出贡献。我坚信，对于中国社会企业而言，前进的方向已经明确，最难的第一步已经迈开，随后的脚步将会更加坚实。

毛基业 教授

中国人民大学商学院院长

序三

让企业成为善的重要载体

当代世界的经济领域，有三个重要的趋势正在迅猛发展并逐步走向融合，它们就是：企业向善，社会企业，公益金融。这三个趋势，客观上是在改变三者长期脱离甚至对立的倾向，促成企业、公益与金融的深度结合，以善引领企业与金融的发展，我将这样的趋势称为善经济时代的来临。

在这样一个时代，最为需要的，是社会企业家精神的弘扬。所谓社会企业家精神，就是从事社会企业的实践者所具有的社会情怀和致力于运用商业工具来推进社会进步的理念。这样一种精神，能够既促成公益慈善事业与商业工具的结合从而使之更有效率，也会促使商业成为向善的力量，推动商业文明的提升。

《社会企业家精神》一书所记录的，是中国社会企业的最佳实践。所有这些案例，既反映出中国当代公益慈善事业与世界接轨并在不少方面有所创新的趋势，又展现了中国社会企业发展所具有的特殊结构与态势。

从多个维度看，中国社会企业的发展具有四个重要的特征：

第一，中国社会企业的社会基础深厚。在中国的文化中，“善财”是一个专有名词，有很长的历史。可以说，善与财的结合，已经深深植根于中华文明之中。在中国相当普及的神话人物中，“善财童子”就是一个典型的代表。

第二，中国社会企业起步很早。这也许是时势所迫的一个选择。因为如何解决改革开放之初政府所面临的一些十分紧迫的社会问题，包括贫困与残疾人就业等，在缺乏资金又不得不做的情形下，政府的自然选择就是，在鼓励民营企业发展的同时，政府自身也在建立社会福利企业和采取社会扶贫行动。而运用企业的办法解决迫切的社会问题，恰恰是社会企业的基本定义。

第三，中国社会企业总体上发展较为缓慢。除了本书所列举的一些社会企业取得了较大的成功外，就一般意义而言，社会企业还没有成为国家的重要政策关注点，因而缺乏总体性的制度安排，整个社会对于社会企业还相当陌生。即使是政府所举办的社会福利企业，也由于多种原因渐渐无声无息。对于社会性的扶贫，还没有纳入政策性的社会企业支持框架。

第四，中国社会企业的支持体系薄弱。前些年，有关单位曾经进行过社会企业的认证，通过努力，全国范围内认证了7家，而随后一年的认证，也是十多家，2017年的更进一步认证，达到了上百家。比较英国的情形，它们开展社会企业认证之时，立即就认证了7万多家。可以说，认证之初，中国与英国差距为一万倍。这绝不是说两国的实践真正有这么大的差距，实际上，是两国在认证理念上存在巨大的差距，是知识支持系统的差距。

面对中国的现状，应该怎么办？转变理念是根本。《社会企业家精神》的出版就是一个重要的推动力量。在整个社会对于社会企业还相当陌生的情况下，最为实在的行动是在理论与实践的结合上，介绍一些生动的案例，让大家通过这些案例获得感性认识，从而逐步达成社会共识。

感谢本书的各位作者，他们通过辛勤的劳动，精心汇集一些典范案例，其中有不少案例是公益慈善界都很熟悉的。希望这些案例能够推动社会企业家精神发扬光大！

王振耀　教授

北京师范大学中国公益研究院院长

深圳国际公益学院院长

前言

亲爱的读者朋友，如果你翻开本书，说明你希望对社会企业有所了解。本书不会令你失望。本书以及后续的系列案例集将通过生动的案例故事和严谨的理论框架，向读者展现在中国蓬勃兴起的社会企业、社会企业家群体以及他们身上流淌着的社会企业家精神。本书由中国人民大学尤努斯社会事业与微型金融研究中心（简称人大尤努斯中心）和中国人民大学商学院（简称人大商学院）的十几位老师、同学共同完成。历时 10 个月，我们深入调研了 10 家在各自领域具有代表性的社会企业，共进行了 70 小时以上的正式和非正式访谈，收集了丰富的二手数据。本书比较深入地回应了中国社会企业领域两个最基本，却长期以来存在争议、难以形成共识的问题。首先，什么是社会企业？本书提出了一个基于社会企业家精神要素的中国社会企业界定框架，并通过10个案例对这一框架进行具体阐述。其次，早期发展较好、较快的社会企业长什么样子？本书通过案例勾勒出中国优秀社会企业的基本画像。

2017年6月11日，人大尤努斯中心和人大商学院联合15家国内主要社会企业推动机构发布了《中国社会企业发展北京倡议》，包括：北京大学公民社会研究中心、北京师范大学中国公益研究院、北京师范大学社会治理与公共传播研究中心、深圳国际公益学院、深圳市中国慈展会发展中心、社会价值投资联盟、中国小额信贷联盟、友成企业家扶贫基金会、億方公益基金会、北京博能志愿公益基金会、恩派公益组织发展中心、世青创新中心、社创之星、深圳市社创星社会企业发展促进中心和善达网。倡议的目的在于建立一个基于专业分工的工作网络，系统推进中国社会企业领域在认证、教学、研究、赋能、品牌建设、投资、政策支持等方面的发展，以促进业界对社会企业的概念与实践形成必要的共识，以及制定社会企业行业发展路线图。本书的出版是倡议的落地项目之一。

我们期待本书能激发读者探究社会企业并投身社会企业运动的兴趣。本书的目的不是介绍社会企业概念的历史沿革，不是讨论社会企业的发展现状，也不是对社会企业领域的争议和分歧盖棺论定，而是通过提出基于理论研究和案例分析的社企界定框架，为在中国更加深入地讨论、研究和实践社会企业提供较为严谨的话语基础和认识基础。中国的社会企业发展还处于早期阶段，人们对社会企业内涵和边界的理解不尽相同。为了提出适合中国的社会企业界定框架，我们必须从现有纷杂的知识当中梳理出一些理论模式，找到中国社会企业与这些模式之间的关系，进而结合中国社会企业实践的具体情况，提出既能与现有理论对话，又能满足中国实际需要的对社会企业的认识方式。

本书提出了中国社会企业的界定框架，包括判定什么是社会企业，以及区分不同社会企业类型。该框架的提出基于 144 篇国际主流文献、对国内外案例的分析，以及研究团队对中国社会企业实务的观察和调研。研究团队分析了几十家被国际上主要的社会企业支持机构，如阿育王（Ashoka）、施瓦布基金会（Schwab Foundation for Social Entrepreneurship）和斯科尔基金会（Skoll Foundation）等所认可的组织的特征，以及 46 家被广泛认可的国内社会企业的特征。通过分析发现，首先，仅仅通过判断一个组织的社会属性和商业属性之间的关系是无法准确理解多样化的社会企业实践的。这对人们通常使用社会属性和商业属性二元分析来界定社会企业的思路提出了挑战。其次，现有研究没有形成统一定义，且有学者认为多样化的定义反映了复杂的社会企业发展现实，形成统一定义的尝试不利于社会企业研究和实践的发展，但我们发现已经出现了几个界定社会企业的流派。换句话说，已经出现了几种围绕类似元素来定义社会企业的倾向。再次，现有界定流派均使用了社会和商业元素以外的元素来判定社会企业。如果仅从社会属性和商业属性二元分析来认识不同的界定流派，就无法完整理解现有研究成果。基于这些发现，我们提出对社会企业的判定和分类需要从社会-商业二元分析视角转向企业家精神视角。具体来说，一种对社会企业的界定框架不应满足于了解一个具有社会目标的组织是否采用商业模式或是否通过市场交易收入实现财务可持续。更符合实际的框架是分析一个组织是如何把包括但不限于社会属性和商业属性的企业家精神元素组合在一起来解决社会问题的。

本书是国内第一本整合了理论框架和翔实管理案例的社会企业读物。本书适合多元化的读者群体：社会企业的从业人士可以从案例中学习实战经验和教训；学者既可以将案例用于课堂教学，也可以从界定框架和案例中获取研究思路；政策制定者、认证机构、专业支持机构和投资机构可以从书中发掘识别和评估优秀社会企业的要素。

书中的 10 家社会企业都成立于近 10 年间，集中在中国社会企业发展迅猛的五个城市（北京、上海、深圳、成都、杭州）。它们大部分是在工商部门进行公司注册，大部分创始人具有商业领域的从业背景。表1总结了案例的背景信息。这10家社会企业致力于解决10种不同的社会痼疾。我们基于对上百家中国社会企业发展状况的观察认为，本书收录的企业是在各自领域发展较快、较好的有代表性的组织。我们充分认识到社会企业发展的复杂性，所以无意也无法预测案例企业的未来状况。但是我们有理由相信这些社会企业经过几年的摸索，逐渐形成或正在形成有潜力、可持续、规模化解决社会问题的商业模式。与此同时，我们在每家企业身上都识别出某些线索，如制度设计、策略选择、组织文化和行为倾向。这些线索有助于防止这些组织的社会使命产生漂移。或者说，防止这些组织因为对财务和市场业绩的追求从而损害了其社会使命。

表1　案例中的社会企业的基本信息

社会企业	成立时间	所在地	社会影响领域	创始人职业背景
喜憨儿洗车	2015	深圳	心智障碍	商业投资、商业创业
分享收获	2012	北京	农业污染、食品安全、乡村建设	博士毕业后进行社会创业
成都朗力	2011	成都	养老	商业创业
佰特教育	2009	上海	经济公民教育	商业企业、公益组织
老爸评测	2015	杭州	产品安全、健康	公务员、商业创业
米公益	2014	北京	公益慈善	硕士毕业后进行社会创业
乐朗乐读	2009	北京	读写困难	商业企业
碳阻迹	2011	北京	环保	商业企业
零分贝	2016	北京	扶贫	商业企业、商业创业
梦想骑行	2013	成都	骑行者生命安全、心理疗愈	公务员

本书收录的社会企业无一例外地为具有广泛影响且棘手的社会问题提供了创新的解决方案。它们大都是各自领域第一个吃螃蟹的人，或是行业的开拓者。碳阻迹开发了中国第一个碳管理软件和线上低碳教育系统；佰特教育研发了中国第一个针对弱势儿童的财商教育项目和课程；乐朗乐读研发了创新性的读写困难教育课程和产品；分享收获首倡新农人愿景并通过打造全国性的联盟组织推进“社区支持农业”模式；老爸评测采用自主评测 + 网络商城的模式推动行业改进和产品安全；米公益首创了通过个人良好生活行为撬动大规模企业捐赠的网上游戏 + 公益体系；成都朗力整合了养老服务、社会工作服务和适老化服务平台以系统推进社区和居家养老；梦想骑行首创了救援、保险、食宿、公益等综合服务体系，用来保障和丰富进藏骑行者的旅程；喜憨儿洗车创立了心智障碍人士洗车服务标准、流程和培训体系，帮助其变受助者为助人者；零分贝开拓了大数据保障精准扶贫的信息服务模式。

纵观国内外的优秀社会企业，它们的共同特征是用可以清晰测量的社会使命描绘出一个更加美好的未来。如果本书的社会企业能够实现其使命，那么未来的中国社会将会是这个样子：消费者对食品安全和产品质量高度信任；来自农村的年轻人自发返乡创业，成为一代新农人；人们对公益慈善项目充满信任，并且经常参与公益活动；老年人在家或外出时不用担心意外跌倒或不方便行动的情况；贫困和缺少教育机会的儿童可以接受促进人格全面发展的素质教育；人们有意识而且有能力在生活中量化碳排放和减少碳排放；当子女患有心智障碍或读写困难，父母不再为他们的生计和人生幸福担忧；政府和民间机构能够精准地识别、追踪和扶助最贫困的人群；骑车进藏展开精神之旅的人们不再为生命安全担心。

本书是系列案例集的第一部。我们希望，当越来越多社会企业的故事像花朵一样在读者面前绽放时，人们终究能够感受到，一个问题重重的社会因为社会企业家的存在，而呈现出一幅充满活力和希望的图景。对于社会企业家来说，社会问题不是灰心的理由，而是奋起拼搏的号角。

赵萌　副教授

中国人民大学尤努斯社会事业与微型金融研究中心主任

目录

社会企业理论框架

分享收获：从社区支持农业到乡村复兴

喜憨儿洗车：心智障碍者的梦想家园

成都朗力：打造适合老年人生活的社会

老爸评测：良币驱逐劣币之路

佰特教育：让财商教育走入青少年世界

零分贝：为贫困者撑起一片蓝天

梦想骑行：精神之旅的守护者

米公益：好行为撬动大公益

乐朗乐读：让读写障碍者阅读没有障碍

碳阻迹：碳管理的信息化创新

社会企业理论框架

采用二元分析视角时，我们会看到什么？

通过一个组织的社会属性和商业属性的相互关系来判断该组织是不是社会企业是当下较多采用的一种做法。我们称之为二元分析视角。一个常见的说法是：社会企业就是用商业手段来解决社会问题。当我们专注于一个组织的社会属性和商业属性时，会发现形式多样的组织，如承担企业社会责任的商业企业、开展经营活动的社会组织、开展经营活动的事业单位、福利企业、国有企业似乎或多或少都具备社会企业的某些特征。这些组织都采用某种商业手段解决某种社会问题。那么它们都是社会企业吗？社会企业是一个具有区分性特征的新型组织形态，还是一种对所有通过商业手段解决社会问题的做法的统称呢？这可能是二元分析视角带来的第一个困扰。我们认为，二元化的理解方式还会造成其他更大的问题，具体原因会在后文中阐述。这里我们首先想知道，如果通过二元分析视角来理解主流文献会得出怎样的结论。我们发现现有研究可以分为三种流派：社会目标优先派、社会商业均衡派、社会目标唯一派。

社会目标优先派认为社会企业的商业属性是必要的，但其社会目标应该优先于商业目标。商业行为居于服务社会目标的从属地位。已有文献中的典型表述包括：社会企业通过商业手段解决社会问题，但是社会问题永远是企业的核心；社会企业是依据主要社会目标从事商业活动，而不是追求利润最大化的公司；社会企业是解决社会问题的一种社会创新，可以开展提供商品和服务的经济活动，但是经济活动必须服务于社会活动。社会目标优先派所认定的社会企业组织形态包括：合作社（co-operative）、协会（association）、交易型非营利组织（trading NPO）、社区企业（community enterprise）、发展信托公司（development trust）和公平贸易组织（fair trade organization）。

社会商业均衡派认为社会企业的社会和商业目标处于同等重要的战略地位，共同构成社会企业的核心目标。典型的表述包括：社会企业是结合且平衡商业和社会两种逻辑的企业，在企业中经济活动和社会活动同等重要；社会企业是平衡社会价值创造和项目可持续的一类企业，强调的是创造一种可持续的均衡；认为社会和商业两种目标在社会企业中应该“平起平坐”。这种观点主要是基于对美国情境中的共益企业（B-Crop）、低利润有限责任公司（L3C）、灵活目标公司（flexible purpose corporation），以及对英国社区利益公司（community interest company）的研究。例如，共益企业由于统一了社会逻辑与商业逻辑，从而被认为符合对社会企业的界定。少数社会商业均衡派的学者认为企业社会责任在具体项目层面也可能是社会企业的一种形态。他们认为企业社会责任可以是一种在项目层面采用混合价值（blended value）来实现社会目标的方法，即通过在传统企业内部进行社会创业（social venture）或者与外部机构合作来实现社会目标。从这个意义上讲，企业社会责任可以均衡地创造商业价值和社会价值，从而具有社会企业的特征。

社会目标唯一派认为社会目标是唯一的组织目标，对社会企业的界定应该弱化甚至不包括商业目标。这一流派认为社会企业并不一定采用商业手段实现社会目标，也不一定从事商业活动，而是可以通过稳定的捐赠或外部资助来实现组织的财务可持续。社会企业可以销售产品或服务，也可以通过政府项目、基金会和作为母机构的非营利组织来获取外部资金。社会目标唯一派认为社会企业组织形态可以包括非营利公司（non-profit corporation）。美国法律体系中的社会组织包括慈善组织（charitable organization）和非营利公司（non-profit corporation）。美国政府将非营利公司与营利公司都交由州秘书长（secretary of state）下设的公司部进行注册和管理。非营利公司要像营利公司一样具备清晰的运营机制、管理体系和公司治理结构，但不以盈利为目的，利润不能分配，要明确解散后的资产分配方式，在指定社会领域工作享受税收优惠以及政府的专门资助。与传统的非营利公司相比，社会企业具有显著的创新性。

可以看到，即便只是分析社会和商业两个元素，学者对社会企业的理解已经十分不同，甚至彼此矛盾。社会目标优先派和社会目标唯一派认为企业社会责任是企业追求利润最大化目标的一种手段，所以不能算是社会企业。而社会商业均衡派则不介意把企业社会责任项目看作平衡社会和商业逻辑的社会企业。社会目标优先派和社会商业均衡派强调商业模式和经营活动的必要性，但社会目标唯一派却不认为获取市场经营收入是成为社会企业的必要条件。那么问题来了，当人们说社会企业就是通过商业手段解决社会问题时，到底指的是什么呢？是说商业手段要始终服务于社会目标，还是二者同等重要，要维持一种均衡状态？是说社会企业必须依靠经营收入自给自足，还是社会企业不必如此但需要采取类似商业企业的经营和管理方式？那么企业社会责任、创造显著社会价值的商业企业、依靠稳定外部资助的公益组织是不是社会企业呢？二元分析视角给出的答案是：可以是，也可以不是。这一视角看似简单明了，实际上却为人们依据经验和利益诉求采取不同解读敞开了大门。

二元分析视角的局限性

除上述困扰外，二元分析视角还有四点局限性。

第一，透过二元分析理解社会企业，会使我们对已有研究成果的理解过于简单化。二元分析可以帮助我们大致了解学者们的基本立场，但是当我们更加深入地探究现有研究的逻辑时，我们会发现学者最有理论洞见和最具实践启发性的论述，实际上都包含了超越社会和商业元素的其他元素（如后面会讲到的能力元素和保障元素）。即使是社会元素和商业元素，三个流派的认识也有所不同。在社会元素上，社会目标唯一派强调社会企业的非营利与公共利益属性，而社会目标优先派和社会商业均衡派强调的则是解决具体社会问题和具有清晰的社会使命。在商业元素上，社会目标优先派要求社会企业开展具体的商业活动和取得经营性收入。社会商业均衡派则强调社会企业应该像传统企业那样具有清晰的商业模式和竞争性的经营策略。这些细致的区别对界定社会企业所造成的困难是二元分析视角所无法解决的。

第二，二元分析视角看似提供了一个对社会企业简单清晰的界定，却在事实上造成了人们对社会企业理解上的分裂。人们在社会和商业属性的关系上争执不下，纠结于社会企业是否必须在市场上赚钱？一个看似“过于商业化”的组织就不该是社会企业？在大部分社会企业还没有取得利润，而且即使有利润也通常不会分红的环境里，人们还在为社会企业可以分红的比例而争论。如果依赖“通过商业手段解决社会问题”这种理解来界定社会企业，将无助于区分真正意义上的社会企业和虚假的社会企业。纠结于社会和商业属性的相互关系妨碍了我们更加深入、全面地理解对于界定社会企业同等重要的其他元素，妨碍我们形成一种对社会企业更加细致和完整的理解。

第三，二元分析视角无法帮助我们理解社会企业群体的内部差异。社会企业的形态复杂多样。例如，在同一个社会领域工作的不同社会企业，在推动社会变革的模式和效果上可能显著不同。二元分析视角无法帮助我们理解这种精细的个体差异。也就是说，二元分析对于社会企业的区分度很低。我们需要一种能够从多个维度对社会企业进行界定的框架，这就需要引入社会和商业以外的界定元素。

第四，二元分析视角试图用社会企业内涵中的部分元素来完全界定社会企业，这不利于社会企业实践的生态多样性。例如，可能会造成对某些社会企业类型的排斥，以及对不同类型社会企业资源分配的不均衡，也可能人为限制对多样化的社会企业发展模式和社会创新模式的识别与支持。只有通过对社会企业多维度、多类型的认识框架，才能有效推动这一复杂多样的事物的发展。

以企业家精神视角，我们会看到什么?

考虑到二元分析视角的局限性，我们提出理解社会企业的企业家精神视角。我们认为，用社会企业家精神的元素补充社会和商业元素对社会企业进行界定是必要的。相对于“用商业手段解决社会问题”这样的认识，“用符合企业家精神的手段解决社会问题”和早期学者提出社会企业概念的初衷更加吻合。我们对中国社会企业的界定正是要回归到当初人们所倡导的社会企业的企业家精神内核。2006 年，格雷格·迪（Greg Dee）在《基于两种实践和思想流派来构建关于社会企业家精神的理论》（Framing a theory of social entrepreneurship：Building on two schools of practice and thought）一文中认为，社会企业家精神是社会企业不同于传统解决社会问题方式的核心特征。社会企业是一个运用企业家精神解决社会问题、创造社会价值的组织。企业家精神在社会问题上的运用产生了社会企业家精神的概念。社会企业家精神是指一种识别和追求解决社会问题机会的创新性组织过程。研究认为，社会企业家精神包括创新性、机会识别、问题解决能力、资源利用能力、承担风险等内涵，也包括保障社会使命不发生漂移的治理结构、利润分配模式、身份认同等内容。我们将这些与社会企业家精神相关的元素总结为能力元素和保障元素。前者描述一个组织解决社会问题的不同能力，后者描述一个组织用来保障社会使命不会轻易产生漂移的行为和机制。

企业家精神视角不同于用商业手段解决社会问题的观点。商业手段可以理解为通过获取经营性收入和基于市场的经营策略保障组织持续发展。社会企业家精神并不一定要求一个组织具有经营性收入，它允许一个组织通过稳定的外部捐赠或资助来保障组织持续发展，同时运用机会识别、创新、风险管理等能力解决问题。大量加入社会企业家精神的元素可能会使判定社会企业变得过于复杂。因此，我们需要一种平衡的视角，既能够在对事实复杂性的解释上比二元分析视角做得更好，同时又易于理解和操作。企业家精神视角并不是否定学者或从业者用社会和商业元素来描述社会企业的尝试，而是为了更加准确和完整地理解复杂的社会企业现象。

企业家精神视角通过社会企业核心元素的组合模式来判定社会企业内涵，同时识别社会企业的类型。与二元分析视角相比，该视角对社会企业的理解方式兼具内涵上的一致性、组织类型上的包容性以及个体差异上的区分性。从业者通过企业家精神视角对社会企业的分类探索，符合自身价值取向和能力特点的创业路径。第三方支持机构可以通过这一视角识别符合自身需求的支持对象，并且通过组织在企业家精神元素上的表现来评估其发展水平。同时，企业家精神视角的包容性使得各种已有组织形态（如民营企业、国有企业、事业单位等）能够看到自身向社会企业转型的可能性和切入点，从而有选择、有步骤地开展转型工作。我们希望基于企业家精神视角提出的社会企业界定框架，能够为中国社会企业群体的持续、稳健发展提供理论基础。

不同学者在界定社会企业时可能偏重不同的企业家精神元素。我们提取每一篇论文中用来描述社会企业概念的关键词，并加以归类和抽象，形成四个核心元素类型和 13 个子元素类型。表 1 总结了这些元素类型。表 2 总结了每种社会企业定义流派的文献中采用企业家精神元素的情况占比。例如，“社会-商业元素组合”占比指在某流派中只用社会和商业元素界定社会企业的论文占该流派所有论文的比例。可以看到，三个流派都有 50% 或更高比例的论文采用超越社会和商业元素之外的企业家精神元素来定义社会企业。社会目标优先派比其他流派更倾向于用“社会-商业-保障元素组合”界定社会企业。社会商业均衡派更倾向于用“社会-商业-能力元素组合”。社会目标唯一派则倾向于用“社会-能力元素组合”定义社会企业。相较二元分析视角，企业家精神视角能够更加完整地识别不同流派之间的本质区别。

表 1　　已有文献界定的社会企业的企业家精神元素

企业家精神核心元素类型	企业家精神子元素类型
社会属性元素	社会使命/价值
	社会目标/影响
	非营利属性
商业属性元素	收入来源
	商业逻辑/价值
	商业目标/影响
	财务可持续性
	商业活动及模式
（社会企业家精神）保障元素	治理结构
	利润分配模式
	身份认同
（社会企业家精神）能力元素	创新性
	机会识别

表 2　　社会企业界定流派的多元素组合分析

社会企业流派界定	社会-商业元素组合	社会-能力元素组合	社会-商业-保障元素组合	社会-商业-能力元素组合	社会-商业-保障-能力元素组合
社会目标优先派	43.9%	0	28.4%	21.6%	6.1%
社会商业均衡派	50%	0	19.2%	30.8%	0
社会目标唯一派	50%	50%	0	0	0

基于企业家精神视角的中国社会企业界定框架

我们研究了主要的国外社会企业认定标准，包括英国社会企业徽章（Social Enterprise Badge）、英国社会企业标志（SE Mark）和英国社区利益公司（Community Interest Company）对社会企业的认证标准。英国社会企业徽章的认证标准包括：社会或环境目标、机构独立运作性质、商业性收入比例、利润分红比例、认证机构性质。英国社会企业标志的认证标准包括：社会或环境目标、机构独立运作性质、商业性收入比例、利润分红比例、资产锁定和认证机构性质。英国社区利益公司的认证标准包括：社会或环境目标、机构独立运作性质、利润分红比例、资产锁定、公民权治理模式和认证机构性质。我们认为，上述标准并不能恰当地对中国社会企业进行判定。在梳理现有标准的基础上，我们依循企业家精神视角加入了与能力元素和保障元素相关的标准。

中国的社会企业界定框架包括判定性标准和区分性标准两部分。前者回答一个组织是不是社会企业的问题，后者回答该组织是哪种类型社会企业的问题。判定性标准包括社会导向的组织使命、变革机会的识别能力、社会问题解决模式的创新性以及社会使命的稳健性。只有当一个组织同时满足这四条标准时，它才能被判定是社会企业。区分性标准包括组织形式标准、收入模式标准和分红政策标准，用来区分已经进入社会企业范畴的组织类型。

我们对中国的社会企业的简短定义是："社会企业是用符合企业家精神的手段解决社会问题，同时社会使命不会轻易产生漂移的组织。"更加完整的定义是："社会企业是以解决社会问题为组织使命，具有识别由政府和市场双重失灵带来的变革机会的能力，具有不同于传统公益慈善的创新的问题解决模式，并且具备行为或机制来保障对商业目标的追求不会损害社会使命的组织。"

社会导向的组织使命这一标准是指一个组织优先用社会使命而非经济目标来指导组织决策与活动。该标准强调一个社会企业必须具有清晰的社会使命、明确要解决的社会问题以及明确期待产生可以测量的社会影响力。社会使命的优先性决定了一个组织的决策方式和增长路径。当一个组织的使命是商业导向而不是社会导向，当该组织解决社会问题的成本高于收益时，该组织很可能放弃转而投入可以产生更高收益的活动中。当一个组织的使命是社会导向的，在遇到上述情况时，该组织会努力改造和创新现有的商业模式，从而最大限度地做到可持续地解决社会问题。从根本上说，一个组织是否具备社会使命优先性，只有通过追踪观察该组织在较长时间内的决策过程才可能比较准确地判定。在组织初创期或不具备追踪观察条件时，可以暂时通过组织的社会使命清晰度，该组织对所解决社会问题和所产生社会影响的测量情况，以及后面要说明的社会使命稳健性指标进行综合的初步判断。

变革机会识别能力强调一个社会企业是否具有识别政府和商业企业尚未有效解决的社会问题的能力。该标准防止组织所解决的社会问题同政府与商业机构已经比较有效解决的社会问题重叠。例如，一个以销售安全食品为组织目标的有机食品商店并不能满足机会识别标准，因为传统商业企业已经在大量经营有机食品。一家提供传统医疗服务的民营医院不能满足机会识别标准，因为这是公立医院和营利性民营医院正在大量提供服务的领域。社会企业要解决的社会问题是指由于政府和商业双重失灵而尚未被有效解决的问题。例如，在粮食种植和供应商管理环节所产生的食品安全隐患，尚未得到政府和商业企业的有效解决。如果一个组织专注于解决这些问题，就能更好地满足机会识别标准。

社会问题解决模式的创新性标准是指一个社会企业采用不同于传统公益慈善模式的社会问题解决方案，包括财务可持续性和新颖性两个维度。财务可持续性指一个社会企业必须或者能够获得稳定的外部资助；或者具备能够产生持续市场经营收入的社会问题解决模式。例如，采用现有研究所识别的九种常见的社会问题解决模式中的一种（表3总结了这九种模式）。新颖性是指一个社会企业必须在产品/服务、过程或应用情境等方面具有明显区别于传统公益慈善活动的特征。需要说明的是，创新性判定标准在本质上是一种“排除标准”而非“择优标准”。一个组织符合创新性标准是指它具有足够的财务可持续特征和新颖性，从而能够排除以下两种创造社会价值的情况：（1）依靠不稳定捐赠或一次性项目投入，从而缺乏财务可持续能力；（2）能够获得稳定捐赠，但在产品/服务、过程、应用情境等方面缺乏新颖性。前者的典型情况是不定期的捐赠行为、志愿者活动、修桥补路等善举。后者的典型情况是获得企业或政府持续资助的传统捐资助学活动。创新性作为判定标准不是用来比较不同组织间哪个更加创新，而是用来识别组织是否符合上述最基本的财务持续性和新颖性标准。在社会企业界定框架外，我们也在开发社会企业发展水平的分级标准。创新性在区分不同发展水平的社会企业时可以起到择优的作用，这与它在界定框架中的判定作用是不同的。

表3　　　　社会企业常见的社会问题解决模式

模式	说明	例子
创业支持模式	为目标人群（通常是弱势群体）提供产品或培养能力，使其通过出售产品或服务提高收入	小额贷款、咨询或技术支持
市场中介模式	购买目标人群（通常是弱势群体）的产品或服务，在市场上出售	供应合作社（如公平贸易），通常在农业和手工业领域
雇用模式	为目标人群（通常是弱势群体）提供工作机会或职业培训，在市场上出售他们的产品或服务	支持残障人士及青年就业（如园艺、咖啡厅、印刷业务等）
收费服务模式	在政府和市场失灵的领域提供收费的新颖的社会服务，包括教育、医疗、养老等领域	针对少数族裔文化的博物馆，或老年人互助式的养老服务

续前表

模式	说明	例子
低收入群体导向模式	以低收入人群为目标客户，提供物美价廉的产品或服务	医疗保健（处方、眼镜），公共设施使用
合作社模式	为合作社成员提供诸如市场信息、技术支持、集体谈判、大宗采购、获取产品/服务、市场进入等服务	批量采购、集体谈判、农业合作社、信用合作社
市场链接模式	通过提供市场信息和市场调研等服务使目标人群（通常是弱势群体）和市场联系起来	进出口、市场研究和中介服务
交叉补贴模式	通过为较高收入人群提供收费服务来补贴为低收入人群提供性质类似但免费的服务	咨询、心理咨询、就业培训、租赁、印刷服务等
组织支持模式	同时开办营利性企业和非营利机构（二者往往提供性质不同的服务）。用前者在市场上销售产品或服务所获得的收入支持后者的社会目标	类似于服务补贴——依靠营利性资产获利从而对非营利活动进行补贴

社会使命稳健性标准是指一个社会企业具有明确的行为或机制保障社会使命不会发生漂移，或者说该组织的社会使命不会因为对商业目标的追求而受到损害。它包含保障元素中的治理结构和利润分配模式子元素。治理结构子元素要求社会企业通过公司治理结构的设计来防止社会使命产生漂移。例如，通过机制保障多元利益相关方参与决策，或对组织管理者可能损害社会使命的决策进行监督和限制。利润分配模式子元素要求社会企业限制将利润分配给股东的比例，并且持续地将部分或全部利润重新投入到解决社会问题的工作中去。

需要注意的是，在我们提出的社会企业界定框架中，利润分配被作为判断社会使命稳健性的众多依据之一。也就是说，一个组织是否以及在多大程度上分配利润并不构成对社会企业的判定因素。最终的判定要综合四条标准做出。这种处理利润分配的方式不同于许多已有的认证标准。除了基于文献分析发现的上述两个保障性子元素外，我们还根据对中外案例的分析增加了以下指标用来判断社会使命的稳健性：资产锁定形式、对投资人的选择、对目标市场/客户的选择、业务增长方式、产品开发方向、高管团队对组织的认识、组织成员的身份认同以及决策者对组织愿景和未来发展方向的认识等。这些指标的适用性根据具体组织情况产生变化。这些指标不具备“累加性”，即不能仅仅因为一个组织在更多指标上显示出组织发展不会偏离社会使命，就断定该组织比另一个满足指标较少的组织更具有社会使命稳健性。对稳健性的认定需要结合每个组织的具体情况，在调研团队中形成共识。

区分性框架通过组织形式、收入模式和分红政策三项标准来鉴别不同的社会企业类型。在组织形式上，中国的社会企业可以包括依法设立的社会组织和公司。在收入模式上，中国的社会企业可以通过获取稳定的外部捐赠或资助，或通过产生经营性收入来实现财务可持续。在分红政策上，中国的社会企业可以采取自由分红、自愿部分分红、自愿完全不分红或依据法律规定不分红的政策。

在满足了判定性标准后，区分性标准识别出两类核心社会企业类型：公益型社会企业（charity-based social enterprise）和市场型社会企业（market-based social enterprise）。市场型社会企业又分为以下三种类型：创收公益组织（revenue-making NPO）、社会目的公司（social purpose company）和社会事业（social business）。创收公益组织是民政注册，同时通过在市场上销售产品和/或服务取得收入的机构。社会目的公司是中国社会企业的最主要形式。它是工商注册，全部或主要依靠市场经营收入的机构。需要注意的是，一个社会企业可以同时经营完全依靠外部资助的非营利组织和工商注册的社会目的公司。这种情况下，是社会目的公司决定了这家社会企业的身份。社会目的公司还包括一部分共益企业。共益企业是满足严格的社会和环境绩效标准，保障广泛利益相关方利益，不以追求股东利益最大化为唯一目标的商业企业。共益企业的企业家精神通常很清晰。也有一部分企业并不以解决社会问题为优先目标，或者它们并非解决双重失灵领域的社会问题。它们是在创造股东价值的同时保障广泛利益相关方不会受到损害，甚至为了保障其他利益相关方的利益而牺牲一部分股东利益。尽管它们是“做好事”的企业，而且比开展企业社会责任活动的商业企业更进一步，超越了对股东利益最大化的追求，但不能判定它们为社会企业。同时，也存在一些共益企业以社会目标为优先组织目标，在双重失灵领域工作，而且具有清晰的行为或机制来保障社会使命不会轻易漂移，可以判定它们为市场型社会企业，并且属于社会目的公司。

社会事业是由 2006 年诺贝尔和平奖得主、小额贷款之父穆罕默德·尤努斯教授提出的。社会事业指不亏损，即实现财务的持续增长；不分红，投资者只取回本金，把全部利润用于解决社会问题的经营性企业。在法律形式上它是公司而不是非营利组织。它的经营管理方式、商业模式和市场竞争性与一般商业企业没有区别，但股东不从利润中获取收益，而是全部投入社会目标上。尤努斯教授认为，社会事业是广义社会企业的一个分支，是一种更加纯粹的社会企业。社会事业本质上是为了解决社会问题，而不是为了赚钱而存在。在我们的框架中它属于市场型社会企业中的社会事业类。目前全球十几个国家有至少 600 家社会事业，但在中国还没有找到可以清晰确定的社会事业，因此它目前在中国主要是一个理论概念。表 4 总结了符合本书界定框架的社会企业类型，及其与其他产生社会价值的组织形式的关系。

本书一方面采用上述社会企业判定和分类框架分析案例企业，另一方面通过案例研究来详细阐述理论框架如何帮助理解和分析社会企业实践。表 5 总结了案例企业的社会企业类型。表 6 ~ 表 9 梳理了案例企业在四条判定标准上的表现。

表 4　**社会企业分类框架**

	社会企业					双重底线企业，如非社企类型的共益企业、低利润有限责任公司、灵活目标公司等	传统企业的企业社会责任
	公益型社会企业		市场型社会企业				
	创新公共类（区别于依靠政府资助的传统公益慈善活动）	创新慈善类（区别于依靠民间资助或捐赠的传统公益慈善活动）	创收公益组织类	社会目的公司类（包括社企类的共益企业）	社会事业类		
四条判定性标准	符合	符合	符合	符合	符合	不符合	不符合
区分性标准：组织形式	民政注册（社会组织）	民政注册（社会组织）	民政注册（社会组织）	工商注册（公司）	工商注册（公司）	工商注册（公司）	工商注册（公司）
区分性标准：收入来源	没有市场经营收入，主要依靠政府财政预算或政府购买服务资金	没有市场经营收入，主要依靠外部民间捐赠或资助	既有政府资助、政府购买、民间捐赠或民间资助，又有市场经营收入。双方比例不限	全部或主要依靠市场经营收入，允许少部分政府资助、政府购买、民间捐赠或民间资助	全部依靠市场经营收入	全部依靠市场经营收入	全部依靠市场经营收入
区分性标准：分红政策	组织性质决定了不能分红	组织性质决定了不能分红	组织性质决定了不能分红	分红政策自由：既可以限制分红，也可以不限制分红	自愿以机制形式保证不能分红	不限制分红	不限制分红

表 5　案例中的社会企业类型

	组织形式	收入来源	分红政策	社会企业类型
喜憨儿洗车	民政注册（社会组织）	主要依靠市场经营收入，部分依靠政府资助	依据法律规定不分红	创收公益组织
分享收获	工商注册（公司）	主要依靠市场经营收入	自由分红	社会目的公司
成都朗力	先是民政注册的社会组织，后将部分业务在工商注册为公司	养老业务和适老化业务主要依靠市场经营收入，社会工作服务主要依靠政府资助	民政注册部分为依据法律规定不分红，工商注册部分为自由分红	双重类型：社会目的公司 + 创收公益组织
佰特教育	先是民政注册的社会组织，后将部分业务在工商注册为公司	部分依靠市场经营收入，较大程度依靠民间外部资助	民政注册部分为依据法律规定不分红，工商注册部分为自愿部分分红	双重类型：社会目的公司 + 创收公益组织
老爸评测	工商注册（公司）	主要依靠市场经营收入	自由分红	社会目的公司
米公益	工商注册（公司）	主要依靠市场经营收入	自由分红	社会目的公司
乐朗乐读	工商注册（公司）	主要依靠市场经营收入，部分依靠政府采购服务和外部投资	自由分红	社会目的公司
碳阻迹	工商注册（公司）	全部依靠市场经营收入	自由分红	社会目的公司
零分贝	工商注册（公司）	全部依靠市场经营收入	自由分红	社会目的公司
梦想骑行	民政注册（社会组织）	部分依靠市场经营收入，较大程度依靠民间外部资助	依据法律规定不分红	创收公益组织

表 6 社会使命优先性标准参考信息

	社会使命是否清晰	社会使命是否可以清晰测量	业务规模化是否有助于实现社会使命	是否在系统性变革上投入资源
喜憨儿洗车	让心智障碍人士掌握技能、参与工作、体现价值、赢得尊重。	在全国发起心智障碍者批量就业计划——“春雷行动”，目标是建立 1 000 家喜憨儿模式的洗车中心，解决 10 000 ~ 15 000 个心智障碍人士就业。	业务增长直接增加服务的心智障碍人士数量，从而促进社会使命的实现。	1. 推动政策改变； 2. 通过免费模式输出来加速实现社会使命。
分享收获	解决中国的农业污染和农产品安全问题；倡导健康的生活方式，服务于农业生产者及消费者，尝试推进乡村的可持续发展。	社会变革公式：每 5 户消费者加入，就可以让 1 亩土地脱毒；每 10 户消费者加入，就可以让 1 个农民有机耕作；每 100 户消费者加入，就可以让 5 个年轻人留在乡村工作；每 1 000户消费者加入，就可以有一个更具可持续发展性的乡村。从 2012 年的 10 名创始会员发展到 2017 年的近 1 000 名会员，累计为近 2 000 户家庭服务。	业务增长直接减少化肥和农药，增加农民收入，减少客户的食品安全风险，从而促进社会使命的实现。	1. 开展大量社会教育； 2. 通过免费模式输出来加速实现社会使命； 3. 建立“社区支持农业”联盟，无偿分享经验，培育行业发展； 4. 制定高于政策的行业标准。
成都朗力	再造一个适合老人生活的社会。	截至 2017 年，共有 36 家低收费社区养老服务中心，覆盖 106 个社区。低收费、免费养老和社工服务老人超过 3 万人次。	业务增长直接增加服务的低收入家庭数量，从而促进社会使命的实现。	1. 推动政策改变； 2. 研发国内首套适老化评估体系和行业标准； 3. 建立适老化加盟商和供应商网络，推动行业发展。
佰特教育	成为国内经济公民教育（财商教育）能力建设的平台。推动政策改革，让经济公民教育逐步成为国家正规学校教育课程体系的组成部分。	经济公民教育服务覆盖国内 40 多个城市。2017 年服务人数为 123 万人，比 2016 年增长 105%。到 2020 年，佰特计划让 1 000万名儿童和青少年受益。	业务增长直接增加服务的贫困儿童数量，从而促进社会使命的实现。	1. 推动政策改变； 2. 输出课程和能力，让其他社会组织和地方政府一起推动社会使命的实现。

续前表

	社会使命是否清晰	社会使命是否可以清晰测量	业务规模化是否有助于实现社会使命	是否在系统性变革上投入资源
老爸评测	解决中国劣质产品泛滥的问题。让孩子们远离有毒有害产品。	微信公众号拥有活跃粉丝7万人，下单购买产品的粉丝2.3万人。2017年粉丝人数突破50万人。	业务增长直接增加产品评测和曝光数量，减少使用有毒有害产品的风险，从而促进社会使命的实现。	1. 推动国家标准的改进； 2. 推动行业行为方式的变化。
米公益	让大家成为更好的自己，感受成长、美好和帮助别人的快乐。	注册个人用户数300万+，合作企业数150+，引导企业捐赠3 000万+，各类型合作公益机构700+，已立项公益项目1 500+，已执行并有反馈公益项目1 000+。	业务增长直接增加企业为公益组织的捐赠金额，从而促进社会使命的实现。	以活动策划和咨询方式推动企业公益。
乐朗乐读	动员全社会重视儿童读写困难问题，改善其处境，因材施教，实现教育公平，使他们成为爱阅读的阳光少年。	截至2017年9月，北京有2家直营店，北京以外有42家加盟连锁店。直营店读写困难学员比例为50%，加盟店比例为5%。	业务增长直接增加服务的读写困难儿童人数，从而促进社会使命的实现。	1. 开展大量社会教育； 2. 与学术机构合作开发教育工具和标准； 3. 通过加盟形式进行模式输出。
碳阻迹	阻止碳排放，减少碳足迹。	企业碳排放计量管理平台（CAMP）拥有超过100家国内外客户。通过碳管理软件，计划在2020年帮助企业减排1 800万吨；通过绿色会议，预计在2020年实现碳减排300万吨。	业务增长直接减少或增加企业碳排放成本，从而促进社会使命的实现。	1. 开展大量社会教育； 2. 推动政策改变。

续前表

	社会使命是否清晰	社会使命是否可以清晰测量	业务规模化是否有助于实现社会使命	是否在系统性变革上投入资源
零分贝	帮助、服务于中国最贫穷的人，最终达到零贫困。	在成立不到一年的时间里，帮助 7 000 多贫困户（约 2.5 万人）对接到医疗、教育等救助项目。	业务增长直接增加了服务的贫困人口数量，从而促进社会使命的实现。	尚不明确。
梦想骑行	守护天路、救助生命。	2016 年服务进藏人员 1.5 万人次，占骑行进藏人数总量的 5%；2017 年服务 6.7 万人次，占骑行进藏人数总量的 22%。2017 年由单一服务川藏线，开始联合新藏线沿途旅游发展委员会服务于新藏线。	业务增长直接增加服务对象人数、扩大服务范围、提高服务质量，从而促进社会使命的实现。	基于主营业务推动企业和大量志愿者投身环保活动。

说明：1. 判定标准信息为初步参考依据，是否严格符合判定标准需进一步追踪考察；2. 系统变革是指通过积极改变具体业务之外的政策、社会认知、投资、行业生态等外部环境来解决社会问题。

表 7　　机会识别标准参考信息

喜憨儿洗车	政府补助解决不了心智障碍人士的综合需求，且他们难以适应一般企业的工作岗位，就业率低。
分享收获	激烈的商业竞争、消费者对低价产品的偏好以及攀高的农村劳动力成本使有机农业生产者无利可图，造成了劣币驱逐良币的市场失灵现状。同时，政府面对上亿农户家庭的交易和监督成本过高，缺乏农业污染和农产品安全的系统性解决方案和机制，形成了政府失灵。
成都朗力	政府力量难以对居民养老服务和养老产品实行全面福利覆盖。已有的福利和对老人的支持不够精准有效。同时，针对普通收入和弱势老人群体，市场上的信息不对称和社会偏见使得养老服务企业难以获得与服务投入相匹配的定价。
佰特教育	政府和商业企业在经济公民教育上缺乏意识和资源投入，对贫困儿童的经济公民教育更加缺失。

续前表

老爸评测	国家检测标准不完善，即使出台新标准，厂家可能会避开标准里不允许的有害物质，而添加其他可替代的有害物质。政府和商业力量尚未解决消费者产品信息不对称问题。
米公益	政府和商业企业都未能有效解决公众参与公益捐款意愿不高、用款过程和效果不透明等问题。
乐朗乐读	政府缺乏对读写障碍的综合干预和应对机制。商业企业尚未介入读写障碍矫正和培训领域。相关教材、教学方法都是空白。
碳阻迹	政府和商业企业尚未提供碳排放管理软件和咨询服务。
零分贝	政府扶贫政策落地效率较低，商业企业缺乏意愿服务于建档立卡贫困户群体，公益机构获取农村贫困户精准信息的成本高昂。
梦想骑行	2 154 公里的川藏公路横跨多个行政区域，行政管理责权模糊，政府难以有效组织相关资源开展道路救援以及环境保护等工作。在川藏线上建立一套商业化的安全救援保障体系，运营和盈利的难度非常大，商业企业缺乏介入意愿。

说明：1. 判定标准信息为初步参考依据，是否严格符合判定标准需进一步追踪考察；2. 机会识别是考察机构要解决的社会问题是否处在政府和市场双重失灵的领域。

表 8　　创新性标准参考信息

	社会价值创造模式是否不同于传统公益慈善	财务是否能够可持续解决社会问题
喜憨儿洗车	国内首家以心智障碍人士为主要员工的洗车场。通过项目选择、作业流程、能力测评和培训、喜憨儿社会适应能力提升等综合系统，实现心智障碍儿童自立和融入社会。	尚未达到稳定的财务自给自足。收入主要来自服务收费，较大程度依靠政府资助。
分享收获	通过可持续商业模式解决农业和食品污染问题，推广生态农业理念，探索乡村复兴之路。是国际“社区支持农业”模式在中国的领先实践者和推动者。	建立第一年即实现财务自给自足。
成都朗力	较早开创社区养老服务中心模式并采用连锁模式；较早实现养老与社工双轮驱动的服务模式；在适老化服务方面创立六大评估系统；正在构建适老化的数据平台，实现适老化改造的互联网在线服务。	2012 年实现财务自给自足。养老业务和适老化业务的大部分收入来自市场化经营。社会工作服务主要依靠政府资助。

续前表

	社会价值创造模式是否不同于传统公益慈善	财务是否能够可持续解决社会问题
佰特教育	国内首次针对贫困儿童自主研发经济公民教育项目和课程。采用交叉补贴的社会价值创造模式：用来自高收入家庭儿童的产品和服务收入支持贫困儿童的免费服务。	尚未达到稳定的财务自给自足。收入主要来源于民间外部捐赠，包括基金会、企业、个人。有少量政府购买。
老爸评测	首创通过电商业务收入支持商品免费检测，首创检测网红+电商的盈利模式。	2016 年实现财务自给自足。
米公益	国内首个移动互联网公益平台，通过使用者个人的良好行为来引导企业捐赠资源流入公益体系。	不确定。
乐朗乐读	首创标准化的产品和服务，改善读写障碍儿童和正常儿童两个群体的读写能力。采用交叉补贴的社会价值创造模式：用对非贫困家庭读写困难儿童的服务收入支撑对贫困儿童的服务。	已经实现财务自给自足。
碳阻迹	国内首个提供自主软件产品和咨询服务相结合的碳排放解决方案。通过互联网技术带动大规模民众学习碳减排知识，采取碳减排行为。	2014 年实现财务自给自足。
零分贝	基于互联网的商业模式，为“精准扶贫”提供信息服务。	2017 年实现财务自给自足。
梦想骑行	建立骑行者保障生态体系，是国内唯一的基于北斗导航系统的民间救援监控体系。	已经实现财务自给自足。收入主要来自服务收费，部分来自非现金形式的稳定外部捐赠。

说明：判定标准信息为初步参考依据，是否严格符合判定标准需进一步追踪考察。

表 9　社会使命稳健性标准参考信息

喜憨儿洗车	1. 法律属性是社会组织； 2. 产品和服务的目标人群是心智障碍群体； 3. 主要精力用在产生社会影响的领域，如开发心智障碍在洗车情境中的测评模块。

续前表

分享收获	1. 多元利益相关方参与的公司治理结构； 2. 通过给予农民定价权、公平贸易、质量检测、消费者参与生产环节等全价值链措施减少因对商业收益的追求而损害社会使命的风险。
成都朗力	1. 法律属性是社会组织； 2. 提供无偿的社会工作服务和低收费的社区养老院服务； 3. 谨慎选择能够支持社会使命的外部投资人。
佰特教育	1. 有限利润分配； 2. 佰特教育（社会组织）对百特科技（公司）进行持股； 3. 公益价值取向是招聘的重要标准； 4. 服务贫困儿童和城市社区教育。
老爸评测	1. 不引进外部投资或在保证控制权前提下引进投资，担心影响社会使命和检测的公正性； 2. 人员、时间重点投入到商品免费检测上。
米公益	1. 组织的核心业务和能力服务于调动公众参与对公益慈善组织的支持上； 2. 谨慎选择能够支持社会使命的外部投资人。
乐朗乐读	1. 收入的固定比例用来支持家庭困难的读写障碍儿童； 2. 谨慎选择能够支持社会使命的外部投资人。
碳阻迹	1. 组织的核心业务和能力服务于碳减排； 2. 谨慎选择能够支持社会使命的外部投资人。
零分贝	1. 产品和服务的目标人群是政府认定的贫困人群； 2. 核心团队中 30% 是公益组织背景。
梦想骑行	1. 法律属性是社会组织； 2. 人员和时间重点投入产生社会价值的活动，如救助及当地环保与教育。

说明：1. 判定标准信息为初步参考依据，是否严格符合判定标准需进一步追踪考察；2. 社会使命稳健性是考察可能减小社会使命漂移风险的组织机制和安排。

结　语

我们基于文献和案例分析认为，通过一个组织的社会目标和商业模式（包括盈利模式、收入分配方式等）之间的关系，即二元分析视角，理解和判定社会企业具有局限性。我们主张从企业家精神的角度理解和判定社会企业。通过把现有研究识别出的能力元素和保障元素加入到对社会企业的界定中，把企业家精神而不是盈利模式放到界定的核心位置，重新回归到社会企业概念缘起时对企业家精神的强调。本书认为，如果只强调社会企业的商业手段，恰恰忽视了社会企业真正核心的特征：社会企业家精神。社会企业的实质与其说是通过商业手段解决社会问题，不如说是通过企业家精神最大化解决社会问题。社会企业家精神，或者说基于坚定不移的社会使命和社会目标、持续创新、结果导向解决社会问题，应该是一个社会企业的必要特征。

具体来说，本书提出以社会导向的组织使命、聚焦双重失灵的机会识别、创新的社会问题解决模式以及稳健不轻易漂移的社会使命作为中国社会企业的四条判定标准。一个组织只有同时满足了这四条判定标准，才是社会企业。当一个组织的使命不是为了解决社会问题；当一个组织聚焦的社会问题不属于政府和市场双重失灵的领域；当一个组织解决社会问题的方式不具有财务可持续性或不具有和传统公益慈善行为明显区分的新颖性；当一个组织缺乏清晰的行为或机制来保障它对商业目标的追求不会损害社会使命时，这个组织就不是在以符合企业家精神和保障社会使命稳健性的方式解决社会问题，它也就不能被判定是社会企业。

我们在判定性标准的基础上，采用三个区分性标准来识别不同社会企业类型，包括：组织形式标准、收入模式标准和分红政策标准。根据这三个标准，社会企业分为公益型和市场型。公益型社会企业是依靠稳定的外部资助实现财务可持续的社会组织。判断公益型社会企业的核心不在于它是否能够取得市场经营收入，而在于它的创新性和社会影响。市场型社会企业是全部通过市场经营性收入或通过经营性收入与外部资助的混合来实现财务可持续的社会组织或公司，包括创收公益组织、社会目的公司和社会事业。

本书提出的社会企业界定框架对“什么是社会企业”这个问题给

出了一个完整的回答以及一个更加简要的回答。完整的回答是：社会企业是以解决社会问题为组织使命，具有识别由政府和市场双重失灵带来的变革机会的能力，具有不同于传统公益慈善的创新的问题解决模式，并且具备行为或机制来保障对商业目标的追求不会损害社会使命的组织。简要的回答是：社会企业是用符合企业家精神的手段解决社会问题，同时社会使命不会轻易产生漂移的组织。这一框架具有一致性的内涵（判定性标准）和包容性的外延（区分性标准）。我们希望这个框架能够促使各种形态的组织机构看到自己与社会企业之间的关系；帮助有志投身于社会企业运动的人清楚地看到努力的方向；帮助社会企业的支持机构和投资机构更加准确地评估社会企业的社会和经济价值；帮助政策制定者理解社会企业在社会经济发展中的重要作用，为这个群体提供切实有效的政策和资源支持。

（赵萌）

分享收获：

从社区支持农业到乡村复兴

有机农业是我们的信仰，我们只生产有机标准的产品，不是为了我们自己长命百岁，而是为了改良环境，保护土地等自然资源，让更多农民有尊严地从事农业，也让乡村可以因此而复兴。

——分享收获创始人石嫣

民以食为天。然而在城市化和工业化的快速发展过程中，食物安全危机成为备受关注的社会问题之一。以工业化、化学化为表征的农业耕作形态正逐渐取代几千年来传统的农业耕作形态，我们也越来越远离无污染的空气、水和土地这些地球自然资源。与此同时，那些提供食物的农民在整个现代化进程中难以获得有尊严的收入，农药、化肥的滥用及养殖业的污染在影响食物安全性的同时也危害着农民自身的健康，农业已成为当今中国最大的面源污染源。

石嫣和她的农场

当日益严重的食品安全危机摆在人们的面前，农业生产的出路自然就成为反思的主题：我们能否摆脱农业对化学药剂的依赖，在保留现代科技带来的生产技术进步的同时，收获健康、无害、安全的农畜产品？

我们能否在保障农民收益的同时，保障餐桌食品安全，还能让自然环境保持良好？我们应当如何重建农产品产消之间的互信？针对这些问题，以中国人民大学农业与农村发展学院石嫣博士为首的一群年轻人用他们的亲身实践做出了回答："社区支持农业（community supported agriculture，CSA）[①] 可能是一种可行的解决方案。"

"三农"问题之困

毋庸讳言，中国农业正面临严峻的农产品安全危机、环境污染以及产消互信缺失等多重问题的挑战，主要包括三个方面。

一是农药和化肥等的大量使用导致农业土壤污染和其他环境污染。由于绝大部分种植者不重视施用有机肥料、大量使用化肥，以及缺少适合农民使用的科学施肥技术，农业耕地土壤基础地力[②]不断下降，土壤养分供应失衡，作物病虫害严重。而农药用量的大幅度增加导致农药残留和土壤污染问题十分突出。资料显示，我国受农药污染的耕地土壤面积达上亿亩，而农业面源污染还会通过降水或农田排灌时产生的地表径流或经土壤渗透进入水体，造成严重的水污染等环境污染。2010 年的《第一次全国污染源普查公报》表明，农业污染源已经成为超过工业和生活污染源的最大面源污染源。

---

① 社区支持农业（CSA）的概念在 20 世纪 70 年代起源于瑞士，并在日本得到最初的发展。当时，一些消费者为了寻找安全的食物，与希望建立稳定客源的农民携手，建立经济合作关系。作为一种构建生产者与消费者之间直销、友好关系的农业模式，CSA 的理念已经在世界范围内得到传播，它也从最初的共同购买、合作经济延伸出更多的内涵。从字面上看，社区支持农业指社区的每个人对农场运作做出承诺，让农场可以在法律上和精神上成为该社区的农场，让农民与消费者互相支持以及承担粮食生产的风险和分享利益。社区支持农业模式有三个核心目标：加强市民与农民的关系；保障参与生态农业者的收入；改善食物安全现状。它既要求参与的市民（消费者）提前预付费用，与农民（生产者）共同分担自然风险，又要求农民采用对环境友好方式生产多样有机农产品，推动社区食物安全。社区支持农业也称社区互助农业。

② 土壤基础地力是指不施肥时农田靠本身肥力可获取的产量。

二是农产品和食品安全危机导致产消互信缺失。一方面是消费者对农产品和食品安全的担忧，对生产者的不信任。另一方面，从生产者角度来看，激烈的竞争和消费者对低价产品的偏好，使有机农业生产者无利可图，造成了“劣币驱逐良币”的市场失灵现状。与此同时，政府面对上亿农户的交易和监督成本过高，出现了政府失灵。随着市场经济体制的发展，在城乡二元体制下，非农产业大量吸纳农村剩余劳动力，农业劳动力成本上升，使得采用更多劳动力的有机农业缺乏市场竞争优势，要么价格偏高，无法获得市场认可；要么价格偏低，农民收入空间受到挤压，打压农民有机耕种的积极性，转而大量使用化学品来替代劳动。

三是缺乏农业污染和农产品安全健康的系统性解决方案和机制。早在2007年中央一号文件就强调发展现代农业，鼓励发展循环农业、生态农业。2017年党的十九大报告指出，农业、农村、农民问题是关系国计民生的根本性问题，并提出实施乡村振兴战略，将解决“三农”问题提到了空前的高度。然而几十年来，与农业污染和食品安全问题相关的投入品和产出品的加工、贸易、技术、宣传媒介等产业资本已经形成了复杂的利益关系，为此，如何低成本地调整现有的利益格局、建立有利于生态农业发展的利益导向是解决问题的难点之一。此外，构建城乡之间的新型公平贸易框架，鼓励消费者的环境友好型购买决策，形成生产者-消费者-环境之间的正反馈环，所有这些改变都需要来自政府、企业、消费者各方的协同努力。

CSA模式的中国试验

针对中国“三农”问题的困境，2008年，中国人民大学农业与农村发展学院的石嫣博士及其团队首次将国际上成熟的“社区支持农业”（community supported agriculture，CSA）模式引入中国，并于2012年创办了分享收获（北京）农业发展有限公司（简称“分享收获”），开启了 CSA 模式的中国试验。

石嫣说：“我希望通过一种商业运营模式，寻找一种解决中国食品安全问题和农业污染问题的切实可行的办法。一旦这个商业模式能够成立，很多人都可以借鉴，作为其投资或者经营的一条道路、一个办法。通过这种商业模式的推广赋予更多人力量，就可以快速、大范围地解决食品安全问题、农业污染问题。”

作为一家采用 CSA 模式的新型有机农场，创立以来，分享收获一直将推广和践行 CSA 理念作为最重要的工作，并通过构建生产者（农民）与消费者（市民）之间彼此承诺、共担风险的信任关系，推动生产者不施农药化肥、在保障土地健康基础上提供有机农产品，同时消费者通过预付费用的方式与生产者共担风险，并基于公平贸易以合理价格获得农产品，由此实现社区的食物安全和农业的可持续发展。经过六年的探索和实践，分享收获围绕 CSA 模式，运用联盟和平台思维，逐步达成了在全国范围普及和推广 CSA 理念的目标。石嫣及其团队不仅成功运营了一家遵循有机标准生产、配送农产品的 CSA 农场，而且通过食农教育、CSA 联盟、新农人合作和培训、农村社区的人才吸引和环境再造等，为从根本上解决“三农”问题探索出一条有前景的发展道路。回顾石嫣及其团队的整个创业过程，颇有些传奇色彩。

1. 在美国“洋插队”

2007 年年末，正在攻读博士学位的石嫣偶然得知美国农业政策与贸易研究所同意接收一名愿意去当地农场蹲点半年的学生，系统学习美国在 CSA 方面的经验，她欣然提出申请。但是，她申请的第一家农场因其没有户外工作经验而且又是大都市女孩而拒绝了她。之后，该研究所帮她找到了一家更侧重教育但规模比较小的农场，只是更偏远。经过一系列考核，石嫣最终获得了这次机会。

2008 年 4 月，石嫣奔赴美国明尼苏达州的地升农场（Earthrise Farm）实习，这次经历被她的导师温铁军教授笑称为“洋插队”。该农场在 2004 年已申请成为一家非营利组织，以 CSA 模式运作。半年时间内，石嫣几乎每天都在农村跟土地和农民打交道，参与了农场的整个生产、生活过程，对 CSA 这种新型农业运营模式有了深刻的体会。后来石嫣把这段经历写成了一本书，书名就是《我在美国当农民》。

地升农场绝大部分的播种、除草等工作都只能用人工方式，农场劳作者从早干到晚，十分辛苦。有一次，农场在配送蔬菜前发现，由于冷藏室里的温度比预定的低，箱子里的部分蔬菜结了冰，甚至变了色。农场经理火速拿出客户联系本，挨家挨户打电话道歉，又迅速派人将尚未运送的蔬菜换成新鲜的。这次事件让石嫣懂得了一个道理：“在 CSA 农场中，诚信是最高的原则，也是底线，共享成员只有信任农场，农场的经营才可能持续”，这成为她后来做事的基本原则。

传说石嫣当年在美国用筷子解决了配送前西兰花中的菜青虫，威震地升农场

回忆起这段“洋插队”的经历，石嫣说：“实际上，我在短暂的‘洋插队’中没学到多少农业技术，后来自己经营农场，才感觉中国农民更懂得如何在小块土地上获得更多收成；也没学到多少农场经营管理经验，因为农场只有 33 个会员，每周只需配送很少量的蔬菜，每个会员都是相同的菜箱，只需要配送到附近几个小镇上的配送点，他们自己去取菜就行了。现在我农场的会员数量已经是它的十倍以上了。但是，那半年的经历就像

一颗种子一样，在我心里扎了根。”

2. 试水小毛驴市民农园

2008 年 10 月，石嫣结束实习回国继续学业。根据要求，她需要提交一份实习报告。但是，她没有选择用常规的调查报告或论文方式来交差，而是选择了最费劲的方式——把 CSA 模式搬到中国。这一想法难度很大，因为在消费者和农民之间缺乏信任的前提下，如何寻找消费者？在哪里建农场？问题千头万绪，任务看似不可能完成。但是，年轻的石嫣有一种直觉：“当你真心想做一件充满正能量的、利他的事的时候，整个宇宙仿佛都在帮你。”恰逢石嫣的导师温铁军教授联合中国人民大学乡村建设中心与北京市海淀区政府建立了一个 200 亩的产学研基地，温老师在其中辟出 20 亩，来支持他们的 CSA 实践。2009 年年初，石嫣和她的创业团队给这个项目起了一个好名字“小毛驴市民农园”。

“中国三农第一人”温铁军和“中国公派美国务农第一人”石嫣的声誉增加了客户的信任度，小毛驴市民农园的第一个客户是看到报道后自己找上门来的。在客户的帮助下，石嫣和伙伴们开始走入社区宣讲，招募会员，规模不断扩大，从 2009 年创办初的 50 多户，到 2012 年已有近 1 000 户。而且会员的忠诚度颇高，每年还有不少“候补会员”慕名而来，等着来年加入。

在试水小毛驴市民农园的同时，石嫣继续学业和研究。2011 年，石嫣完成中国第一份关于 CSA 模式的博士论文《替代食物体系的信任机制研究》，顺利从温铁军教授门下博士毕业。随后她又到清华大学人文与社会科学学院从事博士后研究，师从社会学系主任沈原教授，研究方向是“食品安全的社会运动”①。

---

① 2014 年 9 月，石嫣完成博士后研究顺利出站，其博士后出站报告的题目是《都市食品安全运动：四种类型》。

在研究中，石嫣发现："古今中外的历史和经验表明，面对食品安全问题，消费者的各种自救只是权宜之计，最多只能解决暂时的问题，从长远来看，持续提供健康安全的农产品，必须依靠农民、依靠可持续发展农业，如果农民不能从农业中受益，影响的是农业生产，最终受影响的是消费者本身。"

经过三年多的发展，小毛驴市民农园名声在外。但是在石嫣的心中，最初的承诺和梦想似乎仍然遥不可及。在她看来，租用土地开办农场做CSA的形式，本质上仍然是消费者的一种自救行动，农民并不是其中的主体，只是打工者，工资也并不高。因此，她萌生了创办CSA平台的想法，决心从零开始新的尝试，定位在为农业服务的社会企业，保证农户与消费者的对接，让农民在自家的土地上进行有机耕种。

加入我们，享受健康食品和生活！

Join us，enjoy healthy food and life spirit！

小毛驴市民农园最初的标识

3. 马坊村里的年轻人

2012年5月，石嫣和她的小伙伴们选择再次创业，他们决定建立一个真正能够连接生态农户和消费者的平台，并取名"分享收获"，尝试以村庄为基础扩展消费者的规模。分享收获早期的模式类似于日本30年前的守护大地协会，以商业化的公司形式、采用CSA模式进行有机农产品的生产配送，帮助和支持小农把他们的产品以好价格卖给消费者，同时也让消费者吃到健康的食物，目的是能够实现农业生产和消费的良性循环和可持续发展。

按照经典的CSA模式，从事生产的农场主与市民消费者应该实现直接的产消对接和观念对接。因此，分享收获成立之后也试图根据经典CSA模式，将自身作为一个CSA模式的推动者，帮助农户和消费者实现连接。即通过寻找合作农户，为其提供技术培训，要求其承诺按照“不使用化学合成农药和化肥”的有机生产标准在自家地里进行生产，而分享收获则负责寻找合适的消费者，参照欧盟标准，对农产品进行191项农残检测，在公平贸易的基础上，将绿色健康的农产品送到消费者的餐桌上。

这一模式首先要求找到能承诺按有机标准生产的合作农户。但是“理想很丰满，现实很骨感”，分享收获在北京市通州区寻找第一个合作农户时就遇到了很大的困难。幸运的是，遭遇多次挫折后，分享收获最终在通州区马坊村获得了郎广山一家的支持。郎广山有60亩土地，在儿子的说服下，全部拿出来参与到为CSA的首批消费者提供健康蔬菜的生产中。为了与郎广山一家共同劳作，创业团队租下了郎广山家的一个院子，作为农场办公与住宿地点。就这样，2012年5月，只有10人的小团队和一个合作农户的分享收获农场在北京市通州区马坊村诞生了，这群有着强烈理想主义色彩的年轻人在这里扎了根。很快分享收获征集到了第一批共120户会员，获得了第一笔预付菜金，用以支付郎广山一家和维持基本的运营费用。就这样，分享收获建立起第一个按有机方式生产的农作物种植基地，会员得到了符合标准的蔬菜供应，郎广山一家也获得了高于普通蔬菜销售的收入。分享收获还用无息贷款给郎广山盖了四座大棚，并承诺每个月销售的菜量。

然而，合作的第一年还是遇到了问题。石嫣说：“一天早晨，我们发现已经开始结果的茄子叶片上有异样，一问郎叔（郎广山），郎叔如实说用了药。也许是郎叔想试探我们对标准的坚守，也许是遇到红蜘蛛他太担心没产量，但总之，我们有两种选择：第一，把挂了果的茄子全部摘掉，再长出来的可以销售；第二，茄子全部拉秧，今年不配送茄子，把情况告知会员。团队一起开了个会，决定用第二种方案，将近半亩地的茄子秧拔掉，当时觉得特别可惜，但我们也通过这次事件进一步确立了跟郎叔合作的标准。之后，就再没出过此类问题。”

分享收获虽然解决了用农药的问题，但是仍然困难重重。首先，用有机方式生产需要更大的投入，郎广山一家劳作非常辛苦，郎广山的妻子时有抱怨，村里的其他农民也不愿意加盟，寻找更多合作农户的计划难以落地。其次，由于生产基地只有郎广山的四个大棚和少量阳畦及冬储蔬菜，生产品种有限，会员没有选择，加之第一年冬天遇上了三十年一遇的寒冬，产量不足以满足会员的需求，只能选择隔周配送，为此分享收获与会员之间的矛盾和冲突也时有发生。在这种情况下，创始团队的收益少得可怜，每月只能勉强维持两三千元的收入，团队稳定性堪忧。种种难题让石嫣认识到：分享收获的初衷——采用经典 CSA 模式连接农民生产者和市民消费者的方式在中国严重“水土不服”。

分享收获的团队

CSA 模式的本土化改造

2012 年冬天，北京市顺义区农村经济管理委员会的焦主任偶然看到分享收获的采访，心里嘀咕真会有这样一群年轻人干农业吗？他抱着亲眼看一看的心态，没打招呼就直接开车到了分享收获的所在地，正好看到团队的几个小伙子挖地窖用于储存白菜，这让他倍受感动。之后，他帮石嫣寻找了顺义区的一个面积不大的设施农场，农场里有 20 多个大棚，可以直接投入生产。2013 年 9 月，分享收获正式租赁了位于顺义区龙湾镇柳庄户村的设施农场，并将团队的大部分人员转到这个设施更好的基地，自此，分享收获开始了 CSA 模式的本土化改造。

1. 培养新农人

经过前期的摸索，石嫣发现，改变以往的耕种习惯对农户来说是一种大胆的尝试，不啻于一次冒险，所以农户自身意愿的培养需要较长时间。此外，无论在技术上还是标准上，农户的认知都存在很大的差距，沟通的成本很高，建立信任的成本也很高，这意味着找到愿意按分享收获的有机标准进行生产的农户并不容易。其次，即使找到合作农户，为了确保其能够按照标准进行生产也需要不断地沟通和培训，并且要解决其生产过程中遇到的各类实际问题，这对于分享收获的年轻团队来说也是一种挑战。再次，在如今的中国，有技术的这一代农民基本上都 60 岁左右了，也就是说，再过 5 ~ 10 年，从可持续的角度来讲，还会遇到“谁是生产者”的问题。

到了顺义基地之后，石嫣发现，所在村中原来的农民尽管自己和集体拥有土地，但更愿意接受分享收获的雇用，这样既能获得稳定的工资收入，又无须承担产品销售的风险。因此，石嫣决定改变单纯与农户合作的方式，改为合作和租赁土地并举。在通州基地继续与郎广山合作，在顺义基地则采用租赁土地的方式，在雇用有经验的农民的同时，培养自己的年轻人，让他们亲自参与生产和销售的全过程，培养他们在有机蔬菜生产、销售、配送等方面的全方位的经验和能力。相对于老一代的农民（老农人），分享收获将这些年轻人称为新农人，老农人则喜欢称呼他们为“种菜的大学生”。在石嫣看来，新农人在很多方面需要向老农人学习。

石嫣说："从一个人的完整性上讲，仅有学历教育是不够的，有的人生活自理能力很差。我国现有的农场条件通常不是很好，如果一个农场在各个环节（比如水、电、设施等）都去找专家，基本上不可能有收益。因此，很多事情需要自己努力解决。我们希望培养的新农人真正能够在一个条件有限的空间内，有很好的自我生存和管理的能力。一个好的农人应该在技术上和生活上都特别厉害。"

因此，让新农人跟着老农人，发挥老农人传帮带的作用，是分享收获最基本的培养方式。传帮带的内容首先是基本的生存能力，然后才是生产能力。以生产岗位为例，新农人一定会被安排跟有技术的、有经验的老农人在一起去种地、干杂活等，学习基本的农业生产常识和生活技能，一年后再从生产实践中学习具体的生产技术，之后可能会把他从生产的最基本岗位提升为生产小队长，开始负责蔬菜或果树管理之类的具体生产管理事宜。目前团队中干的时间比较长的新农人已经开始在农场担任经理角色。正是通过这种手把手传授、干中学的实践模式，分享收获培养出团队现有的忠诚骨干。

在培养新农人的同时，为了突破蔬菜品种有限的困境，更好地满足消费者需求，分享收获积极在全国范围收集抗性优良的本土蔬菜品种，学习适用于有机生产的多品种、多批次、小规模收获的精细化管理技术，寻找适合中小农场的生产机械和生产方式，涵盖了从寻找稳定的有机肥料来源，到摸索最终的物流保险和配送技术，乃至产品集中成熟时的临时销售等从种子到消费者手上的全过程中的所有工作。

2. 招募"谷东"和会员

与国外 CSA 农场所有者直接与客户对接、只收取会员菜金的方式有所不同，分享收获的合作和租赁两种生产模式都需要用自己的资金进行周转。在合作农户生产模式下，分享收获需要提前支付合作农户一定的菜金，以保障约定价格和固定产量；在租赁土地模式下，分享收获需要每年支付土地租赁费用。因此分享收获在一开始就注册为公司，采用商业方式运作。但是与一般公司不同的是，分享收获并不希望营利性资本的进入。

石嫣认为："CSA 模式的全部价值应该在生产者到消费者的链条中进行分配，营利性资本的介入会给本来就高风险、慢积累的运营带来额外的压力，甚至可能改变企业的初衷。"

为了获得运营资金，2012 年 5 月开始第一季蔬菜种植之前，分享收获的创始团队尝试着找一些核心消费者，告诉他们分享收获需要 30 万元启动资金，并提出了融资方案。融资方案的基本思路是每位核心会员支付 3 万元，分享收获承诺为核心会员提供 5 年的免费蔬菜以及 1% 的分享收获股权。大概花了一个月时间，分享收获用这种方式找到了 10 户核心会员，解决了启动资金的问题，也有了第一批消费者会员，这些会员后来被称为"谷东"，之所以如此称呼，是因为他们和"股东"从本质上是不同的。对此，石嫣说："这些核心'谷东'更主要是出于支持分享收获这份事业，并非为了投资回报，目前也没有任何分红。他们不参与农场的日常管理工作，但会在农场年会时受邀一起聊聊农场的经营和发展情况，帮助出谋划策。他们是分享收获事业最早期也是最铁杆的支持者，带动了更多认同 CSA 理念的消费者会员加入。"

除了"谷东"之外，分享收获还需要招募更多的普通会员，其会员制采用有机蔬菜宅配和劳动份额两种形式。所谓有机蔬菜宅配是指消费者通过预付菜金，获得农场每周配送的一定数量的蔬菜。所谓劳动份额，则是指农场把土地划分成约 30 平方米一小块，出租给会员，由农场提供种子、有机肥、劳动工具以及技术指导，会员亲自完成这块地的种植、管理和收获全过程。从目前的经营情况来看，配送式会员要远远多于劳动份额式会员。到 2012 年年底，分享收获共招募了约 120 户会员，初步解决了农场生存发展所需要的资金。随着会员口碑相传，加之分享收获的宣传报道的作用，更多会员被吸引进来，带来了更充裕的现金流。到2017年年底分享收获已发展到近1 000户会员，农场开始有盈利。但是，此时石嫣看到的不是经济上的收益，而是改造农村的希望。石嫣说："（分享收获的经验证明，）每5户消费者加入，就可以让1亩土地脱毒；每10户消费者加入，就可以让1个农民有机耕作；每100户消费者加入，就可以让5个年轻人留在乡村工作；每1 000户消费者加入，就可以有一个更具可持续发展性的乡村。"

3. 融入互联网元素

分享收获五年前征召的会员，目前保留下来的高达70%。他们都是信任石嫣及其农场、认同CSA理念的铁杆支持者。他们能够理解农场发展中的各种困难并为农场发展出谋划策，也很少抱怨蔬菜有虫洞、品相不好看，并愿意接受包装不精美、用草绳捆蔬菜，更愿意不厌其烦保留蔬菜箱和包装物以循环利用。但是，这一人群的数量并不足以支撑上百亩农田的运营。

为此，分享收获先后尝试过社区推广、街头卖菜、淘宝网店等销售模式。但是这些渠道吸引来的往往是追求健康生活品质的纯粹消费者。如果他们不理解CSA标准的生产和消费的环境意义和社会意义，仍旧会采用工业化产品的标准来衡量产品的价值，因而也会对农场是否真的有机产生质疑。比如，客服经常会接到消费者对产品的质疑——青椒太大被怀疑使用了膨大剂；黄瓜弯了被认为品相太差、管理不善；花皮番茄被怀疑是转基因作物；等等。这些消费者对CSA有机生产方式下的产品品相的苛求、对完美包装的要求不时与CSA理念相冲突。

为此，分享收获建立了会员微信群，并推出微信公众号。在微信群里引导和带动不同消费者对产品问题的讨论甚至争论，主动发布每周生产情况、生产问题、产品检测结果、会员的食品搭配乃至烹调经验等信息，不断对消费者进行有机产品品相、口感等基础问题的解答，甚至开展基本生物学、农业生产特点等基本常识的普及等。这些措施让多年来远离土地和农村的城里人逐渐转变了工业化的产品思维，开始了解食物从何而来、在土地中健康生产的过程，了解农人的真实生活和工作状态，而不是想象中的浪漫和轻松。当然，很多会员尽管会不断质疑，却仍坚持购买。石嫣笑称这是一种“相爱相杀”。

随着规模扩大和产品品种的增加，农场生产管理的难度上升，配菜工作也面临很大挑战。据了解，当一个 CSA 农场会员数量超过 50 户家庭的时候，就有必要对产销数据进行专门管理。当分享收获会员达到 600 户、提供 20～30 种蔬菜组合的情况下，每天会产生 2 万个订单数据。如果单凭人工处理，很难避免效率低下、错误率高、消费者体验不佳以及投诉增加等问题。

为了解决这一问题，2014 年 11 月，分享收获联合创始人、石嫣的丈夫程存旺创办了诚食（北京）农业科技有限公司，开发和运营了中国首个专业为 CSA 农场服务的“好农场” APP。通过“好农场” APP，会员可以在 APP 上点菜下单，随时了解农场的情况；农场也可以对订单数据进行实时管理，并用于生产指导、采摘控制和配送协调等工作。不仅如此，由于“好农场” APP 实质上是一个互联网管理平台，因此它具有整合全国的 CSA 生态农场资源，为消费者提供多元化产品的潜能。未来，程存旺希望“好农场” APP 通过为全国的 CSA 农场提供平台

分享收获会员部定期分享菜谱，食材主要来自分享收获食物社区

化服务的方式，成为全国 CSA 农场信息管理以及招募会员的平台，使消费者可以通过“好农场”APP 定位居住地周边的有机生态农场，成为农场会员，在线选购农场的有机、健康农产品，以满足其多元化的需求，同时也让全国的 CSA 农场能够获得稳定且可持续增长的消费者群体，实现生产者和消费者的无缝连接。

4. 开展普及性的食农教育

食农教育，最早在日本兴起，后来为世界各国和地区教育部门所重视。在农产品从田地到餐桌的过程中，消费者是非常关键的环节。优质农产品的生产不仅需要生产者的努力，也需要消费者改变观念，让他们既关注自身健康，也关注土地健康，让健康饮食和食物与农业可持续发展、环境生态保护并举。为此食农教育强调学习者从土地、作物到餐桌的全过程的亲身体验，了解农作物是谁种的、食物是怎么来的，从而对农业生产者有更丰富、更立体的认识。食农教育的目的是透过教育改变当前饮食相关的生活实践，重建人与食物的关系、人与土地的连接，建立一种对环境及人类社群友善的农业发展方式。这一思路与分享收获的理念完全一致，因此分享收获希望在这个领域做一些贡献。

2017 分享收获大地之子夏令营活动

2014 年，分享收获发起“大地之子”食农教育项目。在石嫣看来，食农教育具有公共教育价值，是为消费者赋权，也是让农场找到更多有相同理念的消费者的有效方式。“大地之子”食农教育项目由一系列课程组成，包括食物生产、食物加工、食物储存、食物营养、食物文化、健康饮食、木工、音乐、艺术等。目前项目采取收费制，以两种方式进行：一种是面对市民家庭和学校组织的参观农场和参与活动，以及特色夏令营，通常在基地或基地的合作农场举办。另一种是分享收获的食农教育老师到学校专题授课并协助学校开辟校园菜地。目前，分享收获与呼家楼中心小学、顺义区东风小学、顺义国际学校等合作，每周给孩子们提供大地之子课程。

以呼家楼中心小学合作为例，分享收获派出一位教师负责全年20节的课程，每节课40分钟，同时派出一位技术员，协助学生打理楼顶的“一米”菜园。具体课程内容包括课堂内的讲授，比如教孩子们认识种子和土壤，了解种子发芽的条件；也包括户外实操，比如每个小组在楼顶菜地制作和种植“一米”菜园，动手学习腌菜等保存食物的方法和制作食品等。分享收获在与呼家楼中心小学的合作中，将课程内容和操作流程体系化，最终编写出《大地之子食农教育手册》，提供给各学校和家庭作为自主普及食农教育的参考材料。

从“独木”到“森林”

从一开始创立小毛驴市民农园的时候，石嫣就清楚地认识到，解决中国的“三农”问题，不能靠一己之力，而是要群策群力。作为CSA模式的中国探索者，分享收获应该在推广CSA理念、传授有机生产技术、培养未来的农场主等方面扮演更加积极的角色。

1. 搭建食物社区

分享收获多年的实践和对CSA理念的推广，得到越来越多农人和会员的认同。一方面，很多分享收获孵化的新农人曾在分享收获工作或实习后返乡创业，理解和认同 CSA 理念，但他们一般会遇到市场开拓的问题，因此寄希望于分享收获提供销售帮助以及其他创业支持。另一方面，分享收获的会员除了购买蔬菜，也有其他生活用品需求。由于石嫣夫妇在这个行业内拥有十多年的经验，会员比较信任他们，因此希望他们能够推荐相关的非本企业的其他产品。针对这两方面的需求，分享收获着手搭建食物社区，即除了销售分享收获合作农户和自己团队生产的产品外，还可以根据具体情况的不同，筛选其他来源的产品进入食物社区。为了确保入选产品符合要求，分享收获采用两种保证品质的方法。

一是生产者直接在分享收获的基地租用场地生产出来的产品。比如生产蘑菇。创业者"蘑菇君"在分享收获的顺义基地租用了两个大棚，他本人也会参与农场的很多活动和培训，如同农场的一分子。蘑菇的全部生产过程都处于分享收获的监控之下，因而蘑菇自然地成为分享收获配送体系中的一个独立产品。

二是通过分享收获的实地考察和产品农残检测的产品。只有生产环节遵循分享收获制定的有机生产标准，同时通过 191 项农残检测的产品，才能进入分享收获的食物社区。考察和检测，两者缺一不可。因为仅靠最后的产品检测，只能保证食品的安全，但无法保证其生产过程的环境友好。满足 CSA 模式，需要兼顾过程和结果。分享收获目前已经制定了更适合农人参考的有机生产过程标准，供希望采用 CSA 模式的农人参考应用。此外，对于希望进入食物社区的产品，还需要结合现场考察，凭农人的种植经验，看杂草情况、叶片状况、种植数量等，以评价其是否真的符合 CSA 生产标准。最终，还需要借助第三方检测机构的检测数据拍板确定。很多时候，他们所听到的或一两次现场考察所看到的情况可能都非常好，但当进行到最后的产品农残检测时，如果遇到仅有 1～2 项残留的情况，即使能满足有机食品的标准，他们仍然坚定拒绝，因为这样的产品在生产管理过程中一定有某些细节没做好。

分享收获对进入食物社区产品的这些评价方法主要依靠自己在消费者中建立的诚信品牌和自定的 191 项农残标准，来获得消费者对它所推

检 测 结 果

(Test Results)

序号 (No)	检 测 项 目 (Test Items)		单位 (Unit)	检测方法 (Test Method)	标准要求 (Requirements)	检 测 结 果 (Test Result)	单项判定 (Conclusion)
231	农残检测	苯氟磺胺	mg/kg	SN/T 2320	不得检出	未检出（<0.18）	符合标准
232	农残检测	异丙草胺	mg/kg	GB 23200.9	不得检出	未检出（<0.0075）	符合标准
233	农残检测	灭草环	mg/kg	GB 23200.8	不得检出	未检出（<0.0015）	符合标准
234	农残检测	氟啶草酮	mg/kg	GB 23200.8	不得检出	未检出（<0.03）	符合标准
235	农残检测	苯酮唑	mg/kg	GB 23200.8	不得检出	未检出（<0.045）	符合标准
236	农残检测	氟丙嘧草酯	mg/kg	GB 23200.8	不得检出	未检出（<0.0038）	符合标准
237	农残检测	啶虫脒	mg/kg	GB 23200.8	不得检出	未检出（<0.12）	符合标准
238	农残检测	嘧螨醚	mg/kg	GB 23200.8	不得检出	未检出（<0.015）	符合标准
239	农残检测	氟硅菊酯	mg/kg	GB 23200.8	不得检出	未检出（<0.0038）	符合标准
240	农残检测	环酯草醚	mg/kg	GB 23200.8	不得检出	未检出（<0.0038）	符合标准
241	农残检测	呋草酮	mg/kg	GB 23200.8	不得检出	未检出（<0.015）	符合标准
242	农残检测	苄螨醚	mg/kg	GB 23200.8	不得检出	未检出（<0.015）	符合标准
243	农残检测	氯亚胺硫磷	mg/kg	GB 23200.8	不得检出	未检出（<0.03）	符合标准
244	农残检测	吡唑硫磷	mg/kg	GB 23200.8	不得检出	未检出（<0.03）	符合标准
245	农残检测	三甲苯草酮	mg/kg	GB 23200.8	不得检出	未检出（<0.03）	符合标准
246	农残检测	乳氟禾草灵	mg/kg	GB 23200.8	不得检出	未检出（<0.03）	符合标准
247	农残检测	吡唑醚菊酯	mg/kg	GB 23200.8	不得检出	未检出（<0.09）	符合标准
248	农残检测	萘丙胺	mg/kg	GB 23200.8	不得检出	未检出（<0.0038）	符合标准
249	农残检测	咪唑菌酮	mg/kg	GB 23200.8	不得检出	未检出（<0.0038）	符合标准
250	农残检测	氯甲酰草胺	mg/kg	GB 23200.8	不得检出	未检出（<0.0038）	符合标准
251	农残检测	抑草磷	mg/kg	GB 23200.8	不得检出	未检出（<0.0038）	符合标准
252	农残检测	解草嗪	mg/kg	GB 23200.8	不得检出	未检出（<0.0075）	符合标准

春播品质控制实验室（北京）

第三方平台对分享收获农场韭菜的 200 多项农残

和 5 项重金属含量的检测，结果全部符合标准

荐产品的信任。到目前为止，分享收获的食物社区已经拥有数十位合作农人，产品包括水果、蘑菇、酱油、醋、零食、肉、蛋等，逐渐覆盖了消费者日常饮食消费的需要。

2. 发起 CSA 联盟

CSA 联盟起源于 2009 年第一届全国社区互助农业（CSA）大会①。会上，由小毛驴市民农园等 9 家农场发起组成市民农业 CSA 联盟。2012 年在第四届全国社区互助农业大会上，分享收获等几家机构联合发起并参与了生态农业互助网络。2015 年 11 月，分享收获承办了第六届国际社区支持农业大会暨第七届中国社会生态农业（CSA）大会，此次会议有 800 多人参加。在这届大会上，生态农业互助网络正式转型为社会生态农业 CSA 联盟。在石嫣和其他联盟成员的推动下，2017 年，社会生态农业 CSA 联盟完成独立注册，全称为“北京市顺义区生态农业发展协会（CSA 联盟）”，简称“CSA 联盟”。分享收获、小毛驴市民农园、诚食农业、唐亮的亮亮家庭农场、张杨的柠檬君生态农场等均为发起会员单位。

作为 CSA 联盟的骨干，分享收获专门成立了一个团队负责 CSA 联盟工作，分别于 2016 年和 2017 年以联盟名义主持承办了第八届和第九届 CSA 大会，每届的参会人数逾千人。据不完全统计，如今全国有上千家 CSA 模式的生产主体、几十万户消费者家庭参与到这场饮食变革中来，孵化了无数个生态农场，消费者食品安全健康的梦想也在一步步实现。从最初的小毛驴市民农园到如今的分享收获，石嫣夫妇每年参与并组织 CSA 大会，不断宣传推广 CSA 理念，分享自己的成果和经验，毫无保留。现在全国各地在做这些事的人中有很多曾在小毛驴市民农园

---

① 该会议的名称几经变化，“中国社会农业（CSA）大会”“中国社会生态农业（CSA）大会”均指该大会，简称“CSA 大会”。

或分享收获参观或者培训过。

但是，目前绝大多数 CSA 农场的生存都很艰难，分享收获也不例外。为什么分享收获还要抽调一部分人力物力主持成立一个非营利性机构呢？很多人认为，分享收获的这种分享无形中培育了许多“竞争者”，是得不偿失的举措。对此，石嫣有不同的看法：“尽管我自己也会觉得，我们行业内所谓的‘竞争’就是我们培养起来的……但是我不太认可‘竞争’的说法。也许正因为大多数 CSA 农场的艰难，联盟的意义才愈加凸显出来，只有理解 CSA 理念的生产者和消费者队伍不断扩大，CSA 农场和中国农村才有未来……我们做这件事的初心，就是希望不断推广 CSA 理念。”

据统计，从 2009 年至今，受到石嫣团队直接或间接影响而诞生的 CSA 农场，在全国已超过 1 000 家，净化土地 10 万多亩，影响了几十万中国家庭的餐桌，还有不计其数的青年受到 CSA 启发，返乡投入生态农业建设。

3. 孵化未来的农场主

在 2012 年全国 CSA 大会上，石嫣提出了“新农人”的概念。她指出，农民不仅要掌握新的农业技术、当下的管理技术，还要了解市场。石嫣认为生产者的改变以及对生产者进行适当的培训是这个行业未来快速爆发式发展的基础性工作。

分享收获规模不大，但是每年都会收到几百人的实习申请。很多年轻人都想在分享收获学习，其中大部分人希望自己未来能够回乡做有机农场，当然，也有人仅仅是把这个实习过程当作大学毕业后的一次短暂体验。

最初，这些人到农场采用的是入职实习的方式。由于人员更迭频繁，给农场管理带来非常大的困扰。于是分享收获尝试不同的人才引入结构，将以学习为目的和以就业为目的的人才区分开来。针对想来工作的，采用社会化招聘方式，实习期满后符合标准的可以留下来工作。针对想来学习的，分享收获专门开放了“新农人实习”岗位，让这些年轻人有一个重新认识农业、重新思考未来的机会。但是，这些人最终是否能留在农业是不确定的。

新农人实习生平均年龄在 25 岁左右，大部分是本科以上毕业生。分享收获要求他们至少要在此工作 2～3 个月，实习期间免费提供食宿，对于实习时间相对较长的，每月还会发放一些补贴。如果完成 6 个月工作，还可以获得奖学金，以鼓励更多的年轻人能够坚持完成半年的实习。分享收获对参观者、学习者和离职创业的竞争者均秉持开放态度，广开合作的大门，扮演着农业创业孵化器的角色，希望能够推动更多的人参与到这项事业中来。从数据上看，2009 年石嫣和程存旺创办小毛驴市民农园的时候，全国 CSA 农场不超过 5 家。通过他们的实践和媒体的宣传以及 CSA 大会和专家学者等各方面的推动，目前采用 CSA 模式的农场已具雨后春笋之势。据了解，目前全国有约 1 000 家 CSA 有机农场，其中 50%～60% 的农场都曾到分享收获或小毛驴市民农园实习或考察。

石嫣说：“在我们的推动下，经过五年多的时间，全国现在有约 1 000家这样的农场，涉及几十万消费者，这些农场就像一颗颗珍珠镶嵌在城市的周边。很多人问我为何要把自己的模式到处分享，不怕别人盗取你的商业模式吗？我只想说，希望更多人做和我一样的事情，这样我们的食品安全就会有很大的不同，每个人都为自己的餐盘负责，这个世界就可以因为吃而改变。”

让乡村成为年轻人安居之所

相对于创立一家成功的有机农场，石嫣有更大的梦想：她希望为这些有志于从事农业的青年创造一个可以永续发展的社群环境。石嫣曾说：“我们的价值来源于土地，这个价值最终要回归土地，回归乡村。

这也是为什么我们一直要求分享收获的团队要生活和工作在乡村。”为此，石嫣及其团队着手开展改造乡村的一些工作。

1. 开办乡建幼儿学堂

乡村要留住返乡的年轻人，就要为他们切实解决现实生活中的问题，比如返乡人员子女教育问题。目前，在分享收获农场出生的宝宝已有四个，存在对幼儿园教育的需求。石嫣认为，这不仅是分享收获面临的问题，也是新农村未来要面对的社会问题。距分享收获顺义基地不远的乡建中心培训基地，聚集着中国人民大学乡村建设中心培训基地、清华大学社会学系实践基地、梁漱溟乡建中心、全国农民合作社培训学校、大中华区慢食科学委员会等机构，其中有许多为乡建事业而努力的工作者。因离市中心较远，乡建工作者的孩子们也面临学前教育的现实性难题，对人们的工作状态和家庭都有一定的影响，对工作团队的稳定、人才的引进和培养也造成了困扰。

为解决这一社会问题，石嫣开始了新的探索。2017 年 7 月，分享收获与乡建中心携手，双方分别提供场地、资金和技术支持，在当地成立乡建幼儿学堂，聘请正在美国攻读教育学博士学位的谭秦负责课程设计、教师培训、环境创设等工作。尽管幼儿园还未正式成立，但是在他们的设想里，这里将是一个小而美的学子中心，十余个孩子一起学习和成长，有系统的课程，有极为宽敞的空间，有种植区域和活动区域。他们坚信，教育是一种用信仰来支撑和评判的工作，石嫣说：“在这里，孩子们将得到一种人格性的陪伴和‘唤醒生命之美’的成长。”

2. 创建梨园公社

梨园公社位于分享收获的梨园基地，既是年轻新农人的田园社区，也是都市人的乡居体验之所。梨园公社的发起与被大家亲切地称为“杨叔”的种梨的老农人有关。杨叔曾是乡村教师，后来专心种梨十几年，从最初的不用化肥、少用农药，到最后仅使用生物制剂。即便遇到销路不好，受灾减产，也始终初心不变，用时间丈量自己的良心。分享收获从 2011 年开始代售杨叔的“良心梨”，但是 2014 年，杨叔因病不能再种梨了。考虑到会员有订购水果的需求，2015 年分享收获在农场附近租种了 230 亩果园，作为梨园基地，开始了果树种植。目前果园以梨为主，还有少量的樱桃、杏、李子。

梨园里原来有两排旧房子，石嫣对其进行修缮。在清华大学建筑学院设计团队独具匠心的设计下，形成了今日的梨园公社。梨园公社的房间装饰虽算不上豪华精致，但是充满了文艺气息，墙上和桌面以新摘的瓜果蔬菜作装饰。窗外是大片果园，每到春暖花开的时候，花枝摇曳，满园芬芳。

梨园公社会议室

梨园公社为数不多的几间屋子中，有一部分用作新农人的居所，解决他们在乡村的居住问题，另一部分留给来农场参观交流、体验有机生活方式的市民消费者。独具特色的民宿体验，使市民不必匆匆而来、匆匆而去，可以有更多时间与土地亲近。在此，都市人与农场的年

梨园公社民宿

轻人住在同一屋檐下，这些年轻人的日常生活点滴，潜移默化之中影响着都市人对于乡村、农业的认知。都市与乡村的连接在愉快的体验之中实现。

3. 培养具备有机信仰的人

分享收获不仅提倡有机生产，也提倡有机生活，这二者是紧密联系在一起的。不浪费一点资源，在生产上体现为有机农业自身的作物和饲养的生态循环；在生活上，则是点点滴滴生活方式的改变和推广。比如，农场不使用洗洁精等化学制剂，所有的到访者和员工餐后都需要主动分担工作，使用谷糠去油洗碗，收集厨余废水进行灌溉；农场送菜的时候，会回收会员的菜箱、蛋盒、塑料袋等重复使用；号召会员们捐赠家中冗余的物资，农场二次使用，包括家具、服装、书籍、电器等等。会员们也逐渐受到感染，在日常生活中学习和践行环保的生活理念，主动参与到农场的建设中，为农场的建设提供力所能及的物资捐助和其他贡献。

分享收获的 CSA 实践，除了培养具有有机理念的新农人和会员外，也在悄悄改变当地老农人的理念。一开始，老农人不相信不打农药、不用化肥能有好收成；现在，在农场工作的十几位老农人，他们的收入在有机种植情况下相对于村里其他农民显著提高。当地的村庄也开始注意到化肥和农药对土地的污染和给农民身体健康带来的威胁。在分享收获种菜的老农人，过去在自家的自留地里采取化学的耕作方式，现在也开始转向有机的种植方式。可以说，分享收获不仅让他们意识到这种有机生产方式对自身的好处，也让他们积累了有机种植的经验和信心。他们的改变也在慢慢影响着村庄的其他农人。

深耕还是扩张？

经过近 6 年的发展，分享收获已在通州区西集镇马坊村拥有 60 亩采用有机生产方式的农作物种植基地、110 亩林地养殖基地，在顺义区龙湾屯镇柳庄户村拥有 50 亩农作物种植基地以及 230 亩果园，生产能力能够确保每周供应超过 25 个品种的蔬菜、全年品种超过 80 个，同时，还有自己的鸡场、猪场提供的蛋、肉产品。此外，分享收获与黑龙江五常大米合作农户、山东苹果、河北杂粮合作农户等全国几十个小农户合作，以公平贸易的形式支持青年人返乡做生态农业。目前，分享收获在北京有近 1 000 个家庭的份额会员，也是北京最著名的社区支持农业农场和都市型生态农业推广基地，其“食在当地，食在当季”的消费理念也在全国形成了广泛的影响力。但是，尽管取得了很大的成绩，与创业团队试图解决食品安全问题、农业污染问题，连接城市和乡村，以及让农民有尊严、让乡村有生机的远景目标相比，还有很长的路要走。那么，下一步应该怎样发展呢？

石嫣认为，按照我国目前有机农业和农村的现状，当未来购买有机农产品的消费者达到 1 万户的时候，生产团队就会严重不足。所以，分享收获目前最重要的还是培养一个好的团队，其中的核心是生产管理。如果在没有足够多令人信赖的生产者的条件下，急于搭建有机农业产品销售平台，将会面临供应不足的问题。因此，无论从企业内部管理还是外部市场环境来看，分享收获目前尚不具备大规模发展的条件，应该坚持小而美、慢慢发展的路径，坚持踏踏实实做好农业，持续影响更多的人，从而为社会带来改变。就此，石嫣说：“农业、特别是有机农业，它的机遇不是一两年就能到来，可能需要十年，甚至更长的时间。在这个过程中，必须把自己的内功练好，让团队成为一个有价值的团队，把农场的精细化管理做到极致的点，做好品牌、增强信任，在这个点上，有机遇的时候，就可以把握住机遇，把事业做得更大。”

针对具体业务，石嫣说：“（分享收获要）使蔬菜和水果这两块主打农产品业务以及真正的技术、核心的管理等做到更精细化，同时推动 CSA 模式的普及。此外，新兴业务板块——‘大地之子’项目和 CSA

联盟很重要，有很多事情要做。”

与石嫣的看法有所不同，程存旺认为可以通过在全国一线、二线核心城市寻找已经具备较好生产管理能力的农场并入股合作，快速扩大规模。为此，他引入外部投资人，注册成立诚食（北京）农业科技有限公司，开发“好农场”APP，目前已经在全国入驻筹建多家CSA模式的农场。在管理方式上采取直接派出农场经理人或者代表，指导和监督农场进行CSA标准的生产，这样就可以迅速汇集CSA农场资源，建设起以“好农场”为品牌的全国直营连锁农场，并由他的公司解决会员端的销售问题。他希望将来能够实现农业企业的上市，并且将未来的股权收益的一半捐赠出来作为乡村建设基金。

深耕还是扩张？石嫣和程存旺正走在探索的道路上。

（付彦　徐京悦　王建英）

参考文献

1. 邓艳玲．女博士的“新冒险”．中国周刊，2012，143（6）：50-54.

2. 刘芳．寻找农业新道路——专访石嫣和她的分享收获．绿叶，2012（9）：73-81.

3. 石嫣．关于分享收获．（2012-07-02）．http：//blog. sina. com. cn/s/blog_55a11f8e0102e48u. html.

4. 石嫣．我在美国当农民．北京：生活·读书·新知三联书店，2012.

5. 孙英兰．中国耕地质量之忧．瞭望，2010（38）：10-12.

6. 温铁军，董筱丹，石嫣．中国农业发展方向的转变和政策导向：基于国际比较研究的视角．农业经济问题，2010（10）：88-94.

7. 张洪．“好农场”电商平台上线．今日中国（中文版），2015（12）：58-59.

企业资料

1. 分享收获信息链接

项目	内容
微信平台	分享收获农场；分享收获大地之子
新浪微博	@分享收获 CSA；@农家石嫣
新浪博客	农家石嫣：http：//blog. sina. com. cn/usashiyan
淘宝	店铺搜索：分享收获

2. 分享收获农场微信公众号

3. 关于分享收获的媒体报道

［1］石嫣：80 后海归“新农人”让数千人分享收获．（2017-09-04）．http：//bjby. bjwmb. gov. cn/pxbd/2017/09/01/t20170904_ 841557. html.

［2］对话石嫣：务农让我不矫情．（2017-09-02）．http：//www. yogeev. com/article/76218. html.

［3］分享收获，石嫣“有态度”．（2015-03-07）．http：//www. chinatoday. com. cn/ctchinese/society/article/2015-03/07/content_ 674381. htm.

［4］归乡（下）．（2013-12-26）．http：//tv. cntv. cn/video/C25153/b3bafd5bd4e44d5d9824dbdb3f9a92bc.

［5］归乡（上）．（2013-12-25）．http://tv. cntv. cn/video/C25153/8f963dd446f14bbb845af267de9d2cdo.

［6］100 个人的中国梦：石嫣 用心种点好东西．（2013-07-19）．http：//xz.

people. com. cn/n/2013/0719/c138901-19110714. html.

[7] 石嫣：戴博士帽的“女农夫”．(2013-05-30). http：//epaper. gmw. cn/gmrb/html/2013-05/30/nw. D110000gmrb_ 20130530_ 1-04. htm? div = -1.

[8] 如何再造安全的食物链？．(2012-05-30). http：//www. nfcmag. com/article/3484. html.

喜憨儿洗车：

心智障碍者的梦想家园

由社会资源消耗者成为社会服务提供者，这是一个巨大的转变！喜憨儿做到了！

——喜憨儿洗车创始人曹军

2015 年 8 月 8 日，一家以 10 多名心智障碍人士为主要员工的洗车场——喜憨儿[①]洗车中心在深圳市福田区凯丰路 11 号正式开业，一年间洗车量累计达到 11 869 次。2016 年 8 月 10 日，在喜憨儿洗车中心的支持帮助下，青海喜憨儿洗车中心开业，员工中包括 14 名心智障碍人士、4 名聋哑人士。截至 2017 年年底，深圳喜憨儿洗车中心洗车数量达到 32 175 次，在全国已经复制 9 家喜憨儿洗车店。

2017 年中国最具影响力的公益项目明星赛事——第六届中国公益慈善项目大赛，经过近 3 个月的入围赛、晋级赛等激烈角逐，有 30 个公益项目从 1 617 个参赛项目中脱颖而出进入决赛，喜憨儿洗车中心在 9 月 24 日的决赛中荣获金奖第一名。

喜憨儿们正用自己的行动实践着“掌握技能、参与工作、体现价值、赢得尊重”，讲述着中国的阿甘[②]故事！

---

① 喜憨儿是人们对心智障碍人士带有人性化和爱心的称谓，心智障碍包括唐氏综合征、脑瘫、发育迟缓、智力障碍、自闭症，表现为心理和智力方面的障碍。“喜”为疼惜，“憨”是昵称，“儿”意指“永远的孩子”，引申为疼惜憨儿、憨儿欢喜。

② 阿甘是美国作家温斯顿·格卢姆的小说《阿甘正传》中的主人公，书中讲述了有心智障碍的阿甘在成长过程中自强不息、创造奇迹的励志故事。学生时代的阿甘用“跑开”躲避别人的欺负和捉弄，从而练就了跑的能力，由此进入橄榄球队、进入大学，成为橄榄球明星；越南战争期间，士兵阿甘因在战斗中拯救战友而被授予勋章；退伍后的阿甘从事捕虾业成为富有的企业家；横跨美国的长跑让阿甘再次成为名人。小说《阿甘正传》于 1986 年出版，后改编成同名电影，汤姆·汉克斯主演阿甘，1994 年 7 月电影《阿甘正传》公映，次年获得奥斯卡最佳影片奖、最佳男主角奖、最佳导演奖等 6 项大奖。阿甘被公认为残障人的励志成功的榜样和代名词。

曹军的切肤之痛

1. 一个家庭的故事

曹军是喜憨儿洗车中心的创始人。时间回溯到 2002 年，曹军的儿子出生。孩子出生时带给家庭的喜悦不久就被痛苦取代了：孩子 7 个月时被诊断为轻度智力障碍。曹军说："从那时起，我最怕的是凌晨三四点钟醒来，夜深人静，想到孩子的事情我就冒冷汗，睡不着觉，一直到天亮。想的最多的不是孩子的现在，而是孩子的未来。将来我们老了，不在了，孩子怎么办?"

在孩子出生后的十几年中，曹军用繁重的工作麻痹自己，想多挣一点钱留给孩子；他用阿 Q 精神宽慰自己，孩子将来不用考大学，没有择业的烦恼；他与太太互相鼓励，用各种方式让生活愉悦些，他们选择淡季去旅游，享受家人在一起的快乐。但是，孩子未来该怎么办依然找不到答案。

也是在这十几年中，有着创业经验并从事投行工作的曹军开始关注与残障人士有关的项目。他考察了北京、上海、杭州、广州等地的十多个项目，主要是政府民政部门免费提供场地如餐厅、盲人影院等给残障人就业，还有民间慈善机构等。有一次参观国内一家托养机构，那是在冬季，一个冲澡场面触动了曹军：护理人员把行动不便的老年人和孩子从轮椅上一个一个抱起来，放在架座上，先用水冲洗全身，拿软刷刷洗，之后再全身冲洗，最后抱回到轮椅上，这种仿佛流水线作业的情景深深印在曹军的脑海中，挥之不去。站在托养机构的角度，护理人员已经尽心竭力了，但作为被护理者的亲属内心仍会有隐隐的痛。

曹军说："我能体会到那种切肤之痛！我最了解自己的孩子需要什么，孩子需要尊严。如果家长用心去做不会是这样，会更注重细节！"

后来，曹军去了香港、澳门和台湾等地参观考察。在台湾，曹军看到了各种无障碍的公共设施，让残障人能够与正常人一样穿梭在大街小巷，街上没有对残障人刻意的同情怜悯的目光。这些经历让曹军对残障人有了更深入的了解和认识，他更愿意把残疾人士称为“有特殊需要的”残障人：残疾人基于医学视角，是指人们受到某种功能上的限制；残障人则基于社会视角，是指通过消除环境的限制让他们平等地、无障碍地参与社会。正如近视的人戴上近视镜后视力就与视力正常人无异了。

2014 年，曹军考察了一个养老项目：一个综合性养老公寓，里面有农场果园、健身娱乐场地，更像是一座养老乐园和生态园。作为用地补偿，村民可以在养老公寓工作。曹军由此萌生出喜憨儿梦想家园的想法，但建设和运营费用从哪里来呢？

曹军曾读过日本人大山泰宏写的《我们为什么工作》一书。大山泰宏是一家粉笔企业的创办人，一个偶然的机会他招聘了三四个心智障碍者。在工作接触中，大山泰宏发现这些心智障碍者身上有很多优点：他们十分忠诚；他们很呆板，最适合做机械的操作性工作。后来，这家企业雇佣的心智障碍员工占到员工总数的 60% 左右。曹军从中得到启发，逐步形成了用商业办法解决社会问题的理念。

曹军说：“年复一年，孩子在长大，我们等不起！我们在给别人打工，为什么不给孩子们打工呢？人要靠自己的劳动创造价值。”

2. 喜憨儿梦想家园的构想图

经过十几年的参观和考察、思考，喜憨儿梦想家园的构想在曹军的头脑中逐渐清晰起来。在深圳喜憨儿洗车中心会议室，说到喜憨儿梦想家园的构想，曹军情不自禁地从会议桌旁站起，拿起笔在旁边的白板上勾画起来。他在白板上方的中心位置画出一个代表喜憨儿梦想家园的方框，并解释说，在梦想家园中有舒适的起居生活区，有游乐场、操场、图书馆……喜憨儿们在这里同吃同住、彼此照顾，也得到家长们和护理人员的帮助和看护。当有一天，一批家长年老了，他们会把接力棒传给年轻家长，一代接一代，守望相助、薪火相传。

那么，建设和维持梦想家园的费用从哪里来呢？曹军回答："来自社会企业！社会企业具有造血能力，可以给梦想家园提供给养。"

曹军认为社会企业通过商业化的产品和服务所创造出的利润将与政府资金、社会爱心捐助以及家长遗产等来源形成共同信托基金，作为梦想家园建设和运营的资金来源。要确保共同信托基金阳光化运作，接受监督，从而支撑梦想家园的持续经营。图 1 是曹军关于喜憨儿梦想家园构想的路线图。

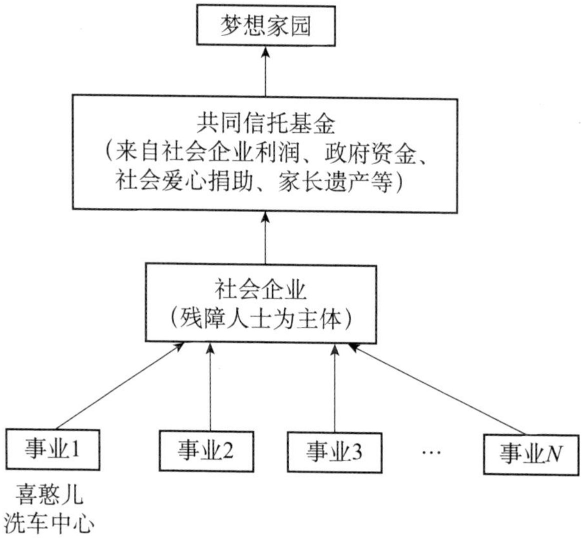

图 1 喜憨儿梦想家园构想的路线图

曹军设想中的社会企业，由事业 1，事业 2，…，事业 N 组成，社会企业是喜憨儿梦想家园的基础，各个事业是社会企业集团的构成要素。每个事业不但要有创造利润的能力，为梦想家园的共同信托基金提供资金来源，而且要具备接受喜憨儿们就业的能力，曹军坚持认为喜憨儿们若要有尊严就要有价值，若要有价值就要付出劳动。

喜憨儿长期以来一直是国家救助、家庭照顾的对象，如何让喜憨儿就业？在三百六十行中，有适合喜憨儿的工作吗？梦想家园构想离现实有多远？

残疾人融入社会的困境

1. 丛林法则的悖论

在自然界上亿年的演化中，作为生物学方面的基本规律，丛林法则决定和制约了动植物的发展进化，表现为物竞天择、适者生存、优胜劣汰、弱肉强食。在人类社会发展中，丛林法则也长期占据支配地位，但随着人类把丛林法则中的自然属性改变为以人类意志为中心的社会属性，从而可以改变动植物的物种，可以改善生存条件和环境，人们开始意识到丛林法则不再适用于人类社会。从地球生态上看，人类如果依然按照丛林法则行事，将会无节制地攫取自然资源，最终将是地球毁灭、人类消亡！

在丛林法则支配人类社会的相当长时期，残疾人一直是弱者，无知、迷信和恐惧等社会因素使得残疾人处于被忽视遗忘、孤立无援的地位。只是到了近两百年，平等对待残疾人的理念与政策才开始发展起来。1982 年 12 月 3 日，联合国大会第 37/52 号决议通过了《关于残疾人的世界行动纲领》，强调残疾人有权享有与其他公民同样的机会，平等分享因社会和经济发展而改善的生活条件，首次从残疾人与其环境之间的关系角度界定了障碍的定义。

“残疾”泛指世界各国人口出现的各种功能上的限制，可以是生理、智力或感官缺陷，也可以是医学上的状况或精神疾病，这些缺陷、状况或疾病或是长期的，或是过渡性质的，国际社会公认的全球残疾人比例约为全球总人口的 10% 。

“障碍”是指机会的丧失或受到限制，无法与其他人在同等基础上参与社会生活，着重强调社会环境中如设施、交流和教育等有形无形的缺欠，使残疾人无法在平等基础上参与。从医学和社会两方面综合考虑，把“残疾”和“障碍”结合起来，谓之“残障人”，反映了社会对待“残疾人”的新认识、新理念，是更为准确、人道的称谓。

2. 中国残疾人事业的挑战

1982 年的《中华人民共和国宪法》首次规定“国家和社会帮助安排盲、聋、哑和其他有残疾的公民的劳动、生活和教育”；1990 年 12 月，全国人民代表大会常务委员会第十七次会议通过《中华人民共和国残疾人保障法》；2007 年 3 月 30 日，在联合国总部，中国常驻联合国代表王光亚代表中国在《残疾人权利公约》上签字，这标志着中国残疾人事业转变到以“平等、参与”为宗旨的理念和政策上来。

截至 2010 年年末，我国各类残疾人口数量及占残疾人总人数比例见表 1①，全国残疾人总数为 8 502 万人，占全国人口总数 6. 34%，全国有残疾人的家庭户共 7 225 万户，占全国家庭总户数的 17. 80%。

表 1　　全国各类残疾人口统计表（2010 年年末）

名称	人数（万）	比例（%）
视力残疾	1 263	14. 86
听力残疾	2 054	24. 16
言语残疾	130	1. 53
肢体残疾	2 472	29. 07
智力障碍	568	6. 68
精神残疾	629	7. 4
多重残疾	1 386	16. 3
合计	8 502	100

① 中国残疾人联合会根据 2006 年第六次全国人口普查及第二次全国残疾人抽样调查推算出 2010 年年末各类残疾人口数量及占比。

在履行《中华人民共和国残疾人保障法》《残疾人权利公约》的同时，中国各级政府和组织积极致力于推进残疾人社会保障体系和服务体系建设。“十一五”期间，城镇残疾人社会保险覆盖率由 34.8% 提高到 60.9%，农村残疾人参加新农合（新型农村合作医疗）的比例达到 96%，城乡 1 000 万残疾人享受了最低生活保障，1 000 多万残疾人得到不同程度的康复治疗，残疾人受教育水平不断提高，新增城镇就业残疾人近 180 万，610 多万农村贫困残疾人通过扶贫开发解决了温饱问题，越来越多的残疾人实现了人生和事业的梦想，过上了幸福和有尊严的生活。

与此同时，中国残疾人事业还面临许多挑战，如在收入方面，残疾人家庭人均收入仅为全国平均水平的 60%；在教育方面，有相当一部分适龄残疾儿童未能上学接受教育；在就业方面，截至 2016 年年底，全国残疾人口基础数据库入库持证残疾人 3 219.4 万人，城乡持证残疾人就业人数为 896.1 万人，一多半有就业能力的城镇残疾人未能就业；在社会服务方面，约 40% 的城镇未就业残疾人、70% 的农村未就业残疾人主要靠家庭供养，近 1/4 的城镇残疾人未参加任何社会保险。总之，在经济收入、教育、就业和社会服务等基本方面还不能满足残疾人的需求，这些都有碍于残疾人平等参与、融入社会生活。正如联合国前秘书长安南在《残疾人权利公约》通过之日所说，“残疾人的处境体现出人性中最黑暗的一面，在书面上残疾人和其他人享有同样的权利，但是在现实中他们的权利被想当然地剥夺了”。

心智障碍群体的情况更不容乐观，其就业率远低于残疾人平均就业率，仅为 2%。2017 年 12 月 10 日，中国心智障碍十大权利事件首次在北京发布，这些事件均来自 2017 年度媒体公开报道，在说明心智障碍群体的诉求日益受到社会关注的同时，也反映出社会对残疾人的认知偏差，在残疾人政策、残疾人法律保护和社会服务方面存在的问题。可以预期，在向“平等、参与”的新认知理念转变、从理念转化为政策、将政策落实取得成果的过程中，还有漫长的路要走。

让残疾人平等融入社会，更进一步地，让残疾人在价值创造、服务社会中赢得尊重，这是政府、社会和家庭共同面对的难题，曹军带领着喜憨儿们正走在探索破解这些难题的道路上！

梦想家园启航

1. 寻找项目

曹军在各种场合向有同样遭遇的喜憨儿家长宣传喜憨儿梦想家园的理念和想法，最终说服了十位家长，筹集了 100 万元人民币，喜憨儿梦想家园的集结号终于吹响了。千里之行，始于足下。但万事开头难，拿到 100 万元后，从什么项目做起呢？在选择项目的过程中，曹军探索总结出一套项目评价的标准。

（1）适合喜憨儿们的特点和能力

首先，项目选择要依据康复理论和残疾人能力的比较优势，具体说来，项目要适合喜憨儿的特点和能力。喜憨儿的智力始终处于儿童期水平，凡做事类似于儿童做事特点，若感兴趣，就会专注去做，乐此不疲。从喜憨儿能力的比较优势看，喜憨儿的比较优势能力在大运动能力方面；喜憨儿在精细化能力方面处于相对劣势，成语“心灵手巧”说明的就是两者的关系，心灵才能手巧。

曹军曾考察过生产包装盒的工厂流水线。流水线上十几个人完成一个包装盒，每人在自己的工位上工作，如折叠并粘贴一个包装盒的侧边后将其传到下一道工序，由另一个人再折叠并粘贴另一侧边传到下一道工序，最后生产出包装盒。折叠并粘贴是精细化工作，喜憨儿不具有这样的能力，喜憨儿若从事这样的工作，会导致极高的废品率，因此这种项目不合适。

（2）市场刚需多频

项目选择还要考虑市场和顾客需求，市场足够大，顾客需求频次多，还需考虑顾客的接受程度。

曹军考察过园艺种植等项目，这些项目尽管简单，但并非顾客刚需，更非频繁重复使用，只能放弃。

（3）选择洗车

经过千辛万苦的考察分析，项目最终被确定为洗车。洗车的投资不大，技术含量不高，可操作性强，关键是适合喜憨儿的能力和特点，让喜憨儿在工作中找到乐趣，对喜憨儿来说是一件非常幸福的事情。

曹军说："首先，对男孩子来说，玩水、打泡沫本身就是一种乐趣，平时我们自己洗车，孩子都会很开心地拎桶浇水。其次，洗擦车是大运动工作，在喜憨儿能力范围之内。最后，从市场角度看，洗车属于刚需多频，有足够大的顾客和市场。即便将来冲洗自动化，仍需要结合人工来完成擦车，这是持久需求。"

洗车项目能成功吗？曹军说："这需要在试营业中验证三个问题：能否做到，能否做好，以及能否持续。"

前后两个问题是要验证是否适合喜憨儿的能力和特点："能否做到"主要验证洗车是否匹配喜憨儿的比较优势能力；"能否持续"主要验证洗车是否匹配喜憨儿的兴趣特点，坚持做下去。

中间的问题主要是通过市场和顾客的反馈和认可加以验证。曹军认为，开始人们会为献爱心远道而来洗车，但由此绑架车主是不道德的。留住顾客的前提是要做好，"能否做好"的关键是喜憨儿洗车能否市场化，达到同业竞争水平。

2. 喜憨儿洗车中心的创立

（1）试营业

2015 年 7 月初，全国首家喜憨儿洗车中心在深圳市福田区试营业，12 名核心员工中有来自深圳元平特殊学校的毕业生、从福利院和社会招聘的喜憨儿，还有包括曹军在内的两名管理者、两名特教教师和三名洗车师傅。试营业期间不对外开放，洗车顾客主要是喜憨儿的家长和朋友。

试营业开业当天，《深圳商报》民政版有一篇报道，题为《元平特校学生毕业生有了新去处》，报道中提到喜憨儿洗车中心试营业的消息。7 月 15 日《羊城晚报》记者专程到喜憨儿洗车中心进行现场采访，之后在《羊城晚报》上用 1/4 版面做了题为《深圳一洗车中心为智障者就业而开　首批 12 名喜憨儿上岗》的报道。随后，福田区政府微信公众号转载了《羊城晚报》的报道，第一天微信转发超过 30 万次，之后几天每天转发量都超过 10 万次。

（2）媒体效应

喜憨儿洗车中心开业仪式

喜憨儿凭劳动收获人生第一份工资

媒体效应在发酵。8 月 6 日，新华社的三个记者带着摄像机做了谨慎而详细的采访，之后对喜憨儿洗车中心做了题为《心智障碍者快乐工作的家——探访深圳喜憨儿洗车中心》的报道。各路媒体纷至沓来，喜憨儿洗车中心一时成为新闻热点。原本为试营业的喜憨儿洗车中心，在 8 月 8 日提前正式对外营业，也是这一天，喜憨儿凭自己的劳动收获人生第一份工资。

接下来的几个月中，

喜憨儿洗车中心每天顾客盈门，排起了长队，多时一天超过 70 辆车，反映出社会对喜憨儿的关注和爱心，喜憨儿洗车中心开业一炮打响，初战告捷。在试营业阶段，第一个问题“能否做到”，即洗车与喜憨儿大运动能力的比较优势相匹配得到了验证！而“能否做好”和“能否持续”两个问题，还有待于在接下来的工作中加以验证。

让工作适应人（运营模式的探索与创新）

1. 让洗车流程适应喜憨儿

一般的洗车中心开业时就已有可供借鉴的、成熟的洗车作业流程设计和作业标准，而作为首家以心智障碍者为核心员工的喜憨儿洗车中心，没有可供参考的作业流程设计和作业标准，一切都要从头做起，去探索、去创新。曹军团队首先设定了预期目标、基本原则、基本流程和标准，然后在实践探索中总结出一整套运营模式和做法。

（1）预期目标

预期目标是要达到同业竞争水平，验证“能否做好”的问题，确定顾客对洗车服务结果的满意程度。

曹军说：“顾客第一次是献爱心来了，最初几个月的热闹终会趋于平静。喜憨儿要最终吸引并留住顾客，就要做到洗车干净程度和等待时间不打折，要达到同业竞争水平。”

（2）基本原则

基本原则是要验证“能否持续”的问题，表明了预期目标的实现过程。工业革命以来，生产运营的基本原则是让员工服侍机器适应流程。为了提高现场的劳动生产率，必须为工作配备一流的员工，让他们掌握标准化的操作方法、使用标准化的工具，并使得作业环境标准化，这是泰勒科学管理制度对员工的要求。但是，对于以喜憨儿为核心员工的工作场所，需要让作业流程和标准适应喜憨儿，这是基本原则！

另外，在心智障碍者群体中，只有不到5%属于轻度，超过95%属于中度和重度，要解决这个特殊群体的充分就业问题不能择优，而要采用“分工协作、团队作业”的特殊方式解决普适性的群体就业。

曹军说：“对于像喜憨儿这种有特殊需要的群体，需要采用不同方式，其理念是机器和流程要适应人，就如同在眼镜店配眼镜，是镜片适应人而不是人去适应镜片。”

（3）基本流程和标准

依据上述预期目标和基本原则，曹军团队把洗车流程设计和作业标准工作尽可能简化，把洗车擦车流程标准化、精细化到单个事项和环节，甚至用毛巾颜色区分擦洗车的不同位置。图2表示了洗车作业流程。洗车作业流程包括两个作业区，洗车作业区和擦车作业区，分别如图3、图4所示。洗车作业区包括接车、检查车辆情况、清洗车身喷泡沫和清洗车身冲洗等四个环节，擦车作业区包括擦干、清洁仪表盘、吸尘、清洁车窗内、完成检查和交车等六个环节。

图2　洗车作业流程

（4）实践中快速完善流程与标准

设定了预期目标、基本原则、基本流程和标准，还需要在实践探索中逐步完善作业流程和标准。试营业期间，洗车现场暴露出许多问题，师傅跑来跑去、手忙脚乱地指挥喜憨儿们做事，现场处于混乱、几近失控状态，后果是车擦洗不干净、顾客等待时间过长。

图3　洗车作业区

图4　擦车作业区

曹军团队对洗车现场出现的问题做出及时反应，总结经验，快速完善作业流程和标准，形成了最佳实践和做法。曹军说："让顾客再来，就要做到干净程度和等待时间不打折扣，必须要达到同业水平。怎么做到呢？员工必须经过能力测评和培训！"

2. 职业能力测评体系

曹军管理团队本来设想通过一个月的试营业，有较充足的时间验证能否做到、能否做好以及能否持续三个问题。试营业的轰动效应让喜憨儿提前进入角色，也加速了曹军团队的探索过程和经验积累。经过两年的反复实践，喜憨儿洗车中心已经开发出一套较完整的职业能力测评体系和培训体系，总结出适合喜憨儿的"科学测评、扬长避短、分工协作、团队作业"原则和最佳实践。

（1）职业能力测评

职业能力测评就是通过测评了解测评者的能力，作为分组分工和培训的依据，目前，喜憨儿职业能力测评体系已经更新升级到第五版了。

能力测评模板是一块白板（见图5），长3.6米，高1.85米，底边

图5　职业能力测评模板

离地0.25米，模仿了车身大小：高度相当于SUV车，长度是一般小型车的长度，底边是车底盘离地的距离。白板模拟了喜憨儿的现场工作范围，每个新来的喜憨儿都要经过该模板的测评。

（2）测评步骤

首先，用喷壶在模板上喷上水，再拍上粉笔灰，模拟汽车身上的灰尘。

然后，给出指令让测评的喜憨儿用毛巾把模板擦干净。团队开发出一个量表，观察并记录测评过程的每个细节：被评测的喜憨儿愿不愿意蹲下去擦，愿不愿意弯腰去擦？有没有翻毛巾，一面擦脏了换另一面？用了多长时间？等等。这些都是得分点。

擦完后，打开灯，模板上会出现18宫格，每个宫格的难易程度不同，因此分值不同：中间部分最容易擦到，分值低；“金角银边草肚皮”处最难擦抹到，分值高。擦干净的宫格得分，没有擦干净的宫格不得分。

量表最终得分反映了被测评的喜憨儿的能力，得到80分、90分的喜憨儿将会在未来分组中扮演重要角色。实践证明，通过能力测评体系基本能够准确识别喜憨儿的工作能力程度和特征，反映喜憨儿的实际能力。

（3）基于测评的分组分工

在职业能力测评的基础上，可以对喜憨儿进行分组分工。具体说来，就是把喜憨儿分成若干小组，每个小组按照残障程度搭配轻、中、重度，如1个轻度、3个中度、1个重度，或者1个轻度、2个中度、2个重度，小组内成员分工协作完成工作。

曹军说："再轻度的孩子也不能把一个车全部擦洗干净，他不具备这样的能力。因此需要分组分工，轻度的孩子多做一点，中度的孩子少做一点，重度的孩子只做一个工作也行。这样，五六个孩子分工协作就把车洗完了。"

那么，如何达到干净程度和等待时间不打折呢？通过职业培训来实现。

3. 职业培训体系

职业能力测评后分成5～6人的团队，通过分工协作基本上可以用20～30分钟擦洗完一辆车，在等待时间上达到了同业竞争水平。曹军团队探索开发出"起头"的概念和大小不遗漏的方法，在干净程度上实现同业竞争水平。

（1）做到大的不遗漏和起头规范

在接受职业培训之前，交给喜憨儿擦车门或擦玻璃的工作，可能会出现这样的情况：他擦完车的一边后走到车的另外一边，由于车两面对称，他会认为另一边已经擦过了，就不再擦了，这是大的遗漏。

曹军团队找到解决大的遗漏问题的方法，从左侧倒车镜起头，喜憨儿们以此为起点和终点转一圈，无论擦玻璃、轮胎、门板都要转一圈回来，由此大的遗漏问题得到解决。

曹军说："首先要训练和强化孩子们起头的概念，培训完模拟擦车时，他们会问老师说从哪里起头啊？培训就到位了。老师会告诉，从左侧倒车镜开始。"

（2）做到小的不遗漏和起头规范

同样，在接受职业培训之前，喜憨儿往往是随性点擦，看到哪里就擦哪里，车上的脏渍灰尘如果没有擦干净，水干后马上就会显现出来，这是小的遗漏。

曹军团队开发出解决小的遗漏问题的方法，把汽车拆分成块，玻璃、门板、大头盖、尾箱盖、车顶。训练喜憨儿擦完一块再擦另一块，每一块从左上边起头，用小角度左右横擦，这样确保了每块擦得干净，由此小的遗漏问题得到解决。

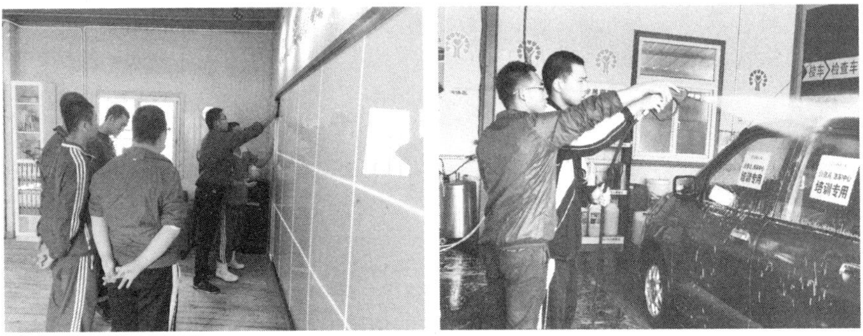

喜憨儿在职业培训中

曹军说："将来给孩子们分配工作的时候，也是每人各负责几块儿。孩子们会有什么感觉呢？擦完一块儿感觉好了不起，就像得到一个小红花一样，再擦一块儿更棒！孩子们有了自信心。"

总之，通过起头的概念和大小不遗漏的方法，在洗车干净程度方面也达到了同业竞争水平。曹军团队已经做了两三百例的培训，结果显示，90% 的喜憨儿实现了预期能力，验证了培训体系和方法的有效性。

（3）达到同业竞争水平

喜憨儿通过职业能力测评和职业培训，在洗车现场展现出喜憨儿的分工协作、训练有素，验证了"能否做到、能否做好以及能否持续"三个问题，实现了等待时间不延长和洗车干净程度不打折的同业竞争水平，洗车项目取得圆满成功。

曹军兴奋地说："当我们给顾客提供一次干净满意的洗车服务，顾客给我们 35 元钱，是我们应得的劳动报酬，这是等价交换。当顾客成为我们的回头客并向我们提出更多服务要求时，就意味着顾客把我们当作普通洗车行看待，证明我们已经达到同业竞争水平了。"

社会适应能力的试验场

喜憨儿洗车中心不仅是喜憨儿的就业场所，更是培养社会适应能力的实验场所。

喜憨儿在14岁以前，家庭竭尽全力、政府和社会投入金钱和努力在基础教育和康复目标上，14岁以后势必转化到培养其社会适应能力的目标上。中国的现实情况是，多数喜憨儿长大后难以就业、只能待在家里，失去了培养社会适应能力的机会，成为家庭和社会的双重难题。从这个意义上说，喜憨儿洗车中心成为喜憨儿适应社会、融入社会的半开放式场所，破解了上述双重难题。

1. 社会适应能力培养

社会适应性的目标就是让喜憨儿通过进入社会、参与工作，创造价值，培养社会适应能力，最终得到社会认可。现在，凡是进入洗车中心就业的喜憨儿都要经过一个月的测评和培训。职业技能培训一个星期就可以完成，剩下更多的时间是在培养社会适应性目标上。

黄艳是喜憨儿洗车中心的负责人之一，她曾经在深圳市残联工作，在与曹军的接触交流中十分认可曹军的理念和想法。于是，黄艳于2015年5月辞职与曹军一起筹备喜憨儿洗车中心。黄艳说：“为了实现喜憨儿的社会适应性目标，要培养他们四个方面的认知和能力：一是基础认知能力；二是工作能力；三是协作能力；四是自主能力。”

基础认知能力是对喜憨儿的基本要求，是让喜憨儿认识到工作场合不同于学校和家庭，要有基本礼貌、讲究基本礼仪和衣着，这既是尊重顾客也是尊重自己。表2中的喜憨儿工作管理制度就是培养和规范基础认知能力。

表 2 喜憨儿的工作管理制度之一

● 工作及康复活动区域保持干净、整洁，不得喧哗、打闹，工作时间不吃零食，不闲聊，遵守部门负责人的调度和安排。
● 上班时间保持良好的精神状态，并按本店规定统一着装，态度友善。尊重上级，友爱同事，互敬互爱。
● 爱护环境卫生，本店区域保持干净，不得随意吐痰、扔垃圾，并按要求取放工作及活动用具和材料，保持各区域干净、整洁。
● 严格遵守中心的考勤制度，不迟到、不早退，有特殊情况需上报负责人审批。
● 工作时间：上午，9：00～12：00；下午，14：00～18：00。

工作能力和协作能力是对喜憨儿就业能力的要求。尽管洗车流程和标准要适应喜憨儿，仍然需要通过“科学测评、扬长避短、分工协作、团队作业”，培养喜憨儿的工作能力和协作能力，在工作中服务社会、创造价值。自主能力是对喜憨儿的更高要求，也是衡量喜憨儿社会适应性的重要指标。

能力训练室（就业与社会适应能力训练相结合）

2. 社会适应能力的试验效果

喜憨儿洗车中心作为培养喜憨儿社会适应能力的实验场所，两年下来效果如何呢?

曹军讲述了喜憨儿陈星佑的故事。陈星佑属于一级智力残障，他在洗车中心工作之前，自己从不出家门，没有单独乘坐过巴士。在洗车中心工作之初，一个星期有两三次大小便失禁，需要师傅和其他喜憨儿帮助冲洗更换衣物。工作后要求他上下班乘坐巴士，早期是爷爷奶奶接送，后来是爷爷奶奶在巴士站早送晚接，老师在巴士站早接晚送。再后来为了锻炼他的生活独立性，老师和爷爷奶奶会在上下班时跟随他至巴士站，不久他便学会自己独立乘坐巴士上下班了。而且，有一年多没有发生大小便失禁了。在工作方面，最初他只能擦一个轮胎，现在可以擦四个轮胎，还有多余时间跟小伙伴们一起打泡沫，这就是进步。

还有一个脑瘫的喜憨儿由于肌张力问题脚后跟落不了地，来到洗车中心工作以后，由于在工作中他要天天蹲下、起来、伸胳膊、伸腿，反复运动，渐渐地脚后跟能落地了，甚至可以跑几步了。有的喜憨儿还学会使用共享单车上下班。

黄艳说："两年下来，喜憨儿的社会适应能力得到了全面提高，这是通过专业康复训练都无法达到的目标和水平。"从工作能力来看，有些喜憨儿不但熟练掌握了所要求的能力，还实现了工作轮换，这是巨大的进步。

长期在喜憨儿洗车中心洗车的顾客也惊讶于喜憨儿精神状态的改变，一位老顾客说："洗车中心营业之初，喜憨儿会害怕、羞涩地躲在角落里，现在他们主动接车，打招呼说您好，要洗车吗?"

工作场所成为小伙伴们一起快乐交流的社交平台，他们有自己的语言，相互打闹、玩耍、嬉笑，有时会乐得前仰后合。每个月发工资的日子最热闹，他们买可乐、雪碧，相互请客、彼此庆贺!

曹军说："《人民日报》写我们的报道标题是《他们做到了》。我觉得挺骄傲的!这些孩子真的很争气，他们把洗车这件事做好、做到了。"

永远在路上

喜憨儿洗车中心创立两年来，用自己的行动实践着“掌握技能、参与工作、体现价值、赢得尊重”的誓言，由社会资源消耗者转变成社会服务提供者。2017 年 9 月 24 日，喜憨儿洗车中心获得第六届中国公益慈善项目大赛决赛金奖第一名，宣告喜憨儿洗车中心是用社会创新方式解决社会问题的社会企业的先进代表。

（1）示范效应

深圳喜憨儿洗车中心在开业一周年之际，无偿帮助和支持青海喜憨儿洗车中心开业。经过两年运营，喜憨儿洗车中心将洗车过程流程化、标准化、模块化，形成了较完善的职业能力测评体系和职业培训体系。目前，通过深圳喜憨儿洗车中心的无偿帮助和支持，全国已有 9 家喜憨儿洗车中心开业运营，还有 20 多家洗车中心处于筹备状态。

喜憨儿在全国发起了心智障碍者批量就业计划——“春雷行动”，努力推动实现 1 000 家喜憨儿洗车中心的目标，解决 10 000～15 000 名心智障碍者的就业。

青海喜憨儿洗车中心

（2）传播社会正能量

喜憨儿洗车中心受到了全国媒体的关注，新华社、《广州日报》、《羊城晚报》、《大公报》、《南方都市报》、《南方日报》、《深圳特区报》、《深圳日报》（英文版）先后对喜憨儿洗车中心做了报道，CCTV-13 频道在《新闻直播间》播出了深圳喜憨儿洗车中心的实况介绍，公益慈善网报道了《喜憨儿洗车中心：从洗车开始的梦想庄园》，这些报道带来了良好的社会效果。

2016 年 3 月 8 日，时任深圳市委书记马兴瑞到喜憨儿洗车中心参观调研时对曹军说："你们做了很了不起的事情，让这个群体有了尊严、有了价值，弘扬了正气，向社会传递了正能量。"

（3）影响促进相关政策出台

喜憨儿洗车中心在尝试着用商业手段解决政府和市场都无法单独解决的社会问题，这是实现喜憨儿梦想家园走出的坚实而有力的第一步。社会问题需要多方的参与支持，尤其需要政府的政策支持，如盲人有盲人按摩的专项政策，智障者是否可以出台智障者洗车专项政策。2017 年 2 月 23 日，中国残联副理事长程凯、广东省残联理事长张永安到喜憨儿洗车中心参观考察，这既是对喜憨儿的肯定，也说明喜憨儿逐步扩大了影响力。

曹军说："我们需要精准扶残，如同现在的精准扶贫一样，要精准识别、精准帮扶、精准管理，这是一整套解决方案。如果能够推动政府专项扶持政策出台，那我们就真的为智力残疾人做了一件有很大贡献的事情了。"

（4）社会企业家的示范作用

作为喜憨儿洗车中心的创始人，曹军 2016 年获得第三届"CCTV 年度慈善人物"提名奖，2017 年被聘为深圳市残联第六届理事会理事，作为榜样的曹军鼓舞着年轻人探索用创新的商业手段解决社会问题。

对于喜憨儿洗车中心的发展，政府的支持必不可少。喜憨儿洗车中心以喜憨儿为核心员工，探索着喜憨儿就业、适应社会的创新之路，还需要与政府、社会和家庭齐心协力破解社会难题。目前，喜憨儿洗车中心的营业收入可以支付喜憨儿工资和日常经营管理费用，但承担场地租赁、教辅人员薪资等费用压力就非常大。

当问及在没有得到政府支持就启动喜憨儿洗车中心时，曹军说，先做别想，做了才有可能得到政府帮助。深圳喜憨儿洗车中心开业半年后，时任深圳市委书记马兴瑞到洗车中心参观调研，现场拍板解决了洗车场地和教辅人员薪资问题，喜憨儿洗车中心现在的场地就是由政府免费提供的。喜憨儿洗车中心已将洗车过程流程化、标准化、模块化，形成较完善的职业能力测评体系和职业培训体系，只要政府可以解决场地和教辅人员薪资问题，实现心智障碍者批量就业的喜憨儿洗车模式就可以快速复制。

喜憨儿洗车中心是从喜憨儿梦想家园设想中走出的第一家社会企业，曹军在继续考察适合喜憨儿的项目，近期与黑龙江一家企业有关水稻加工合作的谈判已近尾声，将脚踏实地地走出第二步、第三步……逐步完成梦想家园的设想。

关于未来的挑战，曹军说：“喜憨儿洗车中心的成功，已经证明了喜憨儿能够融入社会、创造价值，得到社会尊重和认可。但对于残障人的认知改变，与残障新理念相应的政策的制定和落实将是长期的挑战。”

把残障人视为有特殊需要的群体，从医疗视角向社会视角转变，从平等参与理念到价值创造理念，从理念到政策再到实践成果，每一个转变都需要家庭、社会、政府的协同努力，任重而道远。

（李晓光　王建英　徐京悦　王强）

参考文献

1. 2006 年第二次全国残疾人抽样调查主要数据公报（第一号）. 2006-12-01.

2. 中国残障人联合会网站，http://www. cdpf. org. cn.

企业资料

1. 深圳一洗车中心为智障者就业而开 首批 12 名喜憨儿上岗 .（2015-07-14）. http：//news. 163. com/15/0714/16/AUGGJ2D700014AEE. html.

2. 深圳首家“喜憨儿洗车中心”昨开业 .（2015-08-09）. http：//www. xinhuanet. com/local/2015-08/09/c_128107557. htm.

3. 喜憨儿洗车中心发工资了 .（2015-08-10）. http：//news. sina. com. cn/o/2015-08-10/doc-ifxftkpe3077813. shtml.

4. 深圳喜憨儿洗车中心：心智障碍者的“梦想庄园”.（2015-08-18）. http：//www. xinhuanet. com/politics/2015-08/18/c_ 1116296397. htm.

5. 心智障碍者快乐工作的家——探访深圳喜憨儿洗车中心 .（2015-08-21）. http：//www. chinadaily. com. cn/micro-reading/interface_toutiao/2015-08-21/14126873. html.

6. 深圳喜憨儿洗车中心首个外地旗舰店开业 .（2016-08-17）. http：//sz. people. com. cn/n2/2016/0817/c202846-28846095. html.

7. 劳动创造价值 喜憨儿赢得尊重 喜憨儿市场中心荣获“第三届鹏城慈善典范项目”.（2016-09-06）. http：//wb. sznews. com/html/2016-09/06/content_3613276. htm.

8. 在这里上班，同时进行教育训练益智开发　他们做到了 .（2017-07-28）. http：//society. people. com. cn/n1/2017/0728/c1008_29433476. html.

9. 喜憨儿洗车中心夺公益大奖 .（2017-09-25）. http：//www. oeeee. com/nis/201709/25/525309. html.

10. 深圳“喜憨儿”洗车行创始人：不能绑架别人的爱心和道德 .（2018-03-22）. http：//www. thepaper. cn/baidu. jsp？ contid = 2037589.

11. “喜憨儿”也有精彩人生 .（2018-04-01）. http：//theory. people. com. cn/n1/2018/0401/c40531-29900761. html.

12. 阳光总在风雨后：曹军．（2016-05-11）．http：//tv. cctv. com/2016/05/11/VIDEj4jaxXWWE 371iwNY8Hgz160511. shtml.

13. 我与喜憨儿有个“约会”，心智障碍者也有春天．http：//www. iqiyi. com/w_ 19rw8xfhgx. html.

14. 曹军：喜憨儿就业行动　劳动创造价值与尊严. https：//v. qq. com/x/page/b0522d85z2b. html.

成都朗力：

打造适合老年人生活的社会

如果十年之后，适老化可以变成建筑的一个标准，或者一种体系，像我们居家必备的地板地砖一样，我们的目标就实现了。老人在家里有这么多的危险，解决这一问题时不我待，但是凭朗力的力量远远不够，真的是需要社会的力量来推动。

——成都朗力创始人朱庆海

按照国际标准，我国从2000年起就已进入老龄化阶段，而且老龄化速度快，老龄人口的规模和比重增长都极为迅速，由此导致的“老有所依、老有所养”问题日益严峻。2011年之前，家庭一直是我国养老的主要载体，辅以政府主办的敬老院、养老院等养老机构。这类养老机构数量少，根本无法满足社会对养老的需要。据统计，截至2010年底，养老机构的床位数不到完全失能老人数量的30%，近半数的机构明确表示，只接收自理老人或以接收自理老人为主，不收住失能老人。而在养老护理员的配备上，从护理和相关专业毕业的护理员不超过30%。此外，养老机构通常远离市中心，这意味着将老人从熟悉的环境中抽离，也不便儿孙们经常探望，这与中国传统的“儿孙绕膝、颐养天年”的老年理想生活相去甚远。

2009年，在商海中摸爬滚打了十几年的山东人朱庆海携团队，经多方考察后决定进入居家养老服务行业，2011年，创办了成都朗力养老服务信息咨询有限公司（简称“成都朗力”）①。当时社会上都把目光聚集在高端养老房地产和大型养老机构的建设上，成都朗力另辟蹊径，将为普通人提供社区养老服务作为基本的发展方向，逐步建设起连锁的小型多功能社区养老服务中心。随着业务的发展，成都朗力拓展了与社区居家养老相关的社工体系，成立正式的社工中心，发动志愿者，承接政府项目，从而得以深入家庭和社区开展以养老为核心的专业社会工作。到2014年，成都朗力基本形成了养老服务和社工服务互相支持的

① 现改为成都朗力养老产业发展有限公司。

双轮驱动养老服务业务结构。

在对老人贴身服务的经验积累和标准梳理的基础上，成都朗力进一步探索养老市场的刚性需求，最终锁定适老化改造的运作方向，并提出以回归家庭为核心的新型居家养老模式构想，呼吁并实践从家到社区到社会的整体适老化环境的营造，延长老人在家庭和社会中自立、自主、有尊严的养老期间。从推动消费者认知适老化的基础产品到打造适老化服务信息平台，从一个公司的努力到在全国范围构建有共同价值观的合作体系，成都朗力正在推进其从家庭到社会的全方位适老化服务理念的落实和相关养老模式理想的实现。

发现：机会与困难并存的养老市场

1997 年，因山东省物资局人员分流，朱庆海下海经商，在物资进口、酒店业、工程项目等领域摸爬滚打十几年后，开始考察和寻找企业未来的投资方向。2009 年，朱庆海的企业管理团队在考察欧洲的时候，被国外的养老制度所触动，当地普通老年人的生活状态和福利令他们羡慕不已。按照朱庆海的商业思考，中国涉及人群服务的市场分为三大块：女性、儿童和老人，前两者早已被开发，甚至过度饱和，而老人市场基本还是空白。国外的养老状况给了他们奋斗的目标，“国外老人能够过的生活，中国老人也应该能有”，于是，他们选定中国养老市场作为投入对象开始研究。

1. 老龄化的契机

相对于欧美和日本等发达地区在 20 世纪中期就进入老龄化社会，我国进入老龄化社会晚了将近 50 年。但是由于我国长期实行计划生育政策和人均寿命的增加，老龄化速度更快，老龄人口的规模和比重增长极为迅速。根据第六次全国人口普查数据，2010年末，全国60岁及以上老年人口1.78亿人，占总人口的13.26%，其中65岁及以上人口1.19亿人，占总人口的8.9%，全国失能半失能老人总数达到3 300万，完全失能老人1 084万。预计到2020年，全国60岁以上老年人口将增加到2.55亿人左右，占总人口的比重将增加到17.8%左右；80岁以上的高龄老年人将增加到2 900万人左右，独居和空巢老人将增加到1.18亿人左右。

近年来，政府逐步调整了以政府为主提供养老服务的思路，更多使用市场化手段，鼓励和购买社会服务。然而，市场上的养老服务机构，无论是面对高端消费群体的养老房地产项目，还是社区养老服务机构，生存情况都不容乐观。中国老龄科学研究中心的《中国养老机构发展研究报告》显示，我国养老服务机构的床位空置率高达48%，48.1%的养老机构收支基本持平，32.5%亏损，仅有19.4%稍有盈余，社区养老服务机构大多依靠政府补贴，勉强维持生存。老龄化趋势和养老产业的现状，都让朱庆海看到了商机。

2. 普通人群养老服务的缺失

尽管众多高端养老地产项目和社区养老服务机构普遍存在空床率高、经营困难等问题，但是量大面广的普通人群养老服务却出现严重供应不足的局面。究其原因，主要有两个方面：

一是市场上的需求和供给错位。市场上的养老供给和能够支付得起的有效需求不匹配。调查表明，一个正常运营的养老机构按成本收费大约是每个老人3 000～4 000元，但是2014年经过“10连调”的企业退休人员养老金仍然平均只有2 000元左右。这之间的缺口，使得大量有需求的老人无力购买必要的养老服务。另外，从业人员的素质问题、养老服务本身的特殊性，也让具备购买力的老人和他们的家庭对养老服务的质量持怀疑态度。具备购买力的老年人，出于传统节俭思维，也缺乏等价交换的购买意愿。这种消费环境，使得养老服务企业难以获得与服务投入相匹配的定价。

二是政府力量不足。我国长期依赖以家庭为主的养老方式，但短时间内政府难以提供应有的福利覆盖，已有的福利和对老人的支持因为对服务对象的需求把握不精准而难以发挥应有的效果。

3. 目标市场定位——服务于普通人群的养老需求

"提高老人生活质量，减轻儿女照护负担"，是成都朗力给自己设置的企业目标。它最终选择了以普通老人为目标客户的广大市场。

成都朗力很清楚，进入这个市场，必须同时解决现有养老机构存在的问题。一是协助政府解决问题，在市场上证明自身的信用和诚意；二是在市场上找到企业独立生存的模式，有效推动自身生存环境，特别是政策环境的改善。因此，把具有购买力的中高收入群体和依赖政府扶助的低收入困难群体同时纳入企业的目标客户范围，寻找可以同时服务他们的商业模式，就显得非常重要。

创业：养老与社工双轮驱动的服务模式

1. 试水小投入连锁社区托老所

"既然自己的资金有限，做不了回收期长、风险大的大型养老机构，那么，就从自己能做的开始做起。"

成都朗力的团队先后赴境外考察发现，欧美的文化和社会保障制度与我国差别很大，在我国当下的环境难以借鉴。但是，从对邻国日本的考察中，他们发现了一种适合中国人情和心理，并可以分期投资和逐步扩张的小规模多功能养老设施。这种小规模多功能养老设施为老人在住宅和社区中养老提供支持，保障老人与家人、与邻里关系不割裂的同时，为老人提供24小时的个性化护理服务，是近年来日本政府积极倡导的养老设施类型。

以此为参考，经过一年多的筹备，朱庆海和他的创业团队注册了一个民办非企业机构，同时为了后期的发展和协调，注册了一个工商企业“成都朗力养老服务信息咨询有限公司”。2011年10月8日，在成都青羊区的一个社区配套建筑中，成都朗力以民非机构身份开设了第一家拥有11张床位的社区托老所（后来统一称为“社区养老服务中心”）。这个场地，是朱庆海跟当地政府沟通的结果。当地政府非常关注这种从未有过的养老方式，“希望能够以此尝试完善社区配套”，因此这个300平方米的场地免费提供给朗力，大大节约了成都朗力开始运营时的成本。

对于第一家社区托老所，朗力团队认为，“要把我们对这个行业的（家的）理解在这个载体上呈现出来，软件上（我们）用了很多心思，让服务更生活化，打造一种家的亲情氛围。硬件上，我们使用了原来传统养老机构不用的那些色彩配饰，注重细节，连工作服的颜色我们都很用心挑选”。

成都朗力发挥过去商业运营上积累的营销经验，在政府、社区进行了大量宣传和推广。不到两个星期，第一位老人入住。不到两个月的时间，托老所入住全满。

服务中心的定价为2 000～3 000元/月·人，与2011年成都的人均工资水平（34 008元/年）相当。每个服务中心大约15个左右的床位，配备7～8人，其中，1名站长，2名护士，2～3名护工，1名厨师、1名保洁员，依靠对相对稳定的全托、日托、临托入住老人的照护，维持基本的运转。同时，还不断开拓业务，承担政府和居民个人的购买服务，为社区内的居家老人提供上门餐饮、康复、卫生保洁等服务。

成都朗力社区养老服务中心

2. 顺势而为拓展社工服务

朱庆海当时对社区养老服务中心的定位，“就是街坊生意，这个街坊生意的核心就是靠脸，靠一种信任。我们花费的最大成本就是时间。街坊生意想做好，一定是时间熬出来的”。为了街坊生意的兴隆，成都朗力选择为社区做更多的事。

一方面，成都朗力以社区养老服务中心为依托，为社区的各类自组织，如老年合唱团等，尽可能地争取政府支持或自己直接提供赞助；另一方面，成都朗力员工的年轻化，也吸引了同学、高校学生等最初的一批志愿者。成都朗力以社区养老服务中心作为志愿者们聊天、聚会和活动的聚集点，他们自发开展看望空巢老人、老年义诊等志愿活动。

2012 年底，民政部、财政部出台《关于政府购买社会工作服务的指导意见》，对政府购买社工服务提供了文件支持。这给了成都朗力启发，“我们也在思考，我们现在只能满足社区一方面的需求，而志愿者的服务又不专业，那什么样的服务才能更专业一些呢？社会工作。而养老工作是社会工作的一部分！”2013 年初，在原有志愿者的基础上，成都朗力成立了社工中心，因此可以正式组织的身份针对社区老年相关的内容申请政府项目，深入居民家中提供全面、专业的社工服务，而且能更专业地带领原有的志愿者进行居民家庭和社区的志愿服务。例如，成都朗力社工中心组织的持续半年的大型义务培训活动——“志愿一百，千人义工”，将朗力义工团队扩充到 1 000 多人，来自成都朗力、四川大学、玉林中学、实验小学等各机构的朗力义工，为七个社区的老人提供康复、卫生、公益讲座、“追梦艺术照”等志愿服务，并为不同企业和机构的义工提供了团队培训。

“我们左手养老右手社工，有社工的地方，渗透养老。跟基层政府搭建社区综合治理平台，把朗力跟政府的合作，从养老服务层面丰富到把老妇幼残服务全部包括进来，实现你有什么需求，我有什么工具。”

借助社区养老服务中心的护理和康复经验，社工中心可以更加有针对性和专业性地申请各级政府与养老相关的社工服务项目，如民政部李嘉诚基金会的“大爱之行——一缕阳光·送暖筑巢”社区宅居老人服务项目、福利彩票基金会的“守护天使”阿尔兹海默症老人康复项目、中央财政支持社会组织参与社会服务项目的成华区重病卧床老人康复助浴项目等。

社工中心通过大量承接和实施政府项目，增加了成都朗力在社区中的出现频率，提升了居民的信任感，促进成都朗力的社区养老服务中心更加快速地融入社区，获得更多的居家有偿服务。仅一年时间，成都朗力的社区养老中心就复制了 11 家，到 2017 年底，达到 36 家的规模。社区居民需要的几乎所有的上门养老服务，如送餐、按摩、康复、卫生、精神慰藉、社工服务等，成都朗力都予以开发和实现。

成都朗力积累和梳理养老与社工服务的经验，形成了公司的工作流程制度和培训体系。公司还在政府相关政策制定的过程中积极建言献策，已经协助完成当地政府发展居家养老机构的两个标准性文件——成都市《社区养老服务管理规范》和《居家养老服务管理规范》。

渐入佳境后的徘徊：从服务到产品的延伸

1. 公司对可持续发展前景的忧虑

“针对老人的市场，卖假药的、卖保健品的、昧着良心赚钱的厂家，服务都做得非常好，因为要靠亲情靠陪伴赢得老人的心，才能卖出高利润的产品，而有了高利润，这些厂家的人可以花很多时间去陪老人去忽悠，而真正做有价值服务的公司很难有大的收益。”

作为朗力的主业和核心竞争力的根基——对普通老人的服务护理业务，向外拓展时受到比较明显的地域特征所带来的语言交流、文化、生活习惯等差异的约束，可复制性较差。到目前为止，成都朗力的社区养老和社工服务还仅限于成都地区。

在成都本地，朗力还遇到小区基础配套设施严重不足的问题，例如老人集中的老旧小区没有养老中心的配套场地，新建小区有配套场地，却恰恰以年轻人居住为主。

社区养老服务中心的老人入住数量有限，而入户送餐、保洁、康复、社工等服务既非养老服务企业所特有，也并非每个老人所必需。

成都朗力深刻体会到，要解决中国养老行业中认真做服务的机构普遍面临的经营困境，需要寻找老人真正的刚性需求，而且满足这些刚需的服务型产品还必须是大多数家庭买得起的，从而使养老企业能够在提供优质服务与获得相应利益之间找到平衡点，可以持续地活下去。如果找不到这个问题的答案，就不能真正解决老人的问题，企业也无法真正形成在养老方面的核心能力和竞争力。

2. 小步试错

曾经，为了更好地生存下去，成都朗力围绕核心的社区养老服务不断进行产品开发和服务开拓的尝试。成都朗力发现，其养老和社工服务经验是许多后来进入养老行业的地产商、养老机构等迫切需要的，于是，朗力为所有需要的企业机构提供相关的培训。另外，朗力多年贴身养老服务在老人群体中积累了信任和口碑，企业拥有现成的医疗和护理力量，因此它敢于组织老人进行国内外的主题度假或游览。但是，这些咨询和旅游服务，仍旧难以复制和扩大。

成都朗力把目光又一次转向日本。日本对老人有一种介护预防的手段，它通过一系列的专业评估，针对老人个体提出针对性的运动机能调整方案，然后借助专业器具，指导老人开展相应锻炼，提高机体机能，从而推迟老人生活不能自理状况发生的时间。朗力认为这对老人维持生存质量非常重要，而且过程严谨科学，每个老人都应需要。但是，中国市场是否能够接受？于是，他们投入十几万元引进一套设备。开业的热闹过后，“没想到这套设备就被中国老人的广场舞打败了”！

3. 一次碰壁后的恍然大悟

在政府采购服务中，成都朗力的员工深刻体会到为老人提供服务的艰难。例如，为老人居家保洁时，老人不愿意他们碰触和整理带有他们记忆的每一件物品，每次清洁，对服务人员和老人都是辛苦的过程；而承担政府采购的慰藉服务，也很难在政府购买的有限时间内对老人产生实质性的改变，甚至有的老人直接质疑他们按政府采购提供服务是为了拿到政府的钱，质疑当地政府在浪费国家的养老补贴。

有一次，朗力员工遇到了尴尬的一幕：老人直接拒绝他们提供的政府采购服务。不是因为他们做得不够好，而是这种服务对老人生活缺乏实质性的改善，老人还得在家等待、签字拍照等，完成一系列政府采购服务要求履行的业务流程（政府验收存档）。但是，已有的政府订单仍旧必须完成。经过思考他们发现，老人在家的行动很不方便，于是想到利用社区养老服务中心已有的适老设施。在征得政府相关部门同意、不改变政府采购价格的情况下，朗力员工改变了具体服务内容，尝试为老人居室安装简易的助力设施，得到了老人的接纳和赞赏。他们马上跟政府一起推动这种居家适老化微改造的试点，把政府原本用于保洁、心理慰藉的采购服务，更换成同等价位的适老化设施安装。2016 年 5 月，成都市温江区柳城街道政府采购的首批适老化改造项目由成都朗力提供，为辖区内 4 户困难老人进行了居家改造。

当一位偏瘫在床十多年的老人通过床头和室内的助力架，第一次脱离同样行动不便的老伴的搀扶，依靠自己的力量走到窗前的时候，泪流满面，在场的员工也跟着一起落泪。在过去的服务过程中，也不断有老人或家庭请朗力员工代为购买一些简单的老年用品，比如特殊用途的拐杖、成人纸尿裤等。但是，这一次，他们发现了家庭环境适老化改造的必要性和需求刚性——帮助老人重新获得生命尊严。

成都朗力进行的适老化改造试点也为当地政府解决了精准助老的资金使用问题，获得了政府的认可。每一个改造都是根据老人个体需求设计和安装调试，实质性地改善了老人居家自主生活的能力，获得了被资助老人的极大认可。助老资金的使用效果显著，老人对政府提供的采购服务满意度大大提高，政府绩效明确；同时，对于政府而言，助老资金使用过程具备可追溯性和可核查性，长期保有客观可见的产品和服务证据，方便政府和上级部门进行相关资金使用的审计验收。

政府对适老化改造的接纳和认可，无疑为成都朗力普及适老化的概念、扩张适老化市场提供了助力。针对低收入困难老人的政府采购项目的实施，带动了周边普通居民对适老化改造的认知，使他们逐渐产生主动的商业购买。目前，成都朗力已为近千户家庭进行了适老化改造，其中 600 余户家庭由政府采购，其余则是由此引发的市场化销售。

4. 力推家庭适老化改造

成都朗力对适老化改造的意义和前景极为看好——相比单纯的养老服务，适老化改造产品和服务更容易进行集约化运营，特别是国内生产，可以大幅度降低成本和价格；适老化改造是保证老人居家安全和舒适，提高老人生命质量的刚需，每个老人到了一定阶段都会产生需求；消费者更愿意接受和支付。相比社区养老中心的服务，适老化产品可以通过加盟、授权等方式，迅速地在更大范围标准化普及安装和后续服务。适老化改造带来的利润，反过来可以带动对养老服务的投入，使得企业能够良好地生存和获得合理利润。

据世界卫生组织统计，每年大约有30%的65岁以上老年人发生跌倒事件，15%发生过两次以上。在我国，2016年，65岁以上的老年人已达1.5亿人，其中每年约有4 000万老人跌倒，40%～70%的跌倒所引起的伤害需要进行医疗处理，跌倒可能导致老人寿命缩短5～7年。适老化改造，一方面可最大限度防止老人跌倒，延长老人生活自理年限，减轻老人的心理压力；另一方面也能极大地减轻家庭在照顾老人方面由于体力和财力不足而引起的矛盾和困境，朱庆海将之称为重新塑造中国的“家文化”。

但是，适老化产品仍会面临老人对新事物的抗拒和出于本能不愿消费的问题。成都朗力一方面通过加大与政府的合作，协助政府对低保、高龄老人家庭进行改造，用改造后的效果向老人周边的邻里、社区同伴展示实际的效果；另一方面有意针对老人的子女进行宣传，普及相关知识，包括开发熊猫“大力”的形象，制作适老化改造宣传动画，开展电视采访，让实际承担照护老人负担的子女意识到改善家居安全、预防老人跌倒的重要性。

从2015年开始，成都朗力在市场原有的老年产品的基础上，组织团队总结养老服务经验，梳理老人居家安全问题，对300多位老人进行

成都朗力的适老化漫画形象

专题调研，多次前往日本学习和交流，有针对性地选择、进口适老化的产品。同时，基于“每一个一线员工都是我们产品的设计师”，自主研发朗力自有品牌的系列适老化产品，在国内寻找优质的厂商进行代工。一年的时间，朗力就初步完成适老化物联网的系列软硬件产品。

为使不同经济能力和自理能力的老人和家庭都能获得产品和服务，成都朗力通过产品差异化和组合差异化，让具体改造因人而异，因家庭而异。在满足同样功能的情况下，他们设计了从几十元的简单产品组合到十几万元的改造组合，购买者可根据家庭支出能力和意愿进行产品选择，或者根据轻重缓急进行分次改造，减轻经济负担。

从地区走向全国的雄心：适老化平台管理系统

根据朱庆海的初步估计，中国适老化改造的市场至少有106万亿之大。适老化改造的前景如此诱人，但是适老化改造的概念对行业外的人而言非常陌生，许多人仅仅将其等同于出售老年人用品。成都朗力也清楚地知道，仅仅对适老化产品进行筛选和设计，对于企业发展是远远不够的。借助适老化产品的推广，打造适老化服务管理平台才是他们的目标。

1. 结构化的经验——“六大评估体系”

在朗力看来，由于每个老人的身体机能、家庭环境的差异，适老化改造本身是一个私人定制服务，而适老化改造的推广，必须依赖规模化、可复制的操作体系。2015年末，成都朗力确定家居适老化改造为企业未来重点开拓的新业务后，一边研制朗力品牌的适老化产品，一边组织打造一套完整全面的标准化评估体系。朗力通过对适老化改造过程中可能遇到的各类现象和问题进行疏理和分类，将评估内容和过程标准化，降低实际操作中人为判断的影响，形成一套科学的改造方案。2017年初，成都朗力终于完成适老化平台管理系统的初步建设。

六大评估体系凝练了成都朗力社区养老中心、社工中心、适老化改造团队的经验，是成都朗力适老化改造的核心竞争力所在，更是未来适老化信息平台的关键基础。它通过六个维度对老人情况进行询问和评估，为提出具有针对性的适老化改造方案和后续产生的黏性服务提供精准的数据支持。

六大评估体系包括生活能力评估、家庭关系评估、辅助类需求评估、居家环境评估、性格心理评估、政策评估六个方面的内容（见图

1)，其中，生活能力评估，是针对老人的自理能力（如吃饭、穿衣、入浴等各类具体生活技能）情况进行具体的测评；家庭关系评估，是对老人家庭成员构成进行具体测评；居家环境评估，则是对老人居家环境中地面、光照、无障碍情况等硬件的安全程度进行测评等。

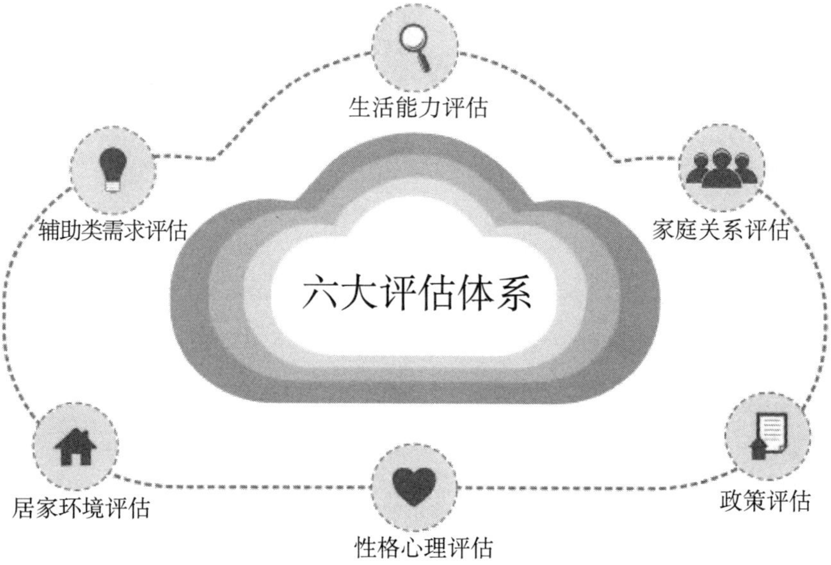

图 1　朗力养老的六大评估体系

2. 支持个性化改造的标准化数据分析

适老化改造的评估人员，携带朗力专门设计和配套的适老化评估工具包，上门开展问答和技术性测试，将取得的各个评估数据直接在手持的 iPad 预装系统上录入上传，成都朗力的适老化平台管理系统即时自动生成评估报告和改造方案，发送给现场评估人员和老人家属，并形成一份针对具体老人和家庭的适老化改造方案。老人及其家属可以根据报告提示的改进建议，在改造方案中进一步选择，确定当前可承受的适老化改造内容，并对未来可能需要的改造内容心中有数。

3. 适老化数据的更新迭代

配置给加盟商的适老化评估工具包和评估培训，让加盟商可以较方便地获取六大系统的评估信息，从而将数据收集扩展到全国范围。加盟商自身的多元化，也让他们能够根据自己专注的特定人群增加有针对性的评估内容，如专注残障人士服务的加盟商可以在评估系统中加入针对残障人士的评估选项，从而让系统在未来有可能更新迭代出针对更细分人群的子系统。

随着物联网产品的开发，公司希望通过智能化的老年用具，如智能手表、智能拐杖、定位鞋等，实时收集和更新老年人数据，为老人和家属提供预警等后续跟踪服务。

成都朗力希望通过应用适老化平台管理系统上的客户数据，实时分析和发现客户需求，保持与客户的互动，精准、实时地满足客户潜在需求（见图2）。考虑到市场化推广和政府采购的两种业务拓展渠道，朗力在这个平台管理系统下，针对不同合作方开发了两个子管理系统——

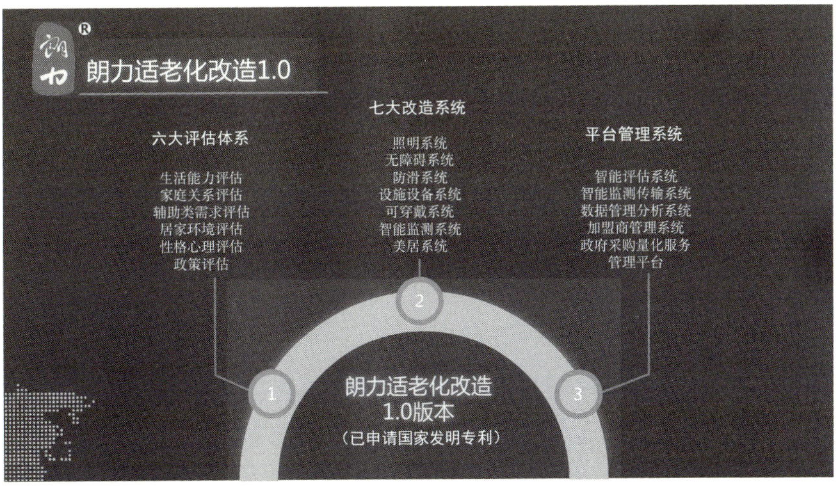

图2　朗力适老化改造的平台管理系统结构图

加盟商管理系统和政府采购量化服务管理平台，分别为加盟商和政府客户提供适老化改造业务管理服务，也为成都朗力提供了数据更新、客户维护和平台改进的基础。

4. 增强客户黏性的产品 + 服务 + 数据

近些年，市场上从事适老化产品销售和安装的企业越来越多，如何借助适老化改造，增强客户黏性是成都朗力一直思考的问题。

成都朗力的适老化改造团队，除了适老化评估师、施工人员，还配备有养老服务人员。在评估和施工过程中，养老服务人员跟随进行相关咨询，提供建议，并负责提供后期服务。例如，在适老化改造评估中，养老服务人员针对老人因中风而引起的身体活动障碍，提出相应的康复建议，并协调公司的康复师进行相应的康复服务；或者根据老人的兴趣特点，让朗力社工中心有针对性地邀请老人参与相应的免费活动或提供其他社工服务。目前，这些适老化改造中配套的相关居家服务都是免费提供的，公司试图用这种方式与市场中销售产品或服务的其他企业区分开来，塑造公司适老化改造的专业品牌和口碑。

适老化改造模式的推广：加盟商制度与理念普及

成都朗力的养老服务经验、养老管理经验和在此基础上形成的标准化的评估系统和评估技术，吸引了众多希望加入适老化改造的企业和机构。朱庆海认为，适老化改造的市场需要更多力量来推动和形成，成都朗力不可能靠自己的力量服务于全国的适老化改造需求，必须通过加盟商的制度进行推广。2016 年底，几经调整的一揽子养老服务加盟商制度正式出台，其中包括加盟商选择的原则、加盟模式以及加盟的公益条款等。

1. 加盟商的选择

加盟商的选择，是成都朗力几经考虑而调整的重要战略事项。朗力非常清楚，公司的核心竞争力是通过对客户利益的最大考虑，所有员工用时间一点点积累形成的。耐心和真心，是它在养老行业生存下去的关键因素。即便商业性更强的适老化改造业务，“在安装的过程当中，我们也有个要求，必须三遍以上。因为老年人会时不时跑来说这个行不行，稳不稳当，诸如此类，因此我们的服务就不能以效率为结算单元。最大的容积量，目前测算就是一天四组，每组两个人，服务四家”。

最初，朗力通过沟通、拜访，凭感觉判断申请者是否能够真正按照朗力的服务品质完成适老化改造和后续服务。除了考虑申请者在当地具有与朗力互补的资源或能力（如当地的社会资源、在服务对象中的影响力等）外，最重要的是对加盟商耐心的考察。朗力认为，只有能够接受养老行业长周期慢回报的申请者，才可能坚持高质量的服务和持久的合作。“拿谁的钱很重要，我们不是想找那个钱，而是想找到那个人，人要比钱重要得多得多”。通过甄别，朗力选定了14家加盟商开始具体的合作流程。

但是，在具体的合作过程中，朗力发现，这种人为甄别的方式并不能有效地识别有共同价值观的合作者。个别合作已经出现了比较严重的价值认同问题，朗力最终坚定地退还加盟费，取消合作。

为此，朗力转变了思路。随着朗力在国内外社会企业领域交流和参与的加深，公司把目光投向了社企领域的机构和企业。这些机构或企业与一般的商业企业不同，在组织目标上通常服务于社会弱势群体，具体运营上对盈利与社会目标的达成并重，在价值观和创新性上与成都朗力有更多的切合点。例如，为残障儿童提供特殊教育的武汉爱特特殊儿童教育培训中心就是这样一家机构。创始人胡弘女士在一次社会企业拜访中来到成都朗力，在对朗力适老化产品体系了解之后，一拍即合，全力投入合作事宜。她服务的特殊儿童家庭，面临的是与老人同样的看护问题，需要的是同样定位精准的产品和服务。“适老化”在她眼中就是“适能化”。在成为朗力加盟商后，胡弘的团队获得了朗力各项资源的大力支持，经过短短半年运营，不仅业务达到了收支平衡，而且在朗力原有的评估体系基础上增加了适应残障人士的评估内容，未来将对适老化改造的评估系统的更新迭代发挥重要的协同作用。因此，朗力现在明确地在社会企业和类似的社会组织和机构中选择加盟商。

2. 加盟模式

成都朗力的加盟模式包括四个方面：

第一，加盟商一次性支付一定金额的加盟费，这笔加盟费在朗力调整加盟商选择的思路后减少了。成都朗力赋予加盟商在一定区域的经营权，不仅提供给加盟商一套适老化评估的专用工具包，而且负责对加盟商进行适老化评估和改造、与社区政府的合作沟通、养老服务等全方位的培训，带领加盟商参加朗力在日本的养老合作专家的培训和参访，并在加盟商运营的全过程中根据加盟商需要进行实时的指导和咨询，例如指导加盟商适老化展厅的选址和建造，为加盟商参与政府采购、主办公益活动等提供具体经验等。

第二，加盟商使用朗力适老化平台管理系统中的加盟商管理系统，运用朗力提供的评估体系和评估方法，购买和销售朗力品牌产品或朗力推荐的产品进行适老化改造，接受朗力各类体系化的培训。加盟商可根据自己的资源开拓其他养老服务业务，朗力不对加盟商的产品销售和服务收入收取任何提成。

第三，加盟商进行居家适老化改造业务之前，需要依据程序规范用朗力的标准化评估系统和相应的配套工具包入户评估，形成相应的评估数据，用数据分析结果给老人选择产品和服务提供依据。适老化改造过程中和改造完成后，相关智能产品携带的远程数据收集系统会收集和上传所有使用者的使用数据或体征数据。加盟商根据自身需求可以增加系统的评估项目。所有数据均进入朗力适老化平台管理系统，逐步形成养老服务和适老化改造、老人用户和更多细分用户特征的大数据库，为进一步的产品和服务开发提供数据资源。朗力设想，未来采用与更多合作者合作的形式使用这些数据，最终形成一个养老产业的合作平台，合作者可在此平台上实现互利合作。

第四，加盟商在自己的区域内，除了可进行居家适老化改造外，还可以复制成都朗力的社区养老服务中心模式，借鉴成都朗力的社区动员和政府合作模式，以及未来的护理院管理模式。

3. 加盟协议中的公益条款

成都朗力在合同中与加盟商签有一个特殊条款：根据不同地区和不同加盟商的具体情况，加盟商必须将一定金额或者相当于加盟费一定比率的费用“交给当地慈善总会或者具有公募资质的基金会，成立适老化改造专项公益基金，为区域内条件困难或特殊的家庭进行免费改造，并利用自身资源对外募款”。朗力对加盟商每年规定有一定的募款金额要求。对此，朱庆海说：“我们先开个头，在全国范围设立基金，如果能引起更多社会资源关注就更好了。成都朗力希望通过这种具体而微的行动，促进加盟商提高当地社会对适老化改造的关注和支持。”

4. 适老化社会理念的普及

除了采用加盟制度服务于居家养老的老人外，成都朗力认为还需要弘扬社区和社会适老化改造的理念。老人不仅需要在家庭中得到扶助，也需要走出家门，走到社区，甚至参与更多的社会活动，因此，社区和社会的适老化改造同样势在必行。

成都朗力在养老服务和适老化改造过程中，更多地认识到老人在家庭之外也存在养老问题。即便有社区养老中心的服务，对于那些老人不愿意住宿但因为家庭环境不适合而需要日托的家庭，仅仅是接送本身也不是一件简单的事情。家庭和社区的适老化改造、配套的上门养老服务，让老人可以和其他家庭成员一样在家中自如生活，减少对其他家庭成员的体力依赖，减轻其他家庭成员的负担，家庭成员间因此得以保持传统上的亲密关系而不再产生不必要的牵绊。空巢老人及其家人在适老化设备和信息系统的辅助下，可以重新构建家人之间的紧密关系，家人可以远程监控老人的安全和生活舒适状况，提醒老人服药、休息、运动等。在朗力对自己的企业意义的思考中，适老化改造已经不只是从硬件上对老人在家中进行保护和监护，更是重塑家庭健康生态的一种理想，是重塑中国传统“家文化”的具体手段。

随着成都朗力对适老化改造与养老服务、与居家养老之间的关系的理解越来越清晰，企业的社会目标也越来越明确。在朗力的设想中，企业未来的发展，将是通过适老化改造让更多老人在家中享受社区提供的养老服务，社区养老服务中心的托老业务则因需求有限而发展速度放缓，而在土地更加容易获得的远离社区的位置，可以建设中大型护理院，接纳那些真正失去自理能力的老人的最终护理。如果整个社区、整个社会的适老化改造完成，居家养老的比例还可能进一步提升，我国养老格局的最终目标可以实现“9802”，即98% 居家养老，2% 中大型护理院养老和临终关怀。

朗力需要更大范围地推动从家庭到社区到社会的适老化进程，推动它理想中的老人居家养老与护理院专业养老的“9802”养老模式。于是成都朗力开始更多地接受媒体采访，制作“大力”家庭安全动画片，创始人受邀担任成都市民政局养老标准委员会专家组成员，为政府政策建言，并参与相关行业地方标准的制定。2016 年 12 月 18 日，成都朗力适老化服务项目新闻发布会暨适老化服务研究中心启动仪式在蓉召开，朗力联合社会各界成立了全国第一家适老化服务研究中心。中国老龄产业发展研究所、四川省社科院、成都部分高校的学者，国内其他老年问题研究者，日本适老化行业专家等莅临发布会现场，希望聚集更多专业力量，研究和推动中国适老化改造服务。

“光靠我们自己不行，我们想发动社会的力量去关注这个事情。我们想把朗力这些年在社区上的做法，对行业的思考及开发的解决方案，通过这些活动宣传出去，带动社会。”

制度保障：风险控制与团队建设

1. 养老服务的风险控制

养老服务行业企业最大的风险，一是老人发生各类突发情况；二是企业扩张过程中居民的反对。成都朗力在多年的社区养老服务和居家上门服务过程中，应对了无数类似的挑战，逐渐积累出丰富的经验，并制定了制度化的应对流程，开展相应的培训和演练。

（1）事前防范

成都朗力的社区养老服务中心接纳入托老人以及上门服务时，会对老人进行照护等级的初次评估，老人后续发生重大身体状况变化的还要进行持续评估。朗力有一份长达 18 页的《老人照护等级评估表》，除了要对老人的生活自理能力、认知能力、情绪行为、视觉等身体与精神状况评测打分外，还要对老人的居住情况、家庭状况等社会生活环境做进一步的沟通和评测。评估结果是机构确定为老人提供服务内容和频次的依据，也是与客户达成服务合同的价格制定依据，并提示了后期需要重点关注的问题。

（2）日常细节管理

对于新入住的老人，朗力格外关注，照护人员每日需要填写《新入住老人生活适应评估表》，同时关注老人入住后的心理变化和生理变化，并对应对措施提供建议。填写《老人照护等级评估表》和《新入驻老人生活适应评估表》的评估人员，都要求是与老人没有利益关系的人员，同时也独立于提供服务的人员。

对老人日常的管理，重要的是员工在看护过程中要密切观察老人，及时发现与日常有异的行为或情况。认真负责、经验丰富的人员是保证工作效果的关键。朗力非常关注员工各种能力的培养，提升员工工作自豪感和团队凝聚力，保证日常管理中员工深刻了解所管理的每一位老人的习性，因此往往能够在问题发生之前就着手干预。

（3）制定预案

针对可能的老年人走失问题，或者因精神疾病发生暴力行为，以及突发地震等自然灾害，成都朗力根据以往的经验和教训，制定了详细的《失智老人走失的预防与应急预案》《防止老人发生暴力行为预案》《服务应急预案》。其中，《失智老人走失的预防与应急预案》从失智老人入住评估、护理细节、门卫制度，到老人走失发生时的汇报机制、具体找寻行动方案，直至老人找回后的安抚和原因责任总结、向家属的通报等，都给出了详细的流程规范。在老人走失发生后，团队可以有条不紊地进行找寻和处理。

（4）全程证据保留

社区养老服务中心全面无死角地安装了监控，出现老人身体状况问题或其他突发问题时，能保留全程处理结果的录音录像。即便是家属在服务中心内与老人发生争吵，服务中心的工作人员也会将相关录音录像保留好，作为日后的证据。当朗力面对一些家属的无理纠缠和索赔、诉讼时，这些证据都能够支持朗力有理有据地维护自身的权益。

（5）沟通与实力保证

社区养老服务中心新设站点时经常遇到的问题是新站点社区居民的反对。这时，仅靠企业自身的力量是不足以应对的，地方政府和居委会在其中起着重要的作用。当居民对开设方案有异议时，政府和居委会可以协调征集居民的意见和顾虑，组织居民与朗力直接对话，成都朗力则通过对具体建设方案和运营方式的介绍，对居民顾虑和问题的答疑解惑，对过往经验和绩效的陈述，打消居民顾虑。

公司自身本领过硬，是说服居民的关键。已有的 36 个社区养老服务中心站点，从来没有发生过老人在站点内去世的现象。公司制定的各种预防措施和应急方案，保证社区养老服务中心在老人出现问题之前就进行防范，发生情况时能够迅速送医，避免居民产生心理障碍，为后续的发展提供了最有说服力的证据。

2. 团队建设

（1）专业的团队，年轻的团队

用朱庆海的话说，“自己不专业，但干的事必须专业”。在这样的思路下，朗力始终以高水平高标准招聘专业员工。与传统养老机构和社区服务机构不同，成都朗力的创始团队是年轻的，公司员工也是年轻而专业的。公司员工中，80 后和 90 后占 70%；核心管理团队 22 人，本科及本科以上学历 100%；护理团队 153 人，持证率 85%，国家高级养老护理员 9 名，其中日本进修 5 名；专职社工 43 人，有社会工作相关教育背景或持证的社工 31 人，二级心理咨询师 2 人，三级心理咨询师 4 人，持证律师顾问 3 人。朗力鼓励员工参加培训和学习，很多员工在职期间获得了养老护理和社工资格双证书。

（2）市场化的薪酬

专业的人才应匹配相应的市场化薪酬，尤其对于具有独立个性的年轻人，能够让他们安心地在受社会歧视的养老服务行业工作，一个前提是柴米油盐与诗和远方的兼顾。

朗力成立之初，就依靠高薪招聘吸引了在法国学习公共健康管理的唯一的亚裔人员加入团队。同样，朗力设计了远高于成都平均工资水平的护工薪酬，在同行中也处于上游位置。例如，2016 年成都朗力的护工（包吃包住含保险之外）的平均月薪达到 3 500 元（成都居民服务、修理和其他服务业年均收入 34 847 元，合月薪约 2 900 元）。物质保障一定程度上消除了员工的后顾之忧。

（3）西门子 3i 管理的应用

成都朗力引进了西门子公司 3i（建议（ideas）、激励（impulses）、主动性（initiatives））管理系统，公司最高管理层专门组成管理委员会，对员工提交建议、评估建议和得到奖励进行系统的管理。员工由此得知有效的建议是哪些，如何提出有效的建议，以及不同类型建议对应的奖励措施。员工们对企业的建言和改进，都能够及时获得鼓励和物质奖励。

（4）业绩与价值观并重的绩效考核

朗力的绩效考核分为两部分：业绩考核和价值观考核，二者各占 50%，价值观考核不及格则绩效考核不及格。朗力对价值观考核得分与业绩考核得分的均衡关系用图 3 做了生动的比喻。

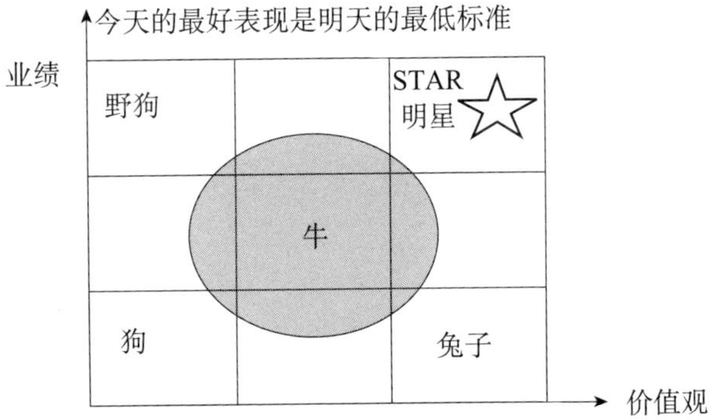

图 3 朗力的绩效考核评价

员工的业绩考核采用关键绩效指标（KPI），其中，针对部门的整体客户满意度占 30%；对员工个人的客户满意度占 10%；与服务量、下单量有关的效率只占 30%；每月考试和专题考试的成绩占 10%，主要为有关企业管理规范、风险应对（含日常和突发事件）的笔试和模拟演练测试；日常综合考核占 20%，包括对产品与流程的改进和优化建议的提交情况。

在价值观考核中，朗力强调公司的使命优先，“让所有朗力人在‘提高老人生活质量，减轻子女照护负’这一使命的感召下，不断创新，坚持人性最善良的一面，为社会创造价值”。“价值观的推广是全方位的：深入招聘、培训、人员选拔、绩效考核、文化建设等各项活动”，“人力资源管理各领域的经理们对员工进行价值观考核时必须摒弃‘工具’的概念，深刻理解价值观纳入绩效考核的目的，对员工行为进行深入细致的观察和客观公正的判断，既不放任自流，又不吹毛求疵，达到公司推广价值观的真正目的”（见图4）。

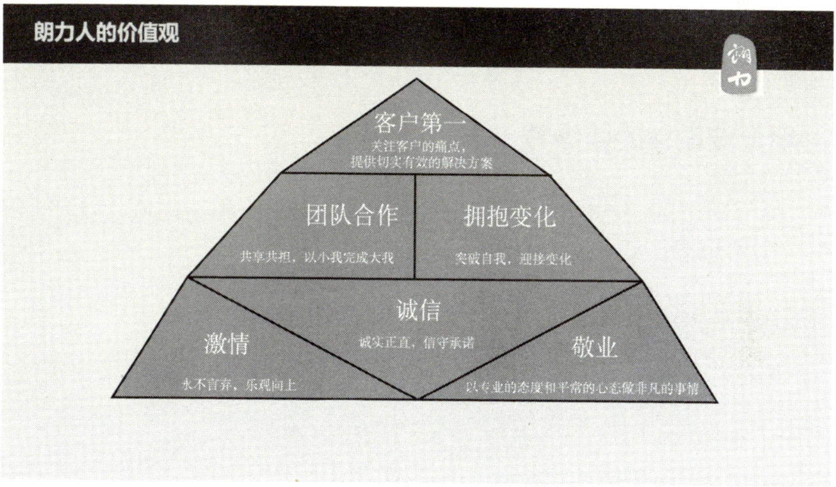

图4　成都朗力的价值观

朗力对价值观的每一项构成要素都进行了具体的细化和阐释，由此形成具体的评分系统，激励和凝聚员工，使员工达成共识。

（5）抱团取暖的心理疏导方式

养老服务行业的员工，日常面对的是暮气的老者和突如其来的各种状况——老人生病、家属吵闹、纠纷不断，没有坚强的内心，很难坚持。公司靠薪酬和情怀也难以挽留员工。然而，成都朗力中，三年以上的员工占80%以上。

员工们说得最多的一个感受就是，“这里像个温暖的家”。公司总经理带头，员工们自发进行相互的心理辅导，公司每月最少安排一次有组织的团建活动。员工日常遇到问题后，在与同伴、上级甚至公司总经理的直面诉说和团队活动中得到安慰，问题也得到解决；从事心理辅导的社工，在日常的团队交流中，更是直接发挥心理治疗师的作用；从上到下的信任、理解和问题解决的支持流程，更让员工在工作时并不害怕遇到问题；良好的应急预案和密集的培训与测试，常常让员工在日常工作时游刃有余，解决问题时信心满满。

财务可持续：规划和演进

1. 现金流设计的前瞻性

带有浓重商业基因的成都朗力，从投身养老服务业开始，就把财务可持续当作头等大事对待。

在开设第一家社区托老所之前，成都朗力就设想了规模化复制的模式。为提升服务的品质和专业性，公司支付较高成本聘用了专业护士、专业康复师等。但如果仅运营一两家社区养老服务中心，这些专业人员的业务量不足，仅有十几张床位的社区养老服务中心无法负担自身日常运行的成本，更无法负担管理层的成本。只有扩大规模，才能实现公司对专业性的要求，打造专业化的优势，维持基本的可持续运转。

社区养老服务中心以全托、日托为主的托老业务，为朗力提供了稳定的基础现金流，保障了企业的基本运营。以此为基础拓展的居家上门养老服务，则为企业获得了成本之上的增量现金流。当第一年成功复制了 11 个社区养老服务中心后，成都朗力就实现了盈亏平衡。

与社区养老服务相比，社工服务不需要投入固定资产，因此也能在企业最初的发展中，节约资金投入，最大限度地产生持续现金流。

适老化产品和平台，是朗力未来财务利润和现金流的一个重点来源。采用加盟商制度，不仅有助于迅速扩大朗力的品牌影响力，拓展适老化市场，而且短期内可以分散资金压力，获得部分现金流入。

2. 收入和成本结构的市场化演变

成都朗力一开始设立的社区养老服务中心，主要针对有支付能力的普通老人群体。随着朗力对社区业务的渗透，它与政府的合作也越来越多，特别是社工服务，主要以政府采购为主。适老化改造的推广，在初期也离不开政府采购的示范效应对市场认知的带动。

目前，朗力的收入由养老服务、社工服务、适老化改造三块业务的收入构成。养老服务收入中，市场购买占 70% 左右；社工服务收入中，政府采购占 70% 左右；适老化改造收入中，政府采购与市场购买各占一半。

成都朗力在过去的发展中，获得了政府在成本上的部分支持，特别是一些社区养老服务中心的用地，由政府免费提供。但是目前，朗力越来越多地采取从政府低价租赁甚至是市场租赁的方式取得用地。

对于政府采购和政府扶持对企业财务的影响，成都朗力进行了冷静的思考。政府采购服务的对象，都是社会中的最弱势群体，企业在为他们服务、履行社会责任的同时可以获得社会信任。政府的认可，也是推动养老服务市场发展和推广适老化改造理念所必需的。从长期来看，主动承接政府采购，是养老企业的一个重要业务内容。但是，如果把价格低廉的政府采购当作企业所倚赖的收入来源，甚至成为最重要的收入来源，或者把政府免费提供场地等资源当作降低成本的主要手段，则会妨碍企业的发展、创新和进取，甚至可能由于政策的变化，引发企业风险。

因此，朗力对未来的考虑，是进一步增强企业的市场竞争能力，特别是更迅速、更有效地加强社会对适老化改造的认知和对朗力品牌的认可。

风险和挑战

从2011年10月正式成立第一家社区养老服务中心以来，成都朗力的社区养老服务中心已经发展到36家，接受养老和社工服务的老人总量超过3万人次。因为贴近客户，公司逐渐形成了养老服务的核心能力，发展非常平稳，服务普通人养老市场的目标也非常清晰和稳定。但是，随着后续的适老化改造产业链的拓展，公司对各类资源的需求加大，面临较大的挑战。

1. IPO的困惑

在扩张中，成都朗力一直使用创始团队的投资和企业自有资金来发展，没有使用银行贷款。但是，为跟随了六七年的管理团队成员和员工提供更具吸引力的个人收入前景，是朱庆海曾经设想、现在也在思考的问题。2015年，公司一度考虑在新三板挂牌，后来由于公司本身的大量民办非企业机构的结构问题以及新三板市场发展的问题而终止。

对于未来是否需要首次公开募股（IPO），创始人之一、公司总经理朱庆海曾经认为，上市的目的不是资金不足或企业扩张的需要，他更多地看重IPO可以给企业带来资源：一种是由IPO引起的社会对公司的关注，一种是IPO可以让企业有更多机会在媒体进行大规模宣传，二者都可以帮助公司快速实现适老化改造的市场扩张和自身品牌的推广。他还看重IPO的另一个方面，即IPO可以变现企业价值，让坚持多年的核心团队和员工可以获得应有的价值认可。但是，IPO引入的资本市场投资者可能具有与公司理念不一致的发展方式或业绩导向，而IPO的好处可能并不真实存在和不可替代，这些都是让朱庆海犹豫的地方。

在对加盟商资格的调整方面，成都朗力降低了原本较高的加盟费，以保证社会企业和社会组织类型的加盟商的加入和运营。同时，朗力还想在外地开设直营店，也无形中对朗力未来的资金需求构成压力。IPO或者引入外部战略投资者，很可能会在不远的将来再次回到朗力的视野。

对于解决公司未来发展的困难，朱庆海非常有信心，他认为，任何能够用市场化方式解决的困难都不是真正的困难，但是，对于资本市场，他希望能够更加冷静和成熟。他说："我对公司的控制权没有那么大的欲望，但是希望能够引进理念一致的资本。我相信'什么样的人（就会）吸引什么样的资本'，我不着急，我在等待这样的资本。"

2. 标准化管理的挑战

成都朗力凭借原有的管理经验，从创业走上了高速发展的轨道。尽管不断地进行相关经验和管理方法的制度化，但是朗力对现有的标准化并不满意，特别是新进入的加盟商对朗力服务品牌的质量复制并没有标准化。例如，朗力销售安装适老化产品采用的最重要的"产品＋服务"的模式，到了加盟商那边却很难落实，加盟商很容易陷入产品代理的简单模式。即便是目前朗力认为已经标准化的六大评估系统，在具体操作上也存在人员操作的差异。

朗力已经意识到这个问题，因此特地聘用原西门子公司专门进行标准化和人员培训的主管，对公司的人员培训、业务流程、评估体系等进行全方位的重新梳理，在现有基础上进一步扩大标准化业务范围，细化标准化内容，甚至可能颠覆原有已经标准化和结构化的六大评估系统的逻辑思路。这对公司原有的管理思路和管理方法、信息平台管理系统及员工的习惯和感受，都将是巨大的挑战。

3. 对加盟商管理的风险

尽管朗力对加盟商制度作了比较周密的策划，并且严格把控扩张速度和加盟商的进入条件，但是在具体运作中仍然存在一些困难和风险，具体包括：六大测评体系知识产权的保护；服务人员的培养和能力的提升；加盟商数量增加时管理控制的难度；加盟商的不规范运作和可能存在的问题对公司品牌的影响等。当然，在推进加盟商管理工作时，朗力保持着开放的心态，随时发现问题，随时调整管理机制。尽管如此，不能不说加盟商的发展在帮助企业走向一条平台化发展道路的同时，也蕴含了多方面风险。

4. 平台的未来

成都朗力刚刚完成从服务到平台的递进发展，按照公司的目标，适老化信息平台管理系统的最大价值，是形成养老服务的大数据。但是，这些大数据的收集和形成，目前还是公司及其加盟商在日常的养老服务、社工服务和适老化改造的过程中缓慢进行。公司特别看重的物联网产品部分，市场接受尚有障碍，同类产品可替代性非常强，与公司原有的服务和适老化改造的特点存在较大的差异，而朗力尚未形成这类产品的品牌效应。公司平台如何健全，数据量是否能够如愿拓展，大数据将以何种方式为企业产生价值，目前仍然不够清晰。

（王建英　徐京悦　李晓光　王强　刘彧彧）

参考文献

1. 中共中央、国务院关于加强老龄工作的决定（中发〔2000〕13 号）.

2. 中国老龄科学研究中心课题组，等．全国城乡失能老年人状况研究．残疾人研究，2011（2）.

3. 吴玉韶，王莉莉，等．中国养老机构发展研究报告．北京：华龄出版社，2015.

4. 成都市统计局关于2016年全市城镇全部单位就业人员平均工资的公告．成都统计公众信息网．http：//www. cdstats. chengdu. gov. cn/htm/detail_ 51951. html.

5. 唐钧．养老服务怪圈、有效需求和政府补贴．中国人力资源社会保障，2014（5）.

6. 宋岳涛．北京老年医院：老年跌倒及预防保健．北京：中国协和医科大学出版社，2012.

企业资料

1.《海峡拼经济》对朗力适老化的负责人朱庆海进行访谈．http：//www. cd-langli. com/news/newinfo/id/158.

2. 四川电视台．《观·注》90后与夕阳红．http：//www. cdlangli. com/news/newinfo/id/159.

3. 大力说适老化．http：//cdlangli. com/news/newinfo/id/154.

4. 不一样的养老生意．中国财经报道．（2016－10－08）．http：//tv. cntv. cn/video/C10465/dd0ce5a0cc5e4d3a8aaf17feae3cddb1.

老爸评测：
良币驱逐劣币之路

让我们一起发现生活中看不见的危害

用科学和实验检测作为武器

死磕有害产品

手撕黑心商家

拆穿虚假宣传

推荐好用的 TA

不求改变世界，但求无愧于心

——老爸评测创始人魏文锋

包书皮引爆的故事

2015年春，和普通的家长一样，魏文锋陪同女儿去买学习用品，为即将到来的新学期做准备。但在给课本包书皮时，一股刺鼻的气味从塑料书皮上散发出来，十几年的检测经验让魏文锋立刻产生警觉，不能再使用这些塑料书皮了。出于对女儿身体健康的关心，魏文锋决定查找这些塑料书皮的异味从何而来。于是，他在学校门口随机收集了七种类似的书皮，送往江苏省泰州市国家精细化学品质量检验中心，花了9 500元检测费，对这些书皮进行全方位的“体检”。检测报告显示，送检的七种书皮都含有大量多环芳烃和邻苯二甲酸酯。

化工专业出身的魏文锋对这两种物质耳熟能详，其中，邻苯二甲酸酯是工业中常用的增塑剂，对处于发育期的儿童及孕妇都有害，而多环芳烃是国际公认的强致癌物。

进一步了解后，魏文锋发现，原来生产书皮的企业多是由江浙和广东一带墙纸壁纸的生产商转型而来，在它们心目中，书皮就是壁纸的缩小版，故而仍旧使用同样的工艺和相同的配方。但实际上，文具的标准和家装行业的产品标准有天壤之别：文具行业对产品含有的物质有更高、更严格的要求。书皮生产商换汤不换药的生产方式及检测环节的失灵，共同导致了这种状况。

魏文锋了解清楚后立即向有关部门反映了情况，但结果却不尽如人意。在父爱和社会责任感的驱使下，魏文锋决定依靠自己的力量，曝光书皮问题。他自掏腰包，拍摄了曝光毒书皮的小型纪录片，并在自己的社交媒体和自媒体平台上发表了一篇题为《开学了，你给孩子买的书皮有毒吗?》的文章。

视频和文章一出，立刻在社会上掀起了轩然大波，文章阅读量迅速突破了10万，视频点击量超过了1 500万，多家地方媒体进行了相关报道，《人民日报》官方公众平台也进行了报道。书皮事件的迅速发酵，让魏文锋受到了各界的关注，同时也吸引了一大批家长的关注。

这些家长亲切地称呼魏文锋为“魏老爸”，并且不断向其提出产品检测建议和需求，将他当作了群体权益维护的代言人。这深深地触动了魏文锋，让他意识到原来孩子们的日常生活中存在这么多的隐患，而许多像他这样的普通家长虽有心却无法凭个人的力量去解决这些问题，于是他下定决心走这条注定充满荆棘坎坷的道路。

2015年，魏文锋建立“老爸评测”团队，成立杭州老爸评测科技有限公司及其自媒体平台，并通过微信等社交媒体与家长们进行沟通，检测孩子日常生活中经常接触的东西。慢慢地，老爸评测在实践中确立了自己的使命——“让天下孩子远离有毒有害产品”。

一位老爸的筚路蓝缕

1. 老手遇到新问题

魏文锋毕业于浙江大学物理系，之后便进入浙江省进出口检验检疫局，先后从事电气、化学方面的检测工作。一段时间后，魏文锋觉得工作中条条框框太多，缺乏新意。骨子里就有的创新精神，促使他决心离开检验检疫局，开办自己的事业。

2008年前后，魏文锋辞去检验检疫局的工作，下海创业。那一年，恰逢欧盟刚刚出台《化学品的注册、评估、授权和限制》（REACH）条例来完善其化学品监管体系，条例中规定，贸易伙伴国的企业必须符合一系列复杂的规定才能对欧盟出口。条例一出，许多国内出口企业受到影响，行业内对技术性贸易壁垒咨询服务的需求迅速上升。魏文锋敏锐地发现了这个机会。他找到志同道合的伙伴，详细研究了 REACH 条例，并结合自己在检验检疫局的工作经验，为中国的对欧盟出口企业提供咨询服务，帮助企业较好地应对 REACH 条例，改善企业生产。

在这段创业历程中，魏文锋展现出了卓越的企业家精神和商业能力。他提出并实施了自己的“三板斧”战术：一是通过铺天盖地的宣传，将自己企业的信息广泛传播出去。二是狂办培训会。通过在全国各地举办免费培训会，讲解法规、条例，成功为自己的企业做了宣传。魏文锋回忆，一年间他们就举办了 157 场培训会，将企业的名声传播到全国各地。三是电话营销 + 上门服务。“三板斧”战术收到了不错的成效，他们签约了 2 900 多家企业，创造营收 3 000 多万元。

后来的“书皮事件”让魏文锋深刻地意识到，虽然自己在检测行业打拼了 15 年，可谓检测行业的老手，但这个行业潜在的新问题也越来越多。他发觉有害产品就在自己身边，对身边的人造成危害，自己作为一个“老检测”都无法避免这种困境，更别提社会大众了。那么，有什么办法可以避免这种情况？魏文锋决定尝试开启大众检测这一新的途径。

2. 产品检测的困局

“假冒伪劣”“有毒有害”问题屡禁不止，虽然政府和企业一直在努力解决，但始终无法杜绝。谈到这个问题，魏文锋颇有体会，他说：“目前国家推出的检测标准多是‘黑名单’式，通过发布禁止使用物质的名单来进行检测，但由于化学物质的多样性，生产厂商往往能够使用禁止使用物质名单外的有害物质来规避检测风险，从而降低成本；同时，由于市场上的产品数量巨大，种类繁多，政府机构只能采取抽检的方式来进行检测。另一方面，由于检测机构的收入来源是企业检测费，因而检测机构和企业间本来就存在利益关系，这会影响这种检测方式的有效性。有毒书皮便是这种情况，生产企业利用监管检测漏洞，生产出不符合标准的产品，并进行销售。”

受以上因素的影响，在产品检测方面，政府和企业始终不能完美解决有毒有害产品的问题。随着我国经济的发展和居民收入的增长，提升消费质量、提高居民整体幸福感是大势所趋，解决有毒有害产品问题，为消费者创造一个良好的消费环境是迫切需要解决的问题。魏文锋正是由此发现了其中的创业机会，开始走上大众检测这条道路。

3. 一位老爸的探索

在“书皮事件”中，魏文锋就在探索适合老爸评测的商业模式。在包书皮问题曝光之初，不少家长问魏文锋如何买到无毒的书皮。这刺激了魏文锋，他在上海找到一家工厂，几番往来之后，成功说服对方改按文具的标准生产书皮。在9月开学季，书皮卖出去5 000单，得到了很多家长的肯定与帮助。

可以说，书皮的故事其实早早就为魏文锋提供了一个可行的商业模式——检测+卖货，只是那时他还没意识到，或者说不愿意这样做。

魏文锋始终认为自己不是在卖货，而是在推动解决一个社会问题——有毒有害商品的治理。因为公益的定位，魏文锋一开始是排斥卖货的，9月份的5 000单新书皮更多的是因为家长们的需要，而非盈利的需要。即使在后来不得已以卖货维持运转时，魏文锋在心理层面上对此仍有所抵触。就像秦琼卖马、杨志卖刀，因为心里不愿意，吆喝的声音就小了。这体现在老爸评测早期的商城页面上：只有简单的口语化文字，一两张实拍图片，整个商城界面没有任何设计元素，完全没有达到一个合格的电商卖家的要求。

不注重卖货的老爸评测到2015年年底就烧光了钱。检测是一项投入很高的事业，从最早的书皮（检测花了近万元），到后来的跑道、菜板、牛奶、台灯……检测的产品越来越多，老爸评测花出去的检测费数额也越来越大，仅仅依靠橡皮、铅笔等产品的销售远不足以维持运转。因此，融资成为关键问题。

40 岁的魏文锋把老爸评测的故事写成商业策划书，以寻找投资人，希望获得资金，让这个自己深爱且意义深远的项目继续下去。但遗憾的是，他并没有找到老爸评测的伯乐，不少投资人甚至直接说 35 岁以上的创业者不投。无奈之下，魏文锋开始了新的尝试。

4. 试水“众筹 + 检测”的模式

这个时候，关注老爸测评的家长粉丝们站了出来。在得知老爸评测面临融资困难后，2016 年 1 月的一个夜晚，112 位家长为老爸评测众筹了 200 万元资金。燃眉之急迎刃而解，那段时间，魏文锋觉得找到了一条路——众筹 + 检测，社会源源不断的众筹费支持着检测，检测的结果再反馈给社会，这样既解决了社会痛点问题，又得以维持团队的运作。于是，老爸评测开始采取多种方式激励众筹，比如送众筹的家长神秘礼品等。

众筹模式听起来十分美好，但问题很快就出现了，仅靠众筹仍然不足以解决老爸评测团队的全部问题，因为众筹费仅够承担产品检测的费用，而老爸评测还需要养活一支十几人的团队。同时随着项目数量的增多、检测频率的增加，众筹资源分散导致每一种商品筹到的检测费减少，老爸评测的可持续发展遇到了严峻挑战。

5. 来自家长的启发

魏文锋再次陷入了对现有模式的质疑和对新模式的思考当中。他考虑了几种常见的营利模式：一是如传统检测机构一般，向来检测的企业收取费用；二是利用平台的客户流量，发布广告来收取广告费；三是直接面向接受服务的消费者收取费用。前两种方式无疑会使检测结果的独立性受到影响，那么应该如何向消费者收费呢？

众所周知，向消费者直接收费很容易造成已有消费者的流失。魏文锋了解到，目前西方国家常见的方式是会员订阅，例如美国的《消费者报告》，向付费会员提供报告。这种模式在美国取得了成功，但是在目前中国消费者版权意识没有完全建立起来的环境下，付费用户转化率太低，很难获得稳定的收入，同时，这种模式要求有相当大的用户基数，而目前的老爸评测还没有达到。魏文锋简单做了一些分析："如果你是大号，有 1 000 万以上的粉丝，那按照 3% 的转化率计算，有 30 万人为你付钱，一人 100 元就是 3 000 万元，一人 200 元就是6 000万元。我们这个团队一年下来大概需要 400 万元，包括奖金、工资、场地费等等，但不包括检测费，检测费大概 100 万元。因而综合考虑，我们是不能走会员制方式的。"

最终魏文锋发现现有模式均行不通。这时，家长粉丝们再次帮他拨开重重迷雾找到了新的道路。一位家长给他留言："你不能只说这个有毒，那个有害，把我们吓都吓死了，你还要告诉我们哪个是好的，在哪里能买到。"

这宛如黑夜中的一道闪电，启发了魏文锋，他开始认真探索一条检测的"自媒体 + 电商平台卖货"的道路。之前的打赏和众筹检测费，都是面向消费者的一种方式，而电商卖货是最直接的方式，通过出售经过自主检测合格的商品，既让消费者用上健康安全的产品，又为企业持续造血，提高企业的可持续盈利能力。

6. 艰苦的转型

于是，魏文锋建立起老爸评测的网上商城，专门销售检测合格的商品，同时进一步发展社交媒体和自媒体平台，持续扩大影响，增加粉丝数。

魏文锋将自己公司的模式概括为"检测网红 + 电商"的商业模式，在该模式下，一方面凭借自媒体平台发布检测报告，发展粉丝，另一方面通过电商平台销售商品，获得收入。这种商业模式其实是收费服务模式的一种变形，即通过在销售商品的价格中加入测评服务的附加值，从而收取服务费，支持大众测评的服务，更好地为消费者提供放心的产品。

通过电商平台的运营，老爸评测在创立的第二年就实现了自负盈亏。按照魏文锋的预测，2017 年老爸评测能实现 3 000 万元的营业额，扣除各项成本后，仍能够支持企业的进一步发展。

“检测网红”是怎样“炼成”的

1. 粉丝群——老爸评测的顾客在哪里？

对老爸评测而言，找到一个能够持续造血，让企业可持续经营的模式十分关键。老爸评测刚刚成立时，对魏文锋而言，这个公司其实是一个做公益的平台，商品的检测费用众筹一部分，自己承担一部分。但这样的模式运行不到一年，魏文锋就发现自己投入了太多的时间和金钱，快要无法负担，便打起了退堂鼓。这个时候，一直关注平台、信任他的家长客户们极力挽留了他。

魏文锋坦言，老爸评测能够做到现在这个程度，这些热心、忠实的家长粉丝其实贡献了很多。他回忆起这些时，充满感慨：“我一开始是排斥卖货的。但不卖货的结果就是 2015 年年底把钱烧光了，就跟家长说，“赚不到钱，钱烧光了”，家长们说，‘那不行啊，你不能就这么倒掉了，钱的问题好解决，我们给你钱’。有些人就加我微信，3 000 元、5 000 元、1 万元，直接微信转账。”

老爸评测目前主要的客户群体是一二线城市的孩子家长，这一群体一方面有意愿也有能力为孩子和自身的健康生活提供相应的支出，另一方面也十分重感情。在老爸评测创业的近三年时间里，一直有这群家长客户的陪伴，他们不光是来这里消费和享受服务，而且积极地向老爸评测提供帮助，把老爸评测当作一个朋友一样对待。访谈中，魏文锋这样回忆："有家长暑假带孩子来我这里打包发货，我说，'给你实习费'，她说，'不要不要，一定不要'。我们有志愿者家长经常帮忙。有个长沙的家长是做商标注册的，他说，'魏老爸，你这个商标要注册。我是干这个的，你要是不嫌弃我帮你弄'。我说，'行啊，我给你钱'。他说，'不要你钱，只要国家商标注册局的钱你出了，这边服务费我不要'。还有律师团，其中有上海、杭州的律师，都是妈妈或爸爸，特支持我，'老魏，这个事情你要注意法律风险，我是干律师的'。这就叫你干一件正确的事情，全天下都来帮你。"

这样的故事在老爸评测还有很多，可以看到老爸评测这样的社会企业天生具有很强的感染力和凝聚力，能够真真切切地和用户沟通，让用户信任。魏文锋发现了这一特点，并不断创新与客户的互动方式来进一步提高粉丝客户的信任度，培养了一大批忠实客户。

魏文锋和老爸评测还利用自媒体的特性，在线上开设了多个微信粉丝群，与家长互动。到 2017 年 6 月，老爸评测已经建立了 13 个微信群，每一个群都是近乎满员（500 人）。在每个微信群中，老爸评测都安排有值班人员，解答客户的问题。据魏文锋介绍，老爸评测的微信群活跃程度一直很高，家长粉丝们除了向值班人员提问，相互间也经常讨论关于子女健康、家庭用品之类的问题，每次买个东西都要先在群里问一问，群内气氛十分和谐。魏文锋笑称这些群为"买东西的求医问药群"。

同时，老爸评测还坚持发展其众筹平台。如果按照收益贡献比重，目前众筹所带来的收入远远少于电商平台，但是魏文锋表示自己要坚持将众筹做下去。他说："要坚定不移地弄这个，弄了以后有什么好处呢？发动群众啊，你要始终跟群众发生互动。互动一次，再互动一次，互动得越多，他在你这里的消费就会更多，不记得你了就完了。"

2. 扩大影响——漂流活动

除了在线上平台与客户进行互动，老爸评测还推出了仪器漂流活动，目前正在进行的是甲醛仪漂流。

仪器漂流其实是借鉴图书漂流的形式，将一般家庭不愿意购买的昂贵的检测仪器以漂流的形式在家庭中传递。现在正在进行漂流的甲醛检测仪价格大概 1 万元，虽然大多数家庭有能力购买，但很少有家庭会为了仅仅检测一次甲醛而专门花大价钱来购买。

老爸评测发现了这一点，便自发购置了多台甲醛仪参与漂流；同时，为了避免测量仪在漂流活动中受损，老爸评测在家长们的建议下定制了漂流箱。这项活动一开展，便获得广泛的关注与好评。

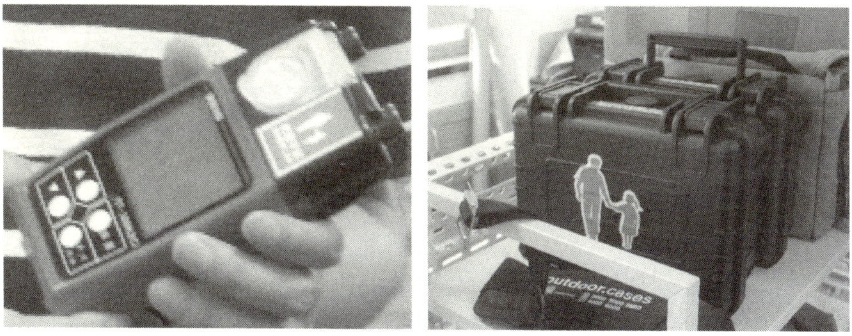

甲醛测量仪及漂流箱

2016 年 8 月，这项活动受到了比尔·盖茨基金会的关注，该基金会转发了相关文章，刹那间，老爸评测便火了。据魏文锋回忆，那段时间几乎每天公众平台都会增长 1 万粉丝数，大量的用户来咨询甲醛仪的借用方式。期间还发生了一个小插曲：当时负责客服工作的小姑娘早上醒来，发现微信上有铺天盖地的各种消息和请求，于是来不及梳洗，便坐在床铺上回复，整整回复了一上午才告一段落，活动的影响力由此可见一斑。

同时，为了进一步利用好仪器漂流活动，增强客户黏性，老爸评测设计了一个仪器漂流的日记本，随着甲醛仪漂流到每一个用户手中，供其记录自己的使用情况和感触。目前日记本已经记了厚厚三大本，里面密密麻麻地写满了用户的感受。日记中，用户们不仅记录了其使用后的检测记录，还用图画、文字等各种方式表达了自己的心愿和对老爸评测的感谢。老爸评测采用记日记、漂流这种在信息时代看起来已经过时的方式，既进一步加强了与客户的情感沟通，又无形中为老爸评测做了一次广告，推动了粉丝人数的进一步增长。

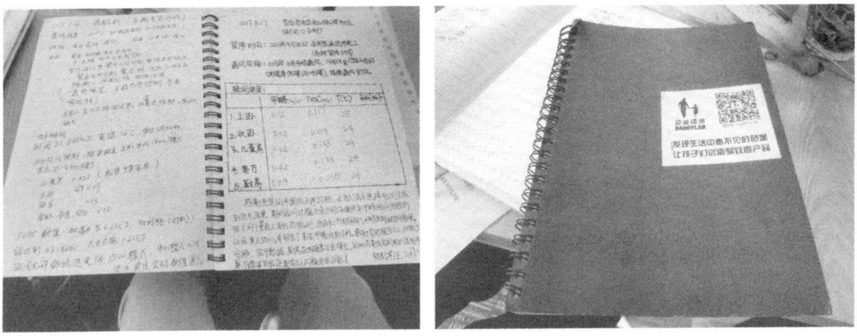

漂流日记本

除甲醛仪外，老爸评测还进行过台灯灯光检测仪等仪器漂流活动，这些活动同样旨在让家长们亲自去检测自己身边产品的质量，保证自己和家人的健康与安全。

3. 持续造血——老爸商城

在确定了“检测网红 + 电商”的模式后，老爸评测开始打造自己的电商业务。

老爸评测的主要线上销售集中在微信端的有赞商城，结合自己运营的微信公众平台以及十多个微信群，进行微信端销售；以淘宝的官方商城为辅。同时，公司设置了电商部，处理电商业务，完成供货、销售咨询、售后等一系列工作。

目前，老爸商城在移动端运营的商品主要包括学生学习用品、母婴

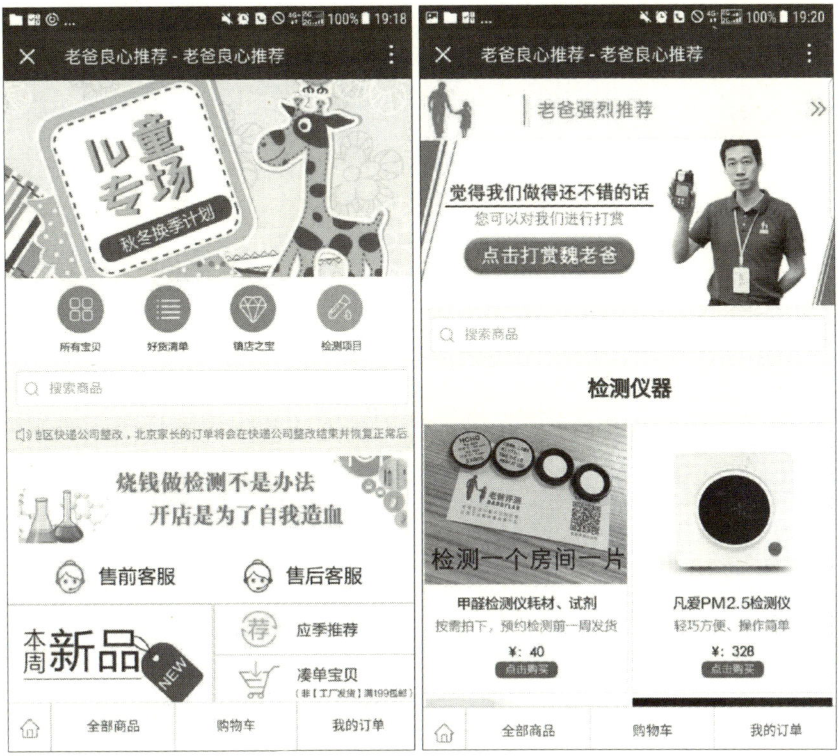

老爸商场界面

用品、厨房用品、家居用品，同时，涉及一部分食材、水果，均是日常生活中接触很多的商品。这些商品都是经老爸评测实验室检测合格的商品：有的是直接采购检测合格的商品，有的是找厂家定制的产品。产品货源多是直接从厂家进货，其中既有国内的，也有国外的，按老爸评测的话说就是，哪里的好就买哪里的。例如 2016 年冬天，许多家长请老爸评测帮忙推荐防雾霾口罩，在经过一系列评测后，老爸评测选择了一款日本进口的口罩，在与厂家沟通谈判后，获得了一定数量的代销权。同时，商城还提供了检测仪器的租用、耗材销售的服务，可以说既提供了检测合格的商品，又为客户提供了自主检验产品质量的工具。

为了保证客户的使用体验及其忠诚度，老爸评测对上架的食品、接触类材料都施行批批检的方式，非接触类产品则是年度抽检；同时，一旦发现问题，就立即召回这一批的所有商品。魏文锋回忆，他们曾经接到一些客户反映台灯的灯泡合格率未达到 95%，老爸评测便发通知召回这一批产品，重新发货。在此过程中，他们还对发现问题的用户给予奖励，以保证其对电商产品质量持续监督的热情。

老爸商城中的商品都经过了重重检测并具有良好的售后服务，定价普遍偏高，往往高于同类商品在其他电商终端的平均价格，但是由于拥有高度忠实的客户群体和过硬的产品质量，老爸商城中的商品有着很高的口碑和比较稳定的销量。

据老爸评测计算，老爸商城的复购率超过 40%，目前维持在 42% 左右。在高复购率的影响下，老爸评测凭借十几万的粉丝就能够实现月均 200 万元的销售额，这个数字是一些粉丝数达百万级别的平台都无法

对老爸商城商品的评价

实现的。而且每件商品的评论中好评也是居多，一些中差评主要是因为对物流不满意。

通过电商平台的运营，老爸评测在创立的第二年就实现了自负盈亏，按照魏文锋的预测，2017 年老爸评测预计将实现 3 000 万元的营业额，能够支持企业的进一步发展。在这种模式下，老爸评测不需要曲意逢迎资方的要求，只需要坚持自己的价值观，一心一意做好自己的工作，为客户提供质量好、安全无害的产品。

4. 质量保证——老爸质控系统

为了挑选合适的检测产品并保证商城产品的质量，老爸评测建立起了属于自己的质控系统——老爸质控系统。该质控系统主要包括四个部分——老爸标准、滚动抽检、费用分摊和家长参与。

老爸质控系统示意图

为了弥补传统检测标准中“黑名单”方式的缺点，老爸评测建立了属于自己的一套检测标准——老爸标准，用高于国际标准的要求来选择产品和供应商。在检测时，一般有两种方式：对简单物理属性的检测，老爸评测一般会在自己的实验室进行；而对复杂的物理属性和化学属性，老爸评测会送往专业实验室进行检测。老爸评测的实验室就在公司内，是由家长用户捐助建设的，实验室内有多种用来检测产品属性的工具和仪器，能够实现对产品一般物理属性的检验。

老爸实验室

同时，为了保证每一批产品的质量和用户体验，老爸评测会不定期邀请部分购买过产品的家长，来检测其已购买的产品是否符合质量要求，如若不符合，老爸评测将会对该批次商品再次检测，若确认该批商品大都不符合标准，则召回这一批商品。据魏文锋介绍，电商平台中自己主动召回商品的，老爸评测应该是第一家。

为了保证检测经费的充足和公司检测业务的持续发展，老爸评测会从老爸商城的用户支付的款项中抽取很小比例的众筹检测费，当然，用户在购买时会被告知这项费用。

5. 企业价值观——爱不能被交易

在公司的日常经营中，魏文锋一直很重视向员工传播自己坚持的以

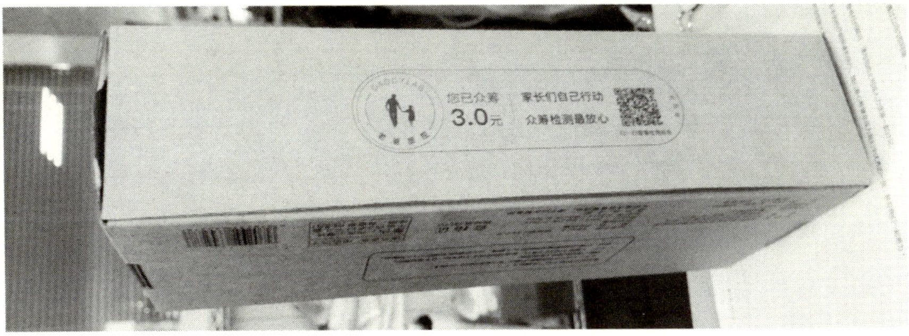

众筹检测费

社会目标为本的精神和全心全意为客户考虑的态度，也一直很重视团队精神和品质的培养。团队成员曾经提出效仿目前一些平台的做法，推行知识付费的模式，即客户付钱，然后给客户回答问题，从而为公司增加收入，但这个提议被魏文锋当场否决。事后回忆时，魏文锋说："知识付费是什么东西？你给我钱，我回答你问题。这是什么？是交易啊！我魏老爸（老爸评测）搞的是交易吗？我们是爱！爱能够交易，能用几块钱几毛钱来衡量吗？不能！他来问你问题，你回答就是了；回答不了，你跟他说这个问题太复杂了，我回答不了。如果你回答了很长的问题，他打赏你的话那是很好的，因为那是自愿的。但你不能直接采用商业的模式来回答问题，这样做偏离了我们公司的主旨，没有爱啦。"

老爸评测鲜明的价值观还为魏文锋带来了意料之外的收获。老爸评测作为一个初创企业，在刚刚建立时整个公司只有寥寥几人。他们挤在不大的办公室里，做着包括处理客户需求、制定检测清单、联系检测实验室、撰写文章等在内的大量工作。正是老爸评测拥有鲜明的精神属性和价值观，才让魏文锋能够迅速吸引一批优秀的、有志向的员工，使得当时杭州一些原本在检测机构工作的人在了解到这一企业后，产生了兴趣，在详细了解后转而加入老爸评测。魏文锋提到了一个例子："有一个员工从杭州城西的某实验室辞了职。当时他已经买了西面的房子，然后把房子给卖了，到滨江这边重新买房。公司位置是在杭州的东偏南，他带着老婆孩子跑到这边来加盟，这个哥们太实在，而且我给的薪酬还不如原来的实验室高。”

在股权方面，老爸评测成立之初，是由魏文锋和一部分家长粉丝共同出资建立的，目前老爸评测 90% 的股份由魏文锋掌握（其中 15% 属于核心团队的期权），剩下 10% 属于出资的家长粉丝。这些家长股东已经完完全全地信任魏文锋了，将这部分决策权也放心地交给他，这也保证了老爸评测企业目标的稳定性。

在利润分配上，目前老爸评测的公司章程中并未明确规定利润分配方案。魏文锋谈道："我觉得没有必要去限定你必须从每年的分红里面拿出 60%，50% 还是 10%，这个具体的数字没有意义，你只要是在做这样的事情，就是有意义的……这个应该是企业家或老板根据每年自己企业的发展情况和企业目标所确定的。”

事实上，每年除了支付公司日常开支和人员薪酬，老爸评测大部分的收入都用在检测上，企业并未形成足够分红的利润。

达则兼济天下

1. 从孩子到生活

在与家长粉丝们不断互动和进行检测的过程中，老爸评测的检测范围也逐渐扩大，从孩子们的学习用品扩大到日常生活中的各种产品。老爸评测也不断完善自己的口号，目前，加入了一个新口号“让生活远离危害，推动良币驱逐劣币”。

老爸评测选择检测产品的一个途径是粉丝推荐，老爸评测会从一段时期内用户推荐检测的产品中进行选择和讨论，然后重点检验。因而，随着粉丝人数的增多，老爸评测的检测范围自然而然地扩大了，不再局限于孩子用的产品。

从2015年成立至今，老爸评测前后已经检测了近百种产品，包括书皮、台灯、塑胶跑道、铁锅、菜板、地板、涂料等，生活中大大小小的产品都得到了关注。老爸评测还针对其中可能有问题的产品进行专项检测。

老爸评测已检测的商品

同时，老爸评测还不断创新解决问题的方式，更好地服务于咨询对象和消费者，比如持续一年多时间的甲醛检测仪漂流活动。该活动是老爸评测在收到很多用户关于除甲醛问题的咨询后，综合考量了各方面因素而推出的，由公司自费购置100多台甲醛仪，以漂流的方式在各个城市间流转，供用户免费使用。在甲醛检测仪漂流取得了一定的成绩和好评后，老爸评测根据客户的需求，陆续推出了TVOC（挥发性有机物）检测仪、辐射检测仪等其他一些设备来参与漂流活动，尽可能满足消费者对消费产品检测的需求，从各个方面进行拓展。

老爸评测仪器漂流系统

2. 推动行业标准升级，以良币驱逐劣币

在老爸评测不断进行大众检测的过程当中，也产生了一些经济学意义上的正外部性，即促进行业标准的升级，同时提高生产企业的产品标准。这也是老爸评测一直追求的目标。

2015 年的书皮事件其实并没有简单地结束，在老爸评测知名度逐渐提高后，书皮的故事有了续集。在“魏老爸”的故事火了之后，不少书皮生产企业找到老爸评测，有的想与老爸评测合作，由老爸评测下订单，厂商生产无毒的书皮；有的将自己的书皮送到老爸评测进行检测。

就这样，一些书皮企业的制造标准改变了，放弃使用有害的、添加了增塑剂的 PVC 材料，改用 PP 或者 PE 材料生产，在这部分企业的带动下，整个书皮行业也慢慢地开始改变。2016 年 2 月 16 日，上海市质量技术监督局发布塑料包书膜及书套产品质量安全风险预警报，抽检了

30批塑料包书膜，有25批不符合增塑剂要求，而这种针对包书膜的临时抽检在以往是很少的。另一方面，老爸评测自己销售的合格无害的包书膜，成功地让包书膜市场上一大部分不合格的包书膜退出市场，实现了良币驱逐劣币。

可以说，在书皮的案例中，老爸评测的行为促进了整个行业产品质量的提升，既改变了企业行为，又帮助政府完善了监管中的不足。同样的例子还有毒跑道事件，在各地学校跑道的质量问题相继被曝光后，各个学校使用的跑道材质的标准也得到了提高，进一步保证了在校学生的健康和安全问题。

这正是老爸评测的正外部性，也是魏文锋对社会企业的理解，企业不光要盈利，而且要通过运营和对社会目标的实现来产生一种社会影响力。这种影响力并不直接与企业利润相关，而是有利于整个社会的发展。这也是老爸评测的努力方向，是其社会目标的深化。

2017年12月，老爸评测成为浙江省质量技术监督局设立的产品质量安全伤害信息监测点之一。这个监测点的责任是：主动提供产品质量安全伤害信息，积极协助开展产品质量安全风险评估以及召回缺陷产品。之后，浙江省产品质量安全检测研究院在2018年1月发布了魔术擦产品的缺陷产品风险通报，肯定了老爸评测的检测行动。

魏文锋在访谈中说，他的目标就是通过不断扩大影响力来形成老爸标准，用老爸标准来规范老爸商城的商品，让消费者一看到老爸标准就能够产生信任；同时利用社交媒体和老爸商城，向消费者推广健康产品，形成良性竞争，推动整个行业产品质量的提升，从而以良币驱逐劣币，让有毒有害产品远离消费者，远离市场。

长风破浪会有时

目前，老爸评测虽然已经基本实现了自负盈亏，开始稳步发展，但在发展道路上仍然面临着一些挑战，社会上也存在一些对其商业模式的反对之声。

1. 力量微小，不受重视

老爸评测在刚刚起步时面临的最大问题就是不受重视、不受关注，尽管其所关注的问题是当前社会一个亟须处理的问题。

最早的书皮事件中，魏文锋在多次寻找有关部门报告相关情况时没有得到积极回应，从而决定自己闯出一条路。同样，老爸评测在建立之初向各路投资人寻求资金时，也因各种偏见未能获得充足的投资。但是魏文锋和他的团队并没有放弃，他们通过自己的努力，汇集了一批家长粉丝，借助粉丝的力量，利用众筹、电商销售等方式完成了企业的自我造血、可持续经营，从而开展了一大批商品的检测，推动了一些行业标准的发展和升级。

遗憾的是，时至今日，仍然有很多行业和产品，出于种种原因不能也不允许老爸评测发布商品检测结果，部分国内外的专业检测机构也因为不愿意得罪行业大客户而终止与老爸评测的合作。推动中国社会变革，实现良币驱逐劣币之路，依然漫长而崎岖。

2. 利益受损者的报复

老爸评测的行为虽然为消费者购买合格优质的产品提供了便利，帮助消费者成功地避开不合格的产品，但这样的行为使那些不合格产品的生产者对老爸评测“记恨在心”。

据魏文锋回忆，老爸评测曾进行了一批硅藻泥的检验，发现几个品牌的产品不合格，便将检测结果通过相关文章发布，提醒用户注意。这一举动危及了相关硅藻泥商家的利益，不久，魏文锋收到来自某硅藻泥商家的威胁信息，要求老爸评测撤回这些文章，否则要他好看。接到这一威胁信息，魏文锋并没有慌乱，他果断拒绝了撤回文章的要求，因为这违背了他创办企业的初衷，同时，在稍加思考后，魏文锋将这些沟通记录发至老爸评测的家长粉丝群。看到老爸评测面对威胁仍然坚持不妥协，家长粉丝们纷纷表示赞赏。

3. 商业模式受到质疑

虽然目前老爸评测的“检测网红 + 电商”的模式取得了不错的成果，积累了一大批粉丝，但随着粉丝总量的增多，网络上对其商业模式的质疑也不断增多。

魏文锋在访谈中提到，曾经有一些人专程找到他对老爸评测的模式提出质疑，认为他们只是打着“公益”“社会企业”的幌子来赚钱，批评他动机不纯；网络上也有很多人认为在这种商业模式下，老爸评测作为检测企业的检测结果没办法令人信服。诸如此类的言论很多，对这些评论，魏文锋回应道：“后来我就跟团队说，把这两个字（公益）去掉，省时间，省麻烦……你给我这个称号，不给我这个称号，我都无所谓，因为我有家长的支持就行，有人们的支持就行，我干吗在乎这个。企业肯定有社会价值。任何企业，只要不做坏事都有社会价值。”

魏文锋认为自己在做的事情是解决一个令整个社会头疼的问题——有毒有害商品的治理，而电商只是实现这一目的的一个方式，一个能够使自己的团队可持续运作的方式。正是在这种理念的支持下，魏文锋探索出了一条可持续的解决道路。至于自己的企业是否以公益为目的，或者是否以社会目标为目的，魏文锋表示自己其实不看重，只要最终能够得到家长粉丝的认可和支持，公司能够持续发展，就足够了。

4. 同行与潜在竞争者

在消费升级的大趋势下，提供高质量的产品越来越受到重视。老爸评测所在的领域也有一些同行，例如“优恪网”“消费者报道”等。这些机构通常也是以第三方检测机构为口号进行宣传，主要通过检测向消费者推荐优质产品，但本身并不参与销售，它们可能是老爸评测日后的直接竞争者。2017 年以后，这类机构在看到了老爸评测成功的商业模式后，也纷纷推出自己的电商平台。

同时，从电商平台领域来看，也存在强大的潜在竞争对手，即以推出优质产品为口号的平台，比如网易严选和天猫优选。虽然这类平台自身并不提供检测服务，与老爸评测有一定的差别，但其主打优质商品的确与老爸商城的功能有所重合，未来可能会影响老爸评测的持续造血能力。

5. 对“实体商城 + 实验室”的展望

目前，由于公司规模和人员精力的限制，老爸评测并没有能力将检测范围扩展到参与流通的所有商品。但魏文锋在提到自己的未来设想时说：“将来老爸评测应该是一个以提供放心产品为主的一个平台，因为这是我们大家的刚需，还是那句话，‘你不要老告诉我这个有毒那个有害，你就告诉我哪个好就行了’。中国老百姓最需要的是一个可信任的机构，要告诉他们哪个是好的，而要做到这一点很难，要考验我们自身的能力。我们的设想是一个老爸商城加一个老爸实验室，把实验室跟商城放在一起。消费者推着购物车，在商城里买东西，隔着一处玻璃墙，玻璃墙那头是我们的检测人员穿着白色工作服，戴着口罩在那里检测商城里的所有东西。实体商城 + 实验室，就是这样一个组合式创新。”

（王强　李晓光　许艳芳　米壮　占烁）

参考文献

1. 上海市质量技术监督局．塑料包书膜及书套产品质量安全风险预警．

http://www. cqn. com. cn/news/minsheng/yujing/1122881. html.

2.《中华人民共和国标准化法》，2017 年 11 月 4 日第十二届全国人民代表大会常务委员会第三十次会议修订，本法自 2018 年 1 月 1 日起施行。

3. 国家质检总局课题组，支树平. 质量管理体系与政府执行力建设——基于国家质检总局的实证分析. 中国行政管理，2011 (12).

4. 敖鹏. 网红为什么这样红？——基于网红现象的解读和思考. 当代传播，2016 (4).

5. 王卫兵. 网红经济的生成逻辑、伦理反思及规范引导. 求实，2016 (8).

企业资料

1. 一名资深检验员的公益玩法：老爸评测与先头游击队. 南方周末，2016-09-27. http://www. infzm. com/content/119785.

2. 网红"老爸评测"与消费者维权困局. 财新网. (2017-05-03). http://china. caixin. com/2017-05-03/101085668. html.

3. 魏文锋：老爸来测评. CCTV-13《新闻周刊》专访. (2016-09-10). http://tv. cntv. cn/video/C10600/a9e2105a66bb44a4a90825fc12b4639d.

佰特教育：

让财商教育走入青少年世界

创办佰特教育时，我就把公益作为其最根本的基因，其他则是表现形式而已。商业公司即便经过长时间的积累，也很难形成社会性基因。

——佰特教育创始人王胜

上海佰特教育咨询中心（简称佰特教育）于 2009 年 7 月在上海浦东民政局注册成立。这是国内第一家致力于儿童和青少年财商教育的非营利公益组织。佰特教育是国际儿童及青少年金融教育联盟、世界教育创新中心、亚洲公益创投联盟的成员。佰特教育的受益对象为 3～25 岁的中国儿童和青少年，他们来自不富裕的家庭，如城市中的外来务工家庭及农村家庭。佰特教育为儿童和青少年提供多种多样的财商、生活技能和社会创新课程，积极推广和普及金融教育，旨在提高儿童和青少年的经济公民素养。成立至今，佰特教育受益群体已达到 100 多万人，在上海、北京、广州、成都、贵阳、深圳、苏州和香港等地拥有办公室。2015 年 5 月，佰特教育创始人王胜又注册成立了上海佰特科技有限公司（简称佰特科技），佰特教育和佰特科技统称为上海佰特。

打造财商教育第一品牌

佰特教育成立之初就以“儿童和青少年财商教育”为目标。它经历了若干发展阶段，虽经受了不少考验，但这一目标却从未改变。以此为基础，其受益群体不断扩大，现已成为国内儿童和青少年财商教育的第一品牌。

1. 佰特教育的缘起

佰特教育创始人王胜的工作经历颇具波折，他之前的每份工作都没能逃过七年之痒。几番兜兜转转之后，王胜最终找到了属于自己的事业：致力于儿童和青少年财商教育。

1991 年王胜从中国海洋大学物理专业毕业后在一家国营书店工作，1997 年下海打工，2005 年师从苏州大学朱永新教授攻读全日制教育哲学博士学位，同时受朱教授委托，担任我国著名教育智库“21 世纪教育研究院”执行院长，并追随该院院长、北京理工大学杨东平教授从事教育公共政策的研究。

2008 年，花旗银行（中国）企业社会责任部门委托王胜做一件事情：免费向高中生赠送财经类读物。经由此事，王胜与合伙人张玮一拍即合，于 2009 年 7 月在上海注册了民办非企业组织“佰特教育”，随即获得了花旗集团基金会 5 万美元的首笔捐赠，用于继续推广高中生理财教育活动。王胜认为，之所以起名佰特教育，是因为 Better 比 Best 要好，而英文 Better 的谐音就是佰特。在中文“佰特教育”里面，蕴含着不仅要做一百分的教育，还要给孩子有特色的教育的意思。

2009 年 7 月，王胜去埃及开罗参加国际儿童储蓄基金会的全球年会，结识了基金会创始人杰鲁·比利莫里亚（Jeroo Billimoria）女士，并带回了面向儿童财商教育的阿福童（Aflatoun，意为“快乐幸福的儿童”）项目。2010—2013 年，受朱永新教授的委托，王胜承担了新教育基金会秘书长的工作，佰特教育由合伙人张玮和王雄负责运营，在此期间阿福童项目上马。阿福童项目一共有五个模块，即探索自我、权利责任、储蓄消费、计划预算、儿童创业。在推广过程中，前两个模块的课程内容传播得很快，但后三个关于财经思维的模块却不易传播。王胜意识到这是一个极其不好的信号，再这样下去阿福童在中国的传播将会夭折。

王胜认为，只有通过行为的改变，才能促进储蓄消费、计划预算和儿童创业三个模块的推广。通过阿福童项目，孩子的行为发生了改变：从不记账到记账，从不存钱到存钱，从不做计划到做计划，从没有摆过摊到开始摆摊。这些就是衡量变化的标准。但恰恰是在行为改变标准上，王胜与当时的运营团队发生了矛盾与冲突，因为运营团队不能提供儿童财商行为改变的数据。2013 年底，双方矛盾达到无法调和的地步，只好分开各做各的事情。面对这样的情形，王胜只能离开新教育基金会，亲自带领佰特教育团队。

2. 追问财商教育的根本意义

王胜在亲自带团队进行项目推广的过程中才真正体会到他的哥哥王雄的种种不易。首先是得不到老师的支持。小学老师认为理财知识不是必要的，孩子长大自然就知道了。其次，贫困地区的孩子家庭条件差，口袋里没有多少零花钱，靠吃免费午餐过日子，和这些学生讲理财就是天方夜谭。

王胜陷入了进退维谷的窘境。到底该怎么办呢？痛定思痛，他反复地问自己两个问题：一个是孩子为什么要学理财。孩子还小，你为什么让他学这个东西，并且还要放入学业里去？另一个是穷人的孩子为什么要学。穷人的孩子没钱，你教他理财，他拿什么理财？

王胜认真回顾了 2009 年以来项目推广的情况：大多数学校和老师认为教育孩子理财还是有益处的。孩子学会理财不仅仅是钱的事，更重要的是思维成长，这是受益终生的事。王胜团队经过艰苦的探索，思路如同剥茧抽丝般慢慢打开了。

“中国教育很单一，不教你怎么管钱，不教你怎么谈性，人和人之间复杂的关系也不讲。性、权、钱这三个人生都避不开的事情，我们的教育不怎么讲，仿佛这些都不存在，但实际上天天都存在着。很多人说久而久之他自己就会了。的确很多孩子长大后慢慢就会了，吃几次亏就会了，但是主动的学习跟被动的学习是有很大差异的。”

钱其实跟人的尊严是有关联的。一方面，没有钱的时候，尊严往往是缺失的；另一方面，不是说钱越多越有尊严。现在很多富裕家庭的孩子很有钱，但这不意味着他们有尊严，或者说并没有给他们带来更多的意义和尊严。但是一个住在城市或者乡村的孩子通过在社区里摆地摊出售商品，即使只赚到一块钱，获得的尊严感也是完全不同的。

经过深入思考，王胜终于意识到：将钱和人的尊严联系起来，有可能找到突破口。现实社会中既有富裕的人，也有不富裕的人。阿福童课程，或者说财商课程、经济公民课程，是对富裕家庭与不富裕家庭同等开放的课堂。这个社会既需要有应试教育，也需要有能力提升教育。而财商这一概念以及与之相关的产品，能够帮助中国的儿童和青少年学习这门技能。

王胜团队认识到：财商以及财商教育一方面是金钱管理能力的培养，另一方面是改变孩子的行为。他们找到了撬动财商教育的切入点，“阿福童概念学校”也开始步入正轨。

3. 一直向前

在王胜及其团队的共同努力下，“阿福童概念学校”雨后春笋般成长起来。目前，佰特教育有 52 位全职员工、988 位志愿者，所提供的经济公民教育服务已经覆盖 40 多个城市，使 100 多万名儿童和青少年受益。佰特教育希望到 2020 年受益人数达到 1 000 万。

2013 年初，佰特教育主动向花旗集团基金会提出战略转型。中国有 2 亿多不富裕家庭儿童，财商教育需求巨大。无论佰特教育如何努力以及花旗集团基金会投入再多的资源，所能覆盖的人群都是沧海一粟。为普及财商教育，让更多的孩子受益，必须改变以往的工作原则和方法。佰特教育提出的战略转型思路是：由执行项目的机构转变为一家为其他公益组织提供财商教育能力建设的平台，帮助更多的公益组织开展财商教育。同时，还要开展更为系统的研究和倡导工作，推动政策改革，让财商教育逐步成为学校教育课程体系的一个组成部分。

从项目到产品平台的战略转型

与典型的公益项目模式一样，最初几年佰特教育经历了相似的发展阶段：获取捐赠资金执行项目，从国外引进课程，本地化之后，通过培训各乡村和城市学校老师，由他们带回各自学校持续开设有关课程，让学生受益。

自2009年成立以来，佰特教育持续获得了花旗银行、巴克莱银行、VISA等外国企业和几个国外基金会对这些培训项目的无偿资助。到2015年受益的人数就达到了50万左右。

尽管佰特教育的项目绩效可圈可点，也有着外人看来优越的捐赠资金来源和规模，但王胜还是感到了危机。从项目本身的效果看，“教师授课这个模式损耗太高，流程太复杂。根据我们的经验，培训100位老师，一年下来最后可能只有20位老师上课，20%的成功率。一年之后，这20个里面可能只有5～6个会继续上课，衰减是非常大的”。

从项目资金层面看，一方面，为了获得持续的捐款，需要不断扩展业务规模，这需要有更多的研发和市场拓展，需要更多的人员。另一方面，尽管国外的资助对人员开支的比重限定已经优于国内一些基金会，一定程度上能够保障机构人员的稳定和人才的持续培养，但是比重过大的捐赠资金让机构随时处于对捐赠稳定性的忧虑之中。如果捐赠规模出现波动，现有的人员数量就可能发生波动，非常不利于机构的稳定发展。

作为捐赠机构的附庸来做项目的思路，“是死路一条，你永远做不完。不想如此就只有一个办法，就是做平台”。

1. 平台模式与产品

“变成平台的意思是，业务在甘肃就找甘肃当地的NGO去做，业务在陕西就找陕西的 NGO，在各地都可以找当地的 NGO 或者政府合作。你培训他们，他们再去做。”“所有的事情你都要找杠杆，在做项目的时候杠杆是你自己，但是在做平台的时候杠杆就是别人，通过杠杆可以放大你的社会影响力。”

“做平台，一个最重要的因素是必须要有产品。”最初，由于没有形成产品的标准化，推广复制过程很慢。于是，佰特教育开放和标准化了两套产品线。一套是引入了阿福童产品，制作成简化的儿童财商教育工具，如儿童阅读（书）、儿童盒子（教育工具包）、儿童游戏（桌游）等；一套是原有的培训课程和服务产品，但是将其标准化。如果说前一套实物产品是轻型的，用于财商教育理念的启蒙和普及，那么后一套标准化的服务产品就是重型的、深入的和整体的。

（1）财商的自我学习：简化的实物产品

对于简化的实物产品，王胜是这样考虑的，“我们做的产品不是让它一下子就做到这件事情（教育父母和教师），而是让他知道这件事情，这是一个启蒙产品，这是一个初级的产品。它实现从不知道到知道的转变，然后实现从知道到做到的转变，再实现从做到到持续做到的转变”。

简化的实物产品将儿童行为的规则、市场的规则、对待财富的方式都隐含在图书内容、游戏规则中，儿童在阅读和游戏过程中就能够自我学习和实践，使儿童的财商教育可以一定程度上脱离对师资的

魔法兔子产品样图

依赖，更便于普及和应用，因此有效促进了财商产品的推广。一些企业、NGO 在社区开展公益活动时直接采用佰特教育的桌面游戏产品，受到孩子们的欢迎。

奇乐小鸡产品样图

（2）服务产品的标准化

针对原有的和后来开发的服务产品，佰特教育也进行了流程标准化的改造。

例如“阿福童概念学校”服务产品，佰特教育帮助学校将小红花机制转变为银行代币积分机制。学校相当于总行，班级相当于分行，分层设置不同的币值，将代币嵌入学校的各项活动。积累一段时间后，学生就会用代币兑换奖励。有的学生还会承包学校的电影院，包装和销售门票，吸引学生看电影。学校里还成立了校园集市，方便学生把家里不用的东西拿来进行代币交易。这些措施培养了孩子们理财的素养和能力。“阿福童概念学校”在积累经验阶段不断地迭代和优化产品，以班级为单位推广，在积累了一些经验后录制成光盘，形成“阿福童概念学校”模式。

再例如“青年城市生存挑战赛”产品，需要企业导师和挑战者一起完成任务，通过参与比赛大学生有了更深刻的体验。挑战赛一开始是争夺旅途费奖励的竞赛，有的队能拿到往返旅途费，有的队则拿不到。到了特定环节，每支参赛队得到两顶帽子，各参赛队拿帽子与路人进行交换，换钱或换午餐，然后再到达指定的图书馆进行答题，每道题答对得 2 元。最后，每支队还要买特产（价格低、种类多的队伍胜出），还可进行投资，投资形式有存款、买股票、买保险和捐款。一个月后，根据股票的涨跌并综合各类投资进行总体评判。“青年行城市生存挑战赛”在西安举办时，参赛队达到 14 支。

2. 两个规模化发展的途径

佰特教育的规模化发展思路体现为多渠道、多方位、系统地整合社会力量。网络化课程以及与政府合作，是佰特教育规模化的两个重要途径。

“可以通过网络直达儿童，中间不需要老师。”佰特教育今年跟沪江网合作，在其教育平台 CCtalk 上推出网络财商课程。目前甘肃、云南、河南等省共有 120 个学校接受了这个网络课程，主要是一些偏远的乡村小学。佰特教育的老师在办公室里对着电脑在网上授课，各个学校各个班级连上网络，就实现了一个老师给上千个孩子上课。孩子如果要举手发言的话，授课老师可以看到。“这件事居然做起来了，我一直不敢相信这个事情能做，但是没想到这件事情做起来了。”

与沪江网的成功合作让佰特教育体会到获得政府支持的必要性。甘肃省的网课表面上是与甘肃省电教馆合作，但背后是甘肃省教育厅的认可和支持。“我们把一个改变社会的产品模型做出来，为政府提供数据化的支持和研究的成果，让政府知道这件事是可以成功的。有了政府的支持，这个力量就大了。”

战略转型下的组织和创新

“做公益项目的时候，要想项目效果好且可持续，一般只有小而美的项目才能实现，规模化的项目很难做到；有规模、可持续的项目的质量可能就一般；有效果、有规模的项目的可持续性通常很差，因为投入很大。”出于对捐赠依赖过重的忧虑，以及对业务规模扩大的期望，佰特教育从项目模式转向了产品模式。但是，“当做了这个转变之后，你会发现整个机构的管理发生了重大的改变，你需要不同的人、不同的管理模式”，因为做公益项目和做市场化产品的人的特点和思考内容是不一样的。

解决好项目模式向产品模式转型的文化和人员冲突，是既保证公益活动的品质和影响力，又保证其可持续生存下去的关键。王胜采用了在佰特教育之外注册成立佰特科技公司的解决方案。2015 年注册的佰特科技公司主抓产品研发，服务对象是中产以上家庭的孩子，通过市场化销售获得利润。公益机构加上市场化公司，合称上海佰特。

1. 企业文化融合的努力

企业战略转型面临着文化融合的挑战。2016—2020 年，上海佰特明确提出组织向平台化战略转型的目标。基于此目标，上海佰特开始文化宣贯。在此期间，要实现员工价值观融合，组织高管层面的价值观一致是重中之重。

王胜的理念是坚持公益的目标不变。“在创立佰特教育这个公益组织之前，很多人劝我做一般的商业公司。朱永新老师做新教育实验，研究方向侧重微观教育改革。21 世纪教育研究院杨东平院长在教育方面侧重宏观政策创新改革。这两位老师对教育公益有着深刻洞察。经过八年的历练，我对两位老师所持教育观点有着高度认同，也有着深刻理解，我无法走两位导师的教育创新之路，只能探索出一条适合自己的从课程入手的教育创新之路。创办佰特教育时，我就把公益作为其最根本的基因，其他都是表现形式。普通的商业公司即便经过长时间的积累，也很难形成社会性基因。”

2015 年，王胜在淡出佰特教育投身佰特科技以后，选择陈虹女士担任佰特教育执行总干事。陈虹之前就职于上海青翼社会工作人才服务中心（公益组织），主要工作是提升社工能力建设，同时还要开展行业研究。期间她攻读了香港理工大学社会服务管理专业的研究生学位。

陈虹说：“王胜老师和我都在公益行业里，很早就认识了。我与王胜老师有着非常一致的价值观：坚持公益内核。佰特教育在战略转型的关键时刻需要我，所以我就过来了。王胜老师发散思维力非常强。他有商业背景，还有公益和社企的背景。我的优势与王胜老师形成互补，能把战略转型期间混乱的东西梳理出来，并能有效解决。创始人王胜老师把团队交给了我，自己退到我身后做我的教练。”

在企业文化融合方面，引入高管必须保证核心价值观的一致，在员工层面也要实现文化融合。佰特教育投入不菲的经费开展各种培训活动，以促进思想、文化层面的融合。

佰特教育现在处于战略转型的起步阶段，一些员工对战略转型理解还不十分透彻，认为现在佰特教育、佰特科技只是在谈成本，谈算账，而以前资助方给钱后按照项目预算支出就行了。经过文化层面的融合，老员工逐渐接受战略转型和商业化运作，但要从根本上理解还需要一段时间。

对于佰特教育来说，员工就是财富，知识型员工更是关键财富。2014 年以来组织变化很快，不仅对新入职员工要进行培训，还要对老员工进行培训，以促使其适应组织的变化。佰特教育的员工年龄跨度很大，有60后也有90后。佰特教育开展各种形式的培训来促进融合。陈虹总干事认为："文化层面融合的事情必须要做，花多大代价都要做，否则人们的力量难以凝聚到一起，战略转型的事情也就无从谈起，好在人们逐渐适应战略转型了。"

2. 组织能力的提升建设

佰特教育以"大平台、轻地区"为基本原则进行组织变革。

变革以前，组织结构是按照"总部－地区"的地理逻辑设置的。在这种模式下，总部发挥引导和领导作用，地区分处根据总部部署开展工作。地区分处的运行效仿总部模式。在这种情况下，管理弱，项目强。这样长期下去，对组织整体能力的提升不利。

变革以后，组织能力提升成为关键。公司一边抓转型，一边补管理。地区分处工作的效率和节奏与负责人理解总部的战略意图有很大关系。佰特教育在组织能力上的定位是建设敏捷性组织，即总部实现强平台支撑，地区分处灵活机动、高效协同。

目前，佰特教育总部在上海，地区分处分布在各省，共有7个分处。这7个分处也会设置一些部门，从而会增加运营成本。

上海佰特组织能力建设的重点是，通过输出标准化产品服务、强有力的后台支撑，敏捷地响应地区的需求。公司不再增加地区分处的办公场所，做重资产投资，而是由知识型团队以项目的方式来驱动市场，一方面迅速捕捉客户需求，倾听"炮火"；另一方面连接总部平台，整合资源，敏捷反应，快速服务受益群体。佰特科技作为市场型社会企业，按照商业公司运营模式，从目前满足客户需求的跨职能产品项目制，过渡到以产品线经理为责权利主体的准事业部制，进一步过渡到子母公司制。佰特教育与佰特科技按照公司章程约定，保持紧密合作。

3. 人力资源管理政策的匹配

佰特教育始终坚持“员工第一，受益者第二，利益相关者第三，理事会股东会第四”的原则。在佰特教育，理事会是最高层，员工参与民主决策，组织与员工共同发展。佰特科技反哺公益，实行员工共治共享，保持社会企业的核心竞争优势。

随着佰特教育“大平台、轻地区”敏捷性组织定位的确立，其总部一方面强化内部晋升，对有潜质的人员进行培养提拔；另一方面从外部招聘专业人员，提升组织专业能力。总部的招聘定位是吸纳有专业能力的人才，如品牌管理、培训、研发等方面的专业人员，通过他们做出高质量的东西。地区重点打造知识型团队，提高机动能力，提高地区队伍对复杂环境的适应性。地区自主招聘人才，总部实施远程管理，因此要求地区团队有较强的自驱能力，这主要体现在：一是对总部战略、业务模式认同，价值观保持一致；二是实现自我管理、目标性管理。

负责佰特科技运营工作的李香毕业于烟台南山学院，毕业 6 年来，辗转几个城市一直在做软件工程师，后来转到佰特教育工作。李香这样描述在佰特教育的职业发展历程：“在上海，我慢慢萌生了‘接触社会企业及创新实践’的想法。佰特教育提供了这样的机会。来到佰特教育后，我先后接触了培训师、研发、销售、项目管理工作。在职业发展方面，从业务经理晋升到业务总监，再到运营整个佰特科技。创始人王胜老师现在有意识地做教练，引导我往总经理位置发展。他给我提供了很大的发展空间。我希望自己可以带领佰特科技打造中国财商教育领域的第一品牌，并且能够持续盈利，更加有力地支持佰特公益的发展。”

佰特教育项目经理何子韵大学毕业后一直在佰特教育工作，主要负责两个项目：一个是汇丰银行资助的在广东社区和学校开展的儿童财商教育项目；另一个是汇丰银行资助的在全国 12 个村镇开展的高中生财商教育项目。

在采访中，何子韵讲到：“我感觉在佰特教育工作自由度较大，可以根据自己的兴趣特长选择适合自己的岗位，即便我所读的专业与工作不对口，佰特教育也能给我尝试的机会。同事之间关系较为融洽，不会因为晋升或者利益钩心斗角，大部分同事都是认同佰特教育所做的事情和理念才聚到一起。很多同事都能像朋友般相处，都对创始人王胜先生的为人、工作能力、理念等方面比较认同，觉得他是值得追随的领导者。”

佰特教育作为公益组织，也要讲效率，也要谈发展，也要满足资助方的要求。如果项目达不到资助方要求，资助方就会改投别的公益组织。在佰特教育创业初期处于探索阶段时，由于人少手、项目少，绩效管理的重要性没那么明显。现在人越来越多，队伍壮大到 52 人，就有必要引入绩效管理制度以奖优罚劣。经过一段时间的试行，员工也逐渐接受了新的绩效管理制度。随着组织不断发展成熟，佰特教育的人力资源评价体系会更加趋于完善。佰特科技刚刚起步，虽然人员不多，但也会逐步搭建完善的人力资源激励体系。

4. 管理信息系统的加强

从项目到产品平台的转型，整条价值链的信息和管理变得纷繁复杂。为此，上海佰特强化了原有的管理信息系统。

一是加强技术研发管理。上海佰特将受益群体的需求作为根本出发点，倒逼生产与研发，构建产品研发路径。佰特教育负责深挖受益群体需求，佰特科技则以较高的水准推动研发。上海佰特通过市场牵引进行研发-设计-供应链的一体化管理，通过技术领先保持在公益领域的领先地位。

二是建立信息支撑系统。总部大平台建设对整个内部运营管理水平的要求非常高。提高整体运营管理水平的核心就是流程与管理信息系统。流程根据业务需要、研发需要而设定。管理信息系统横向贯穿各职能部门，纵向打通总部与地区分处，能够大幅提高沟通效率。同时，实施项目信息化管理，将项目置于管理之中，大幅提升了组织能力。

三是加强数据分析研究。借助管理信息系统，强化数据收集分析，为战略决策提供依据。

公益目标与商业目标的平衡

1. 公益目标稳定性的内部保证措施

从根本性质上来说，佰特教育是公益组织，佰特科技是市场型社会企业。两者从法律层面界定清晰有助于保持社会目标的稳健性。

第一，通过股权设置确保公益目标不受影响。在这次运营模式和组织变革中，有意设定佰特教育占佰特科技 20% 的股份，创始人王胜则持有佰特科技 58% 的股份。按照股份设置，佰特科技的利润将有 20% 要分配给佰特教育。王胜承诺将属于他的分红的一部分，相当于佰特科技利润的 15%，捐赠给佰特教育作为员工发展基金，用于佰特教育的员工维护。王胜还在考虑未来由佰特科技采用先捐赠再分红的方式更多地支持佰特教育，但是这一方案还有待佰特科技其他投资方的认可。

第二，清晰界定最高管理者的职能。王胜不再担任佰特教育日常管理工作，改为担任理事长及法人，在机构发展战略和重大事件上发挥作用，日常工作则由执行总干事陈虹总领。

第三，清晰区分团队任务。佰特教育、佰特科技的运营分别由两个单独的团队承担，没有任何交叉，不是“一套人马，两块牌子”。

第四，清晰区分品牌和受益人群。佰特科技面向中高端家庭儿童和青少年，佰特教育面向不富裕家庭儿童和青少年。当然，两者所使用的品牌也不一样。

第五，独立的财务核算和清晰的财务结算。在佰特教育与佰特科技发生关联交易、涉及相关生产要素时，从制度上明确交易价格，如实结算。公益项目必须招标，产品价格、质量相同时，可以优先选择佰特科技（因为是较大捐助方）；当产品价格、质量相差较大时，以最优者为中标方。比如，佰特教育研发一个产品如果需要委托第三方，就需要走招标流程。

2. 公益目标的机制保障

（1）外部合作伙伴监督

国外合作伙伴将佰特教育领进了财商教育的大门，为佰特教育不断输入课程、专业资源以及可持续运营的发展理念，监督佰特教育社会使命不发生偏移。国外合作伙伴包括花旗银行、汇丰银行、巴克莱银行等。国内合作伙伴包括南都公益基金会、刘鸿儒金融教育基金会、上海慈善基金会、上海联劝公益基金会等，也在监督佰特教育社会使命不漂移。

（2）设置科学合理的交叉补贴模式

上海佰特采取“为较高收入人群提供收费服务来补贴为低收入人群提供性质类似但免费的服务”的模式持续践行社会使命。以公司章程约定的方式，佰特科技补贴佰特教育较大比例的利润分红用于公益事业。刚性机制有力保障了上海佰特使命不漂移。

（3）佰特教育组织使命的传承确保其社会目标不漂移

十几来年，佰特教育团队为解决儿童和青少年财商教育问题倾注了大量心血。佰特教育的培训总监唐薇被员工视为精神领袖，她这样描述自己加入佰特的心路历程：

“我所学的专业不是教育领域的，最早在中国扶贫基金会工作。汶川地震灾后重建时，我过去做心理干预方面的工作，和美国专家一起做教师教育。从中国扶贫基金会离职以后，在家休息了差不多半年。因为毕竟在公益行业做了很多年，时不时会看公益方面的杂志。偶然间看到了佰特教育的报道，佰特教育做的事情跟我在汶川灾区时做的教师培训模式很像，我就因此有了兴趣。正好他们也在找跟培训方面有关的人。通过做培训，我深刻了解到，财商不仅是一个概念，不仅是一个产品，更是价值观的体现，更是理念的体现。通过佰特教育培养孩子的经济思维以及时间管理、资源管理的能力，能改变乡村教育和乡村老师的教学理念，让我有一种崇高的责任感。

“通过丰富的工作经历，发现教育培训是我的爱好，也是我的特长。我发现，佰特教育是真心在做教育。财商课程是佰特教育的核心，但它仅仅是一个载体而已，实际上佰特教育更关注的是教育如何在中国有最好的呈现。所以，做真正的教育才是对我最大的吸引力。”

3. 公益目标的客户认同

佰特教育始终用心对待客户，将客户的需求视为产品改进的方向，将品牌塑造视为企业的生命。佰特教育将客户划分为渠道客户、教师客户和个人客户。

国际计划（中国）是佰特教育较为重要的渠道客户。佰特教育与国际计划（中国）自2014年建立合作关系以来，产品覆盖了云南、陕西、宁夏、成都、北京等地。佰特教育主要与国际计划（中国）在青年就业项目中有关生活技能与社会理财课程教材开发、师资培训、青少年创业活动设计等业务板块进行合作，包括与国际计划（中国）项目团队共同走访项目所在学校，通过课堂观察、工作坊等方式为讲授生活技能、社会理财课程的教师提供专业指导。

刘锋是国际计划（中国）与佰特教育合作项目的负责人，她认为，“佰特教育在理财教育方面具有明显的专业技术优势和人才优势，尤其是儿童和青少年的理财教育方面，在国内起到了创新示范和行业引领的作用。对于国际计划的青年就业项目来说，与佰特教育的合作有力保障了这个项目模块的质量，也保证了这个项目模块的持续技术更新”。

顾莲蓉是上海市浦东新区华林小学的一名教师，也是佰特教育社会理财课程的志愿者老师，还是佰特教育的忠实客户。顾莲蓉老师 2011 年开始接触佰特教育社会理财课程，先后到广东、四川等地为教师做公益财商教育的培训。她说道："我为学生组织了许多与佰特教育有关的公益活动，比如：'我是你的眼'集散地义卖活动、戏剧'幸福攀比'演出、200 元投资活动、美国投资银行志愿者服务日、博物馆公益日等。我一直认为，财商教育培养了学生与家长对理财教育的一种向往，更重要的是，这些活动能够让学生意识到'生活、金钱、幸福感、责任心'才是社会财商教育的最难能可贵之处!"

未来挑战

佰特教育从 2009 年创立以来，已经服务了超过 100 万名儿童和青少年，成为国内儿童和青少年财商教育第一品牌。佰特教育在取得显著成绩的同时，也面临着较大挑战。

第一，坚守社会使命不漂移仍然是最大挑战。从当前上海佰特的法律边界确定、制度设计来看，还是能做到社会使命不漂移的。佰特教育确定了到 2020 年受益儿童和青少年达到 1 000 万的战略目标。这一战略目标是佰特教育创立前 7 年服务人群的 10 倍。要实现这个目标，不仅需要佰特教育自己的努力，还需要联合其他公益组织共同投入。虽然进行了监管方面的设计，但如何确保联合的公益组织社会使命不偏移，这是个非常大的挑战，需要佰特教育下大力、长时间跟踪解决。

第二，产品能否满足市场需求是另外一个挑战。财商项目在落地过程中也会遇到一些问题。比如在一些职业学院推广财商项目时，学校对青年财商课程不认可；青年学生对财商项目兴趣不大，但接受了就业、创业板块的课程。分析原因主要是：大学生虽然是月光族，但毕竟有父母作为依靠，所以他们对财商课程不感兴趣，而对职业发展课程较为喜爱。儿童群体与青年群体不同，学校重视素质教育和特色课程，所以财商教育课程推行较为成功。王胜指出："财商教育在中国刚刚起步，未来有爆发的趋势，市场空间很大。同时，挑战也很大，如何高效地应对能力不足、精确预测受益群体需求趋势是我们面临的重大挑战。"

第三，产品的质量、深度与广度之间存在矛盾。重要资助方的战略有时与佰特教育做精品的定位会有冲突。资助方要求快速扩展，佰特教育强调质量以求深度满足市场的需求。佰特教育如果不按照资助方的要求去做，资助方就有撤资的可能。虽然佰特设计了战略转型的方案，但战略转型方案成效如何，仍然是一个未知数。

第四，市场的挑战。青少年、儿童的财商教育是朝阳产业，产业进入门槛与退出障碍不高，随着财商教育产业的发展与成长，佰特教育必然要面对红海与蓝海不断更迭的复杂动态局面。佰特教育需要持续不断地重建市场边界，注重全局而非具体数字，超越现有需求，遵循合理的战略顺序；不是把主要精力放在打败竞争对手上，而是放在全力为受益群体创造价值上，持续开创新的"无人竞争"的市场空间，彻底摆脱同质竞争，开创属于自己的蓝海。

佰特教育正在考虑建立一套科学的市场绩效评价体系，以确保始终沿着为受益群体创造价值的轨道运行。

（冯云霞　蔡金峰）

参考文献

1. 北京大学公民社会研究中心．社会企业一本通．2017-06-12.

2. 林志扬，林泉．企业组织结构扁平化变革策略探析．经济管理，2008（2）.

3. 郝斌，任浩．组织结构模块化设计：基本原理与模型构建．商业经济与管理，2009（2）.

4. 金，莫博涅．蓝海战略．北京：商务印书馆，2005.

企业资料

1. 佰特教育王胜先生倾情推荐：《我想跟自己谈谈金钱哲学》. 微信公众号：阿信微言，2017-05-31.

2. 王筱，张旭．王胜：另一种回归．中国慈善家，2016（12）.

3. 王胜的平行世界：换了五次工作用教育创新促进社会公平．微信公众号：佰特公学，(2016-09-27).

4. 王胜：商业和公益融合的教育蓝海．(2015-04-24). http://gongyi. sohu. com/20150424/n411815709. shtml.

零分贝：

为贫困者撑起一片蓝天

在社会资源里面，为什么社会扶贫只占一个很小的比例？可能是因为很多机构是把扶贫当公益做的，这种不计回报的做法肯定持续不了。如果把扶贫这个社会活动转变成一种可以盈利的商业活动，用利益来驱动，就会有更多的社会资源愿意做这个事。我们就想在这方面做一些尝试。

——零分贝创始人王立

贫困问题一直是一个世界性难题。尽管人类在应对该问题方面取得了巨大成效，但贫困状况依然触目惊心。按照极端贫困人口每人每天1.25美元的生存标准，如今全球大约有8.36亿人处于极端贫困状态，大部分集中在发展中国家。

中国的贫困问题也不容忽视。改革开放30多年的时间里，中国有8亿多人摆脱贫困，成为世界上消灭贫困最有成效的国家之一。但截至2013年底，我国仍有8 249万人处于绝对贫困状态，这些贫困人口属于连吃、穿、住、基本教育、基本医疗等最低需求都没有得到满足的群体。2013年11月3日，习近平总书记在湖南十八洞村考察时首次提出“精准扶贫”理念，并成为中央政府的一项基本战略。“精准扶贫”的核心含义是要针对真正的贫困户和贫困人口采用“因人因户施策”的办法，动员社会各种资源和力量进行扶贫，以提高扶贫的成效。为了实施精准扶贫战略，2014年4—10月，全国扶贫系统组织了80万人进村入户，共识别12.8万个贫困村、8 962万贫困人口，为他们建档立卡并录入信息。2015年8月至2016年6月，全国扶贫系统又动员了近200万人开展建档立卡“回头看”工作，补录贫困人口807万人，剔除识别不准确人口929万人，识别精准度进一步提高。

尽管中央下大气力进行精准扶贫，但在实践中，精准扶贫面临着各种挑战。一方面，由于地方政府资源有限，建档立卡贫困户难以得到地方政府的救助；另一方面，由于存在信息不对称问题，这些贫困户又难以获得扶贫机构的资助。因此，如何在建档立卡贫困户与扶贫机构之间搭建一个可靠的信息平台，为各类扶贫机构提供真实的、精细化的贫困人群信息，让更多的社会扶贫资源找到合适的扶贫对象，对贫困人口进行有针对性的帮扶，是提高扶贫效率、实现精准扶贫的关键所在。

北京零分贝科技有限公司（简称零分贝）在这方面做出了有益的尝试。公司和各级地方政府合作，依托地方政府提供的建档立卡贫困户信息，利用互联网和大数据技术，对建档立卡贫困户信息进行细化、分类、挖掘，将贫困户与各类社会扶贫机构相连接，以此助力精准扶贫，希望用商业的力量为贫困者撑起一片蓝天。

结缘扶贫

1. 偶然进入扶贫领域

零分贝进入扶贫领域，源于创始人王立偶然经历的一件事情。王立1989 年出生在云南省昭通市镇雄县。2011 年 7 月从中国农业大学计算机专业毕业后，王立进入中国工商银行总行，成为一名银行白领。银行优厚的待遇、舒适的工作环境并没有拴住王立的心。在内心深处，王立希望能有自己的一份事业，闯出自己的一番天地。2014 年 11 月，王立从工商银行总行辞职，创办了第一家公司。公司主要从事互联网金融“区块链”业务。尽管公司的经营还不错，但心怀大志的王立一直希望自己有更好的机会，做更大的事情。

2016 年清明节期间，王立回云南老家探亲。当地一位扶贫干部通过微信朋友圈为自己帮扶的一位孩子寻求帮助。这个孩子患有重度听力障碍，家里一直在花费大笔钱医治他的病，因而无法脱贫。求助信息辗转几人后被王立看见了。王立正好知道一个公益项目可以免费提供相关帮助，就提供了公益机构的信息，帮助这个孩子和公益项目成功对接。在老家的几天，王立和一些在当地做公务员的亲戚朋友聊天，发现他们有同样的苦恼。

王立的家乡镇雄县位于云南、贵州、四川三省交界处，属乌蒙山区，是国家级贫困县，也是全国最为贫困的地区之一。该地区自然条件恶劣，人口众多，贫困问题由来已久，全县160万人口中有8万多户近30万贫困人口。当地政府为了实施精准扶贫战略，号召当地干部结对帮扶。每个干部都有挂钩的贫困户，多则几十户，少则几户。这些干部要负责走访每一户，搜集这些贫困户的情况，想办法帮助他们脱贫。干部们帮扶的贫困户有各种各样的困难，许多干部寻找不到合适的帮扶渠道和资源，不得不拿出自己微薄的工资完成帮扶任务，帮扶压力很大。

为了帮助家乡解决这个问题，王立决定利用自己的专长开发一个网络扶贫信息平台供家乡使用，以便利用社会公益资源扶贫。为此，王立找到当地的县委书记，县委书记觉得王立的想法非常好，当晚就联系县扶贫办协调相关事宜。就这样，王立无意中进入扶贫领域。

2. 义务开发扶贫平台

清明节过后王立回到北京，立即找民政部、公益机构的朋友讨论此事，朋友们一致认为这件事可以做，并表示愿意提供帮助。此后，王立又和公司的员工商谈此事，大家都觉得这是一件好事，决定用最短的时间将平台开发出来。2016年4月8日，项目正式启动，原公司的6名员工全部参与开发工作，一人负责产品、一人负责设计、一人负责后端技术、一人负责前端技术，王立和另外一个同事协调各方资源。

大家面临的第一个问题是：做APP、微信公众号还是电脑网页版？经过商议，做APP被否定了，因为APP太重，制作、升级、推广都很慢。另外，大家认为微信公众号应该优先于电脑网页版，因为地方扶贫干部不习惯用电脑，用手机录入信息更方便。

第二个问题是：贫困户数据如何获取？经过商讨，大家决定利用县扶贫办建档立卡系统中贫困户的数据。这部分数据可以由县扶贫办提供。然后，公司技术人员可以利用这些数据写脚本读取所有数据和对应关系，存入公司的数据库并清洗数据，以便在地方扶贫干部注册时核验其信息的真实性，然后自动带入扶贫干部需要帮扶的贫困户数据。

第三个问题是：公益机构信息如何获取？国内在民政部门注册的公益组织有上万家，信息的披露程度各不相同，而且没有统一的标准。项目组成员决定写爬虫程序，从网上获取基金会及公益项目数据，然后清洗数据，分类备用。

第四个问题是：数据如何对接？项目组成员准备根据致贫原因给贫困户打上标签、分类；根据基金会项目类型给基金会也打上标签、分类；最后，根据标签的对应关系将贫困户和基金会关联起来，为地方帮扶干部实时推荐、推送匹配的基金会和项目。

计划很完美。于是，大家画好工作图，排好时间开工，每周工作 6 天、每天 12 小时，满怀热情地开发平台。然而，他们想得太简单了，后面等待他们的是不曾预料到的种种困难和问题。

首先，建档立卡贫困户的信息不能满足匹配要求。他们在分析数据时发现，县扶贫办建档立卡系统中录入的贫困原因都是固定选项，种类只有 12 种，这完全不能满足精准匹配的需求，所以必须收集更详细的贫困信息。因此，项目组成员新建了一个近百种的致贫原因分类。在填写贫困户信息的页面增加了一个贫困原因收集模块，要求地方帮扶干部提交贫困户信息的时候填写详细的致贫原因。

其次，地方帮扶干部和贫困户的关联数据误差很大。在平台上线前一天进行测试时，项目组成员发现有些帮扶干部下面关联了几百个甚至上千个贫困户，而且贫困户信息只有 2014 年的。跟县扶贫办联系，才了解到有些村只统计了贫困户信息，没有对应的帮扶人信息，录入人员就直接将所有贫困户都挂在村长名下了。此外，地方政府提供的建档立卡贫困户数据只更新到 2014 年。尽管县里有各乡镇统计的最近 1 年半准确的帮扶信息，但这些信息还没有录到系统中。于是，小组成员决定自己动手整理。这些意外让工作量猛增，大家不得不常常加班加点熬夜干，有时忙得连饭也顾不上吃。

项目团队成员正在义务开发扶贫平台

4 月 24 日，扶贫平台上线。4 月 25 日王立联系县扶贫办，商定先给三个单位试用。但接下来发生的意外让满腔热情的项目组成员瞬间跌入冰谷。平台上线 1 周的时间内，只有 35 位公务员注册，提交贫困户信息不足 10 条。通过电话访问他们了解到，一些基层干部本身工作任务比较重，又赶上五一放假期间，因此参与的积极性并不高。

5 月 4 日，王立与县委书记联系。县委书记了解情况后，非常重视这件事情，县政府立刻下发通知，要求所有干部尽快注册，并提交贫困户信息。在县委书记的重视和督促下，到 5 月 15 日，当地有 1 200 多名扶贫干部在平台上注册，关联了 13 000 多个贫困户。很快，公益组织开始对接贫困户。在扶贫平台上线 1 个月内，公益组织就对接了 20 多个贫困户，成为当地扶贫干部的好帮手。

5 月 22 日早晨，团队成员易景平发表了一篇文章，讲述了开发扶贫平台一个月来的酸甜苦辣。[①]

他在文章中写到："看到地方干部提供的贫困户照片，项目组成员都有一种揪心的感觉，从来没有想过还有一部分人连活着都是一件艰难的事情。我老家在江西赣州，虽然也不算富裕，但几乎没有见过生活如此贫困的家庭。同时，被老王洗脑帮他干活的我们，也开始发自内心地为自己做的事能帮助他们而兴奋。"

文章发出半天时间，阅读量就达到几万人次。很快，公司收到来自公益机构、地方政府和媒体的几十封邮件，表达了合作意向；《人民日报》等媒体对零分贝做了专题采访；一些个人志愿者表示愿意提供帮助。

社会各界对公司的关注、善意和感激，让王立感受到了公益和热心的力量。正是从那时开始，王立和他的团队开始思考如何把扶贫平台做大，创造更多的社会价值。

创新产品

1. 情怀引领公司愿景

2016 年 6 月底，王立及其团队决定全职做扶贫这件有意义的事情。8 月，零分贝科技有限责任公司在工商局正式注册，王立是创始人，易景平、纪钧升是联合创始人。当谈及为何不注册为民间非营利机构时，王立坦诚地说："注册民非比较麻烦，我们也不希望利用民非这样一个身份申请补贴。到现在为止，我们没白拿过别人一分钱。此外，民非身

---

① 一群程序员干了一件挺酷的事儿．微信公众号：奴隶社会，2016-05-22.

份也会给后期运作带来许多束缚。”

选择“零分贝”作为公司名称，背后也颇有深意。“分贝”合起来是“贫”字，“零分贝”就是“消灭贫困，让贫困为零”之意，这也是公司的愿景。作为中国第一家致力于为精准扶贫提供信息服务的社会扶贫网络平台，零分贝自成立之日起就将自己的目标定位于“帮助中国最贫穷的那些人，服务于他们，最终达到零贫困”。公司希望借助互联网和大数据技术，一方面为中国农村贫困人群建立数据画像，另一方面让扶贫机构及农村市场参与者（电商、金融业者、旅游业者等）获得相关数据，更高效、更精准地帮助贫困人群。

在访谈中谈到零分贝的成立，王立感慨地说：“我创办的第一家企业，主要目标是盈利。帮老家创建扶贫公众号后，5 月份就对接了二三十个贫困户，包括《人民日报》在内的媒体进行了报道。之后，许多人来联系我，有各地政府的扶贫办，有公益组织，有媒体。我开始思考能否把这件有意义的事情做大。创办零分贝，社会情怀的东西多一些，我帮助的群体是最穷的一些人，我就服务于他们。”

2. 创新撬动扶贫资源

公司成立至今，围绕零贫困这一愿景，主要开发了四种创新性产品（见表 1），以撬动更多社会扶贫资源精准扶贫，为农村建档立卡贫困户撑起一片蓝天。

表 1　　零分贝主要产品

	零分贝 扶贫对接平台	贫困数据 分析报告	农村泛贫困人口基础信用及风险征信系统	分贝筹 助学平台
拟解决的问题	公益机构难以获得真实、准确的农村贫困户信息	地方政府、公益机构扶贫效率不高	金融机构对农村贫困人口的征信成本高	农村贫困儿童因贫失学

续前表

	零分贝扶贫对接平台	贫困数据分析报告	农村泛贫困人口基础信用及风险征信系统	分贝筹助学平台
解决方式	建立贫困需求数据库、贫困供给数据库；对接贫困户和公益机构	对贫困数据进行数据挖掘、建模、分析和可视化，形成贫困数据分析报告	通过大数据分析方法为金融机构提供农村贫困人口金融征信信息	通过平台面向社会公益人士为贫困儿童筹集助学助养费用
产品的目标客户	公益机构、企业公益项目	地方政府、公益机构	为农村贫困人口提供服务的金融机构	有爱心的个人
最终受益对象	需要救助的农村贫困户	需要救助的农村贫困户	需要金融服务的农村贫困户	6～14岁的农村贫困儿童

（1）零分贝扶贫对接平台

这是公司开发的第一个产品，旨在利用互联网和数据技术，高效对接贫困人口和社会扶贫资源。早在义务开发扶贫平台时王立就意识到，在扶贫领域贫困人口和扶贫机构之间存在信息不对称的问题。一方面，农村贫困人口需要各种各样的外部帮扶；另一方面，扶贫机构需要花费很多成本才能找到真正需要帮助的贫困人口。因此，公司开发的这种产品正是双方都需要的。

开发该产品是一项烦琐、复杂的事情。第一步，开发贫困需求数据库。首先，以地方政府提供的建档立卡贫困户数据为依据，形成后台政府数据。其次，开发公务员端，由地方扶贫干部在后台实名注册，补充完善帮扶贫困户的详细信息，比如是什么原因致贫。如果是因为治病，则要采集何种病、有没有确诊、治疗时间、治疗状态、治疗医院、治疗费用等具体信息。再次，将地方扶贫干部录入的信息与当地县扶贫办提供的建档立卡系统中的贫困户数据合并，进一步清洗、分类、细化，形成详细、动态的贫困需求数据库。第二步，开发贫困需求数据库。首先，公司采取与公益组织合作、爬虫技术手段等方式，采集各类公益扶贫项目、公益机构的详细扶贫信息，如帮扶什么人、什么地区、有哪些项目、做得怎么样等。然后，写数据分析脚本，从中提取关键信息，形成贫困供给数据库。第三步，根据贫困人口的致贫原因给贫困户打上标签、分类，根据公益机构的项目类型给公益机构打上标签、分类，再将贫困需求数据库与贫困供给数据库的信息进行匹配（见图1）。

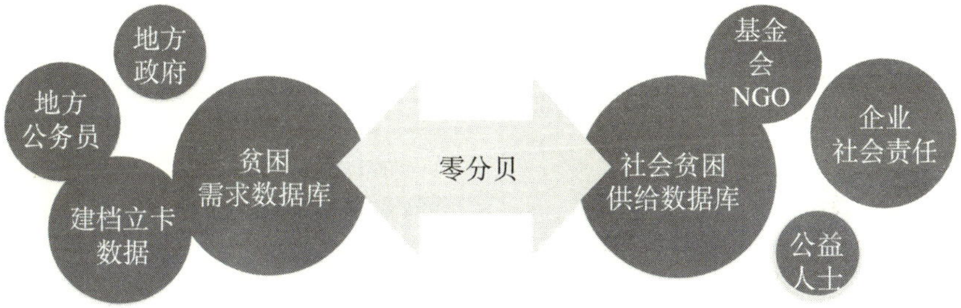

图1　零分贝扶贫对接平台运作模式

一旦匹配成功，公司会自动为地方扶贫干部、扶贫机构推送匹配信息，帮助双方建立对接。对接模式包括单户对接、相同致贫原因贫困户打包对接。零分贝不只是被动地将贫困户数据提供给地方扶贫干部、公益机构，还主动进行一些对接。比如找出一批贫困人口，然后到公益机构帮助设计新的公益项目。

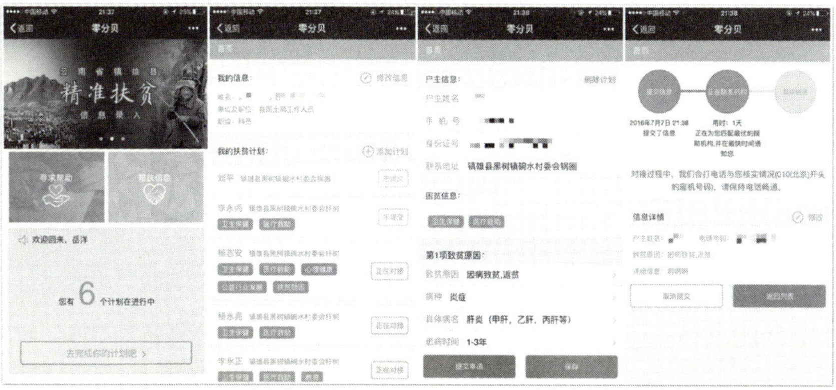

零分贝扶贫对接平台后台系统截图

这一产品有效解决了扶贫领域中获取信息成本高，以及需求方和供给方之间存在的信息不对称、信任缺失等问题，带动了更多的社会资源参与扶贫工作，提高了扶贫的效率和精准性。

（2）贫困数据分析报告

这是公司开发的第二个产品，旨在把地方扶贫干部收集的大量贫困数据真正用起来，让这些信息发挥更大的效用。在公司开发第一个产品后，随着与地方政府合作越来越多，王立发现，扶贫需求远远大于扶贫供给，很多地方有许多需要帮助的贫困户，单纯依靠公益机构扶贫远远满足不了需求。王立还发现，大量扶贫资源在地方政府手中，但地方帮扶干部调研表中收集的很多数据并没有被利用起来，地方政府决策者也没有依托数据来制定扶贫决策，拍脑袋扶贫的现象普遍存在，造成扶贫资源浪费，扶贫效率低下。针对上述问题，公司利用贫困需求数据库中的信息，按性别比例、年龄结构、文化程度、地区分布、疾病种类等类别，对相关数据进一步挖掘、建模、分析和可视化，形成贫困数据分析报告，为政府、公益组织及企业设立扶贫项目提供数据支持和建议，以提升扶贫的效率和精准性。例如，如果一个贫困地区需要建立医院来扶贫，公司提供的分析报告就会给出详细的建议：在什么地方建、配备什么药、需要什么样的医生、给医生何种培训等。

尽管该产品能为扶贫机构精准扶贫提供决策数据支撑，具有重要的社会价值，但目前该产品处于停滞状态。主要原因有两个：一是地方政府诉求低，公益组织认知不够；二是产品难以标准化，开发成本高。

（3）农村泛贫困人口基础信用及风险征信系统

彼得·德鲁克（Peter F. Drucker）说过："只有把社会需要和社会问题转化为有利可图的商业机会，这个社会问题才有可能彻底解决。"王立非常赞同这一观点。他认为，仅仅依靠社会公益性支持和政府投入，对扶贫来说远远不够。如果能把扶贫变成一件能创造商业价值的事情，就会有越来越多的人和资源自发加入，消除（极端）贫困这个问题才能被彻底解决。他说："我们就在想，在社会资源里面，为什么社会扶贫只占一个很小的比例？可能是因为很多机构是把扶贫当公益做的，这种不计回报的做法肯定持续不了。如果把扶贫这个社会活动转变成一种可以盈利的商业活动，用利益来驱动，就会有更多的社会资源愿意做这个事。我们就想在这方面做一些尝试。"

为此，公司开发了农村泛贫困人口基础信用及风险征信系统。该产品旨在降低传统金融机构为农村贫困户提供金融服务的成本，让缺乏信用信息的农村贫困人群获得金融服务，同时也让金融机构从中获利。在王立看来，农村的交通条件、信息化程度和文化水平落后，金融机构在农村的获客成本和征信成本过高，风险控制难度很大，这导致金融机构难以将业务延伸至农村特别是建档立卡贫困户。公司经过前期积累，贫困需求数据库中的数据量已经达到一定规模。如果公司对这些数据进行挖掘，通过提供可靠的信用评分及黑白名单，在获客、征信层面降低金融机构给贫困户提供金融服务的成本，就会有更多的金融机构愿意为贫困群体提供金融服务。更进一步，会让有信用的贫困人群能够得到更低利率的贷款，帮助他们依靠自己的能力摆脱贫困。

王立非常幸运地找到一家与自己想法一致的金融机构，并建立了战略合作关系。2016 年 11 月，公司启动了这个令人兴奋的项目。依托零分贝贫困需求数据库已经积累的几百万贫困人口的多维度数据（基础信息、生产生活情况、资产负债等），利用美国金融科技公司服务于贫困人群的 Zest Finance 大数据技术，通过构建三个模型（还款能力、还款意愿、稳定性），成功开发出这一产品。

截至 2017 年 4 月，云南有 30 万建档立卡贫困户通过这个征信系统获得了贷款。虽然数据的积累和信用模型的建立完善是一个长期的过程，但王立相信，不久之后会有越来越多的农村贫困人口通过零分贝的征信系统获得金融机构的授信，通过贷款更快地脱贫致富。王立说："贫困者之所以贫困，有无数种原因。如果给那些正直、勤劳的贫困者提供贷款，他们就有能力快速脱贫和致富。政府的扶贫资金倾向于那些最底层的人。我们这个产品主要关注处于脱贫边界、还没有稳定脱离贫困的那部分人。他们急需外界的支援，然后才能离贫困线越来越远，直至永远离开贫困。”

（4）分贝筹助学平台

这是公司的第四个产品，旨在通过手机连接城乡两端，构建人人可以参与的互联网公益助学平台，让有爱心的城里人帮助农村贫困儿童圆读书之梦。与零分贝扶贫平台从政府、公益组织的角度解决贫困问题不同，分贝筹希望让每个有爱心的普通人都能参与到扶贫活动中，献出自己的一片爱心。实际上，在公司诞生后不久王立就经常收到很多爱心人士的询问：“我想帮助贫困户，但不知道能做什么。”“我想直接帮助一个贫困学生，可不可以帮我联系一户？”由于针对个人用户的互联网产品需要很高的开发和运营成本，且公司还只是一个小小的团队，再加上其他产品牵扯了大部分的精力，所以这个产品的开发一直被耽误下来。虽然没有做，但公司一直没有放弃这个项目。

2017 年春节过后，公司与爱佑未来慈善基金会（在民政部门注册的公募基金会）合作，启动了分贝筹的设计和开发工作。王立认为，对于个人来说，通过助学帮助贫困孩子是更有意义的事情。因此，公司以“一对一助学助养”贫困孩子作为分贝筹的业务切入点。

为了让产生“捐助一个贫困孩子”想法的人能够放心地实现愿望，解决传统公益活动中的信任痛点，公司在分贝筹设计上坚持如下几个原则。第一，只为真正的贫困者筹款。分贝筹的待捐助者全部都是扶贫办建档立卡贫困户里的贫困儿童，他们的信息由各地有扶贫任务在身的驻村干部和结对干部走访收集、上传；分贝筹按照一定优先级（如单亲、留守儿童、父母患病、孩子数量多）进行二次审核。第二，公司不直接跟钱打交道。所有捐款直接进入爱佑未来慈善基金会账户，由基金会负责发放。

为了吸引更多的个人参与，公司在用户体验方面也做了许多努力。

第一，平台提供年龄、性别、生日等不同匹配方式，捐助人可以通过照片和描述自由选择待捐助儿童，增加了捐助人的自主参与性。第二，捐款人可以为想要帮助的贫困儿童“加分贝”，分贝数越高，贫困儿童的展示排名就会越高，他得到捐助的可能性越大。第三，平台收集贫困儿童的图文甚至视频反馈，让捐助人知道自己的捐助对孩子家庭的影响。第四，捐助者和被捐助儿童可以通过平台进行后期的交流，让捐助者体验捐助的价值和乐趣。

公司在产品设计中注重保护每个贫困儿童的尊严和隐私，隐藏了孩子具体的学校名称，家庭住址仅显示到乡镇级，并且不会为捐助人和受助儿童之间提供双向的联系方式。为了避免捐助让贫困儿童变懒惰，养成“等、靠、要”的恶习，公司还倡导适当捐助。针对每个孩子的捐助，每周仅为 25 元，每月 100 元。

2017 年 3 月 21 日，分贝筹上线试运营。在没有做任何推广的情况下，取得非常好的成效。在王立眼中，分贝筹肩负着重要的使命。他说：“帮助他人获得快乐是一种需求，是精神层面一种非常好的体验。你想帮助这个小孩，我们给你提供一条最好的路径。事情本身还是为了要服务于这些贫困孩子。如果不是为了帮助他们，这个事情就没有意义了。”

未来，公司助学对象将扩充到 15～18 岁年龄段。王立及其团队要把分贝筹打造成一个“脱贫神器”：让所有热心公益的人都能安安心心、舒舒服服地捐助真正贫困的孩子；让所有因贫失学的孩子都能读书，依靠知识改变自己的命运，避免陷入代代贫困的恶性循环。

自我造血

作为一家致力于助推精准扶贫的创新性企业，零分贝既不像一般公

分贝筹公众号界面截图

益组织那样通过获取外部捐赠或捐助实现公司的可持续发展，又不像一般的商业企业那样把赚取利润作为公司的唯一目标。由于零分贝的主要目标是解决社会贫困问题，其最终受益者是农村建档立卡贫困户，产品直接服务对象包括地方政府、公益机构、公益人士、金融机构，这些主体比较复杂、特殊，因此，针对不同的产品和客户，零分贝采用了不同的收费策略，一方面保证公司不偏离零贫困愿景，另一方面帮助公司获得稳定的现金流，实现自我造血。

产品1：零分贝扶贫对接平台。该产品为地方政府、公益机构、企业公益项目提供贫困人口信息。由于该产品的目标客户主要是政府、公益机构等特殊群体，一直定位为免费对接平台，是一个免费的网络平台。

产品2：贫困数据分析报告。该产品主要为地方政府、公益组织提供扶贫分析报告，以便高效扶贫。该产品属于地方政府、公益组织的定制产品。因为要投入较多人力，开发成本高，为了维持公司财务的可持续性，采用了销售模式，按照传统企业的定价方式向定制客户收取高于成本的费用。因上述扶贫机构缺乏积极性和热情，该项目需求少，尚不能为企业带来实质性的现金流入。

产品3：农村泛贫困人口基础信用及风险征信系统。该产品主要为服务农村的金融机构提供金融征信信息。通过为合作的金融机构提供数据查询接口，公司按照金融机构查询次数收费，每次每人1元，属于交易收费模式。这一产品收入的决定因素是数据量、使用次数。2017年初，战略合作方向零分贝投入80万元作为项目的预付款。目前，公司主要收入来自这一产品。

产品4：分贝筹助学平台。该产品是一对一助学筹款平台，连接贫困人群和热心公益的爱心人士。目前该产品免费，未来会考虑收费，以获取稳定的现金流，增强公司的财务可持续性。王立说，未来该产品实现收入的具体方式有三种：一是和保险公司合作，让捐赠人向受助者捐保险，公司可以向保险公司收取通道费；二是和电商合作，捐赠人“以买代捐”，公司从电商处收取捐赠者支付的“溢价收入”；三是平台的公益性广告收入。

公司的成本构成比较简单，每月成本约为20万～30万元，其中房租4万元，其他主要是人工成本。短期内，公司收入能够覆盖成本，基本实现盈亏平衡。

对于未来，王立及其团队充满信心。在王立和他的团队看来，公司的品牌知名度可以转换为商业价值。换言之，扶贫和盈利并不是非此即彼的关系，完全可以实现双赢。

机制保障

为了保证公司助推精准扶贫的社会目标不漂移，零分贝在如下方面建立了预防机制。

1. 用价值观引领方向

王立深知价值观对公司的重要性。2016 年 6 月底王立决定全职来做零分贝后便制定了公司的基本价值观：正直（是非观），高效（方法论），有趣（工作和生活态度），创造价值（目标）。

正直，就是绝不侵害贫困户、合作方利益。高效，就是通过开发更多的产品和服务，让扶贫工作更有效、更精准。有趣，就是让扶贫工作成为一种有趣的事情，而不是一桩苦差事。创造价值，就是通过为供需各方提供信息，解决扶贫领域信息不对称的问题，在为社会服务的基础上实现公司的商业价值，维持公司的可持续发展。

谈到“正直”时，王立说：“我们在讨论时把‘正直’放在第一位。‘正直’就是不能侵害任何相关方的利益尤其是贫困户的利益。我们不能为了任何其他的目的，如盈利或好声望，去损害贫困户或者合作方的利益。”

在王立看来，社会价值和商业价值之间肯定存在矛盾，但不是完全对立的。他说：“其实，社会价值和商业价值很难区分，商业价值有时也可以变成社会价值。”“公司最不愿意妥协的就是‘扶贫’。我们做的四件事情（开发的四种产品）都没有离开扶贫领域。后三件事情都是因为第一件事情做了以后，发现供给远远不够，我们才去做了尝试。”

2. 治理结构保驾护航

公司资金来源直接决定公司的控制权，从而决定公司的运作理念和整体走向。零分贝成立之初，热心扶贫的理想主义者王立持股 85%（部分代持），易景平持股 10%，纪钧升 5%（见图 2）。2017 年 4 月，公司基于个人贡献调整所有权，王立持有的股权超过 60%，是公司的实际控制人，掌控着公司的整个运作方向。

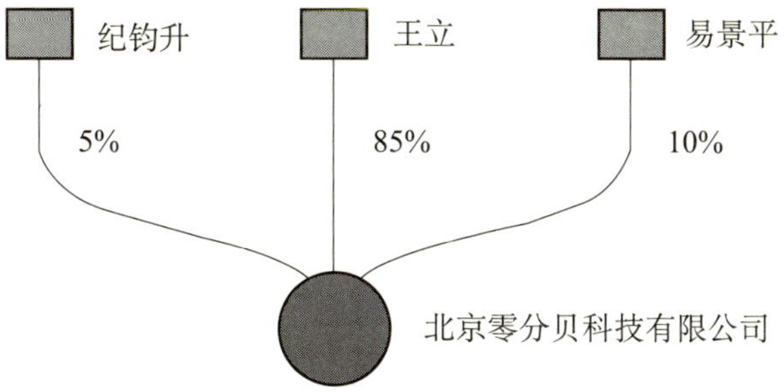

图 2　公司股权结构图

目前，公司创始团队成员共有六人。除两个热心扶贫的理想主义者外，还有四个务实的现实主义者。但在扶贫这一社会属性方面，团队成员之间没有太多的矛盾。正如访谈时王立所说："我和另外一个合伙人比较理想主义，愿意少挣一些钱去多做一些有社会价值的东西。其他几个还是更想赚钱，因为我们这个年龄的人毕竟还没到那个境界，或者说没有掌握足够的社会资源去做公益。其实，二者之间并不矛盾，只要把社会价值创造出来自然能赚钱，它们是交缠在一起分不开的。大家也是抱着这样的期待愿意一起做这件事。"

公司在融资方面非常谨慎。前期主要找了一些公益投资机构，因为公司不愿意外部资本在公司决策方面干涉太多，影响公司的整体发展方向。但是，公益投资不够务实，不是公司理想的合作伙伴。公司未来准备和商业机构合作。王立认为，商业机构认同零分贝的商业模式，了解公司的运作模式，知道公司想干什么事情，因此，和商业机构合作更简单。尽管未来会与商业机构合作，但王立表示，自己坚守扶贫领域的理念不会改变。

开花结果

1. 看得见的帮扶成效

零分贝扶贫对接平台是公司最早开发的产品，也是帮扶效果最好的产品之一。该平台上线仅3个月，关联的公益机构就超过300家，云南省镇雄县挂钩帮扶干部注册人数超过8 000人。

赤水源镇岔河村王银霞是最早使用该平台的扶贫干部。当时，她抱着试试看的心态将自己的基本信息和对口帮扶贫困户的基本信息都录入平台。一个星期后，王银霞就接到平台打来的电话，让她到贫困户家再次确认信息，上传贫困户家实际生活状况的照片。王银霞来到挂钩帮扶贫困户罗开超家里进行信息确认，并帮助罗开超一家申请了教育、卫生保健和医疗救助三类公益帮扶要求。在复核信息通过后，零分贝给王银霞发了短信。王银霞按照零分贝的短信提示，到县扶贫办为罗开超一家领取了一年的生活补贴，共计1 200元，送到罗开超家里。

刚满20岁的镇雄县五德镇干沟村的刘润娇，5年前患上严重的癫痫，无法正常学习和生活。几年的药物治疗下来，不但病情没有好转，原本在村里还算体面的家庭也负债累累，因病返贫。2016年8月，结对帮扶干部武兴了解情况后，将她的信息发布在零分贝扶贫对接平台，3个月后收到平台推送的信息，得知中华社会救助基金会“医诺千金”公益项目可以为刘润娇提供免费的手术治疗。随后，刘润娇在天坛医院进行手术，顺利切除病灶。

2016年12月，凤凰卫视的扶贫专题栏目《承诺2020》到零分贝帮扶过的贫困户家里采访。采访的贫困户户主于2015年丧偶，独自带着仍在上学的姐弟俩，无法外出打工，只能依靠务农和在周边打散工的收入维持一家人生计，生活极端贫困。零分贝发起的“乌蒙的希望”项目，为他的两个孩子筹集到每人每月100元的助学助养金。采访中，当记者问起孩子的学习时，老实的户主露出难得的自豪神情——因为孩子期末考试考了第一名。

截至2017年5月，零分贝的贫困需求数据库、贫困供给数据库都已初具规模，基本覆盖了云、贵两省的贫困人口。通过数据筛选和分析，在不到一年的时间里，零分贝帮助总计7 000多贫困户（约

凤凰卫视到贫困户家中采访

2.5万人）对接到医疗、教育、贫困等类型的公益项目，并且有更多的公益项目和贫困户正在对接之中。目前，零分贝与内蒙古鄂尔多斯市政府达成了合作，广西、河北、陕西等地也有市政府对零分贝发出了合作邀请。

分贝筹是公司最新开发的产品，也是最受欢迎的一款产品。扶贫干部只需在手机上花10多分钟为自己结对帮扶的贫困家庭中的适龄学生填报信息，就可以为贫困学生筹集助学金。该产品于2017年3月21日上线试运营。上线第一个月里，在没有做任何推广的情况下取得了很好的成效：点击量为11万，资助率为点击量的6.6%，重复捐款率为3.9%。

关玉田是得到分贝筹资助的儿童之一，她出生在云南省镇雄县的贫困家庭。刚上一年级那年，母亲因病去世，她面临因贫失学的危险。村里的帮扶干部把关玉田的信息录入分贝筹，仅仅几天就为她筹得一年的助学助养金。

捐助者在留言中说："我有一个和你差不多的女儿。今天是她的生日。希望你们在成长的过程中都能感受到尽可能多的爱和祝福，做一个善良大气的女孩，努力学习。不管生活怎样，一定要多读书，书本会给你一个不一样的世界。"

李女士是镇雄县残联的干部，她直接帮扶的贫困户中，有三户家庭因贫困而影响到孩子的学习。在得知分贝筹可以帮助这些孩子时，她在第一时间取得孩子监护人的同意，上传了孩子们的情况。通过她的努力，帮助三个孩子在 5 天内筹满一年的生活费。2017 年 5 月下旬，这些孩子已经收到了第一个季度 300 元的助学金，资金由在民政注册的公募基金会负责接收、管理和发放，按季度直接汇入孩子的监护人卡中。在贫困户收到资金后，李女士又到贫困户家中把爱心人士的留言转达给孩子们，并上传了孩子们的最新情况和对爱心人士的感谢。

通过 700 多位扶贫干部的努力，在分贝筹上线仅仅两个月内，镇雄县就有 1 000 多个孩子获得了社会爱心人士一对一捐赠的助学金，合计 50 余万元。这些捐赠有的来源于扶贫干部的朋友圈，有的来源于千里之外大城市爱心人士的慷慨解囊，超过一半的捐款人希望长期捐助一个孩子。

对于这种创新的扶贫模式，镇雄县县委机关干部同时也是 8 个贫困户的结对扶贫干部姜科长说："本来扶贫就是我的工作任务，之前好像除了填表也干不了什么实质的事情来帮助这些贫困户。现在拍几张照片，采集一些信息传上去，可以帮自己帮扶的贫困家庭对接爱心人士，获得实实在在的帮扶，很方便，也让我觉得自己真的是在扶贫，更有积极性了。我偶尔因为工作安排不能赶到孩子家里去拍照，也会请我同单位的同事去拍照，给爱心人士反馈孩子的信息。这些贫困孩子很可爱，每次去他们家里，他们都很腼腆，但能看出来他们很开心，因为知道有人关心他们。之前下乡，很多贫困户对我们的工作不理解，认为我们没有帮到他们。自从通过这种方式帮贫困孩子对接助学捐款后，村里的乡亲们对我们工作队的态度也好多了。我感觉自己的努力不仅为贫困户带来了资金，也带来了满满的正能量。"

2. 创新之举影响社会

零分贝采用商业运作模式服务于精准扶贫的创新之举，也引起社会各界的广泛关注。

2016 年 5 月，《人民日报》最早对零分贝进行了相关报道。2016 年 8 月 1 日，新华社昆明分社刊发了题为《云南镇雄：‘零分贝’公众号助力精准扶贫》的专题文章。报道中写道：“没有想到，一个用来和朋友、同事聊天、发朋友圈的工具，也可用来搞扶贫。”

镇雄县扶贫办副主任汪华说：“零分贝作为服务精准扶贫的网络平台，有效地弥补了政府投入的不足，壮大了扶贫开发的资金、渠道和力量。”

2017 年 6 月，《中国扶贫》刊发了专题文章，对分贝筹解决扶贫问题的创新方式进行介绍。地方扶贫干部潘声云这样评价分贝筹：“通过分贝筹，广大社会爱心人士与建档立卡的贫困学生‘结对子’，捐助助学金，大大降低了贫困户的资金支出压力，让贫困学生得到更好的学习生活条件。”

这正是零分贝想要做的。零分贝希望利用互联网和大数据，力所能及地为中国最底层的人群提供一些帮助，让这些贫困家庭人口因此有一个不一样的人生。

为表彰王立在扶贫领域做出的贡献，2016 年 10 月，云南省政府授予王立“脱贫攻坚奖创新奖”。

三大挑战

1. 盈利模式尚不明确

目前，公司开发的四个产品中只有第三个产品能够带来较为稳定的现金流，第四个产品的盈利模式尚在摸索之中。展望未来，零分贝面临的第一个挑战是尽快找到盈利模式，获取稳定的收入。如果不能尽快找到合适的盈利模式，公司的财务可持续性就会受到影响，甚至制约公司未来的发展。

2. 数据更新前途未卜

公司面临的第二个挑战是贫困数据的更新问题。现在，公司主要依靠与地方政府的合作获得相关贫困户信息。2015 年 11 月 25 日，中央召开扶贫攻坚会议，制定了确保 2020 年所有贫困地区和贫困人口全面脱贫的任务。2020 年国家扶贫工作结束后，贫困户数据的来源及更新将是公司面临的另一挑战。

3. 行业竞争日趋激烈

公司面临的第三个挑战是，越来越多的金融机构看重农村金融这个巨大的市场，这一领域的竞争对手不断增多。比如，扶贫基金会下的中和农信，其服务对象是新型农村（新农人），覆盖农业人口的 20% 。尽管中和农信关注的只是农村的新农人，并非扶贫，但毫无疑问，未来农村金融市场空间会越来越小，竞争会越来越激烈。

不知不觉中，零分贝度过了第一个年头。针对社会上某些人对零分贝助推精准扶贫工作的质疑之声，王立回应说："我不在意别人怎么看我，我只在意我做的事情所创造的价值。不一定只为贫困人口，我们其实也为公益组织创造了价值，比如或多或少地对公益行业造成了一些冲击，加速了公益行业的创新和发展。通过我们的努力，云南 30 万贷不到款的人获得了贷款，这个社会价值就大了。我们没有实际地帮助他们，但因为我们做的事情帮他们贷到款，而且利率很低。我们也帮某金融机构获得 30 万高成长性用户。我们为跟零分贝合作的各方都创造了价值。"

目前，公司定位为“最可靠的贫困户信息平台和扶贫项目发起者”。未来，零分贝准备向纵深发展，在数据比较完备的情况下，发起一些周期更长、扎得更深的项目，比如产业扶贫、电商扶贫、农林牧副技术培训、外出务工培训等。最终，公司希望通过凝聚政府、社会组织、企业和个人的力量，增进扶贫的效率，让扶贫带来实实在在的效果。

作为一群程序员，王立及其团队成员希望把这件事继续做下去，并以程序员的方式给贫困人群、公益行业、政府和周围的其他人带去一些改变，这些改变能让这个世界变得更美好。这就是这群年轻程序员的理想！

（许艳芳　宋继文　叶康涛　赵萌　吴伟）

参考文献

1. 北大公民社会研究中心，中国人民大学尤努斯社会事业与微型金融研究中心．中国社会企业白皮书项目．2017.

2. 消除贫困，一个国家的承诺．（2017-05-15）．http：//www. setv. com. cn/xwth/folder2163/2017-05-12/1101789. html.

3. 陈二厚，董峻，侯雪静．庄严的承诺，历史的跨越．（2017-05-22）．http：//www. spp. gov. cn/zdgz/201705/t20170522_ 191128. shtml.

4. 一群程序员干了一件挺酷的事儿．微信公众号：奴隶社会，2016-05-22.

5. 一群程序员的理想主义故事．微信公众号：奴隶社会，2017-04-07.

6. “分贝筹”解决社会扶贫大问题．微信公众号：中国扶贫，2017-06-27.

7. 秦博．利用大数据技术助推精准扶贫的新探索．中国扶贫，2017（14）.

企业相关资料

1. 零分贝网址，www. 0fenbei. com

2. 零分贝微信公众号

3. 分贝筹微信公众号

4. 分贝筹：只为真正的贫困者筹款．(2017-04-18). http：//gongyi. qq. com/a/20170418/023275. htm.

5. 他自称穷山恶水的刁民，却做出连 BAT 也想象不了的产品．(2017-04-13). http：//mb. yidianzixun. com/article/0G6bQqB9？s = mb&appid = mibrowser.

6. 张天潘．零分贝：用大数据精准扶贫．(2016-09-08). http：//epaper. 21jingji. com/html/2016-09/08/content_ 46395. htm.

梦想骑行：

精神之旅的守护者

过程中跌跌撞撞，但是像个刚烧开水的茶壶，屁股都烧红了，嘴里还唱着欢乐的歌。

——梦想骑行创始人李树和

成都梦想骑行俱乐部（简称“梦想骑行”）成立于2013年，2014年4月在成都市民政局注册为非营利组织，是国内唯一一家为进藏旅行者提供安全救援保障服务的专业机构，也是国内第一家开办户外自我救护及城市安全骑行训练营的非营利机构。创立之初，梦想骑行就将自己定位为“天路守护与安全骑行的倡导者”，将主营业务确定为“为进藏骑行者提供户外自我救护培训，实施救援，颁发证书、奖章和勋章等”。成立四年来，梦想骑行已培训1万余名进藏勇士安全抵达旅行的终点，为超过10万名进藏旅行者提供直接的进藏保障服务，向超过100万旅行者进行公益宣传。此外，梦想骑行长期致力于组织进藏骑行者参与环保、教育等公益活动，在传递汉藏友谊、提升藏区人文环境等方面扮演了积极的角色。而这一切都是从素有“中国人的景观大道”之称的川藏公路开始的。

梦开始的地方

川藏公路是川康公路和康藏公路的合称，在历史上是茶马古道。川康公路建设于20世纪30年代，是成都通往当时的西康省省会雅安的省际公路。1951年开始修建雅安至拉萨的康藏公路，西康撤省后两条路合称川藏公路。

作为318国道的一部分，川藏公路被《中国国家地理》杂志评为“中国人的景观大道”。在这条2 154公里的公路边，耸立着十二座海拔4 000米以上的大山，其中东达山海拔5 130米，米拉山海拔5 013米。

这样的地理风貌使得这条闻名遐迩的公路拥有高山峡谷惊、险、绝、美、雄、壮的景观，沿途风景千变万化，多姿多彩。行走其中，可以体验“隔山不同天，一天有四季”的奇妙感觉。因此，这条公路是户外运动爱好者徒步、骑行、自驾进藏的首选行程，也是领略中国冰川、温泉、雪山、森林等自然景观的最佳路线。但是，川藏公路也是公认的中国路况最险峻、通行难度最大的公路，它所穿越的青藏高原东部横断山脉是世界上地形最复杂、最独特的高山峡谷地区。基于此，中外地理学家称之为“死亡之路”。进藏人员行走在路上，时时都能体会到“心灵在天堂，身体在地狱”的感觉。

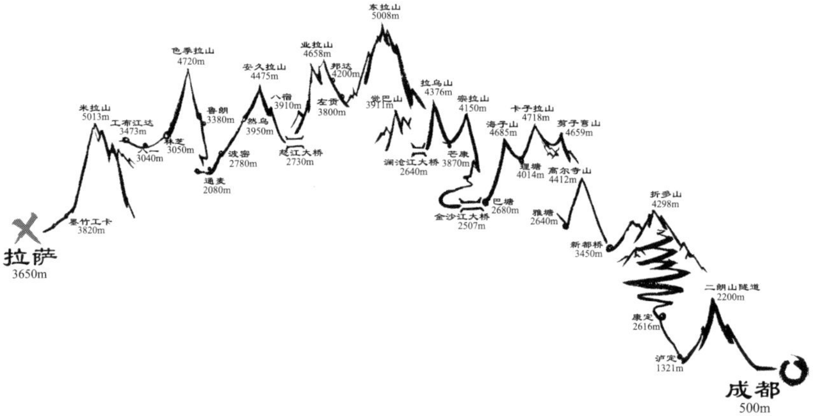

从成都到拉萨路线示意图①

尽管路途艰险，川藏公路上徒步、骑行和自驾进藏的人数仍然呈逐年攀升的态势。根据甘孜州旅游局、四川民族学院、沿途检查站提供的数据：2014 年骑行人数达到 25 万人次；2015 年达到 32 万人次；2016 年因 8 月份道路被冲毁，人数有所下降，仍达到了 27 万人次；2017 年骑行人数与 2016 年基本持平，但徒步、骑行和自驾进藏的总人数突破 280 万人。随着人数的快速增长，旅行者的安全保障和川藏公路的环境保护问题日益突出，成为需要得到关注和解决的社会问题。

---

① 本案例中的图均由梦想骑行提供。

然而，这一社会问题很难通过政府和商业“两只手”来解决。原因在于，从政府的角度看，2 154 公里的川藏公路横跨多个行政区域，行政管理责权模糊且缺乏必要的管理手段，难以有效组织相关资源开展道路救援以及环境保护等工作。加之各级政府承担多项职能，有更为紧要的事项需要关注，也没有精力关注川藏公路上旅行者的需求。从商业的角度看，在川藏线上建立一套商业化的安全救援保障体系，运营和盈利的难度非常大，无法实现可持续发展。因此，尽管从 1954 年川藏公路正式通车以来，每年都有人以各种方式穿行在川藏线上，但是没有一家成功运营的商业机构来解决这一社会问题。可以说，川藏线上的安全救援和环境保护问题是典型的“双失灵”问题。

当然，“双失灵”的社会问题并不是完全无解的。近年来，随着经济和社会的飞速发展，通过创业解决社会问题的社会企业（social enterprise）在全球范围内日益活跃。对此，管理大师彼得·德鲁克（2007）早有预言：“社会企业采用创新的方式解决政府和市场‘双失灵’的社会问题，必将成为未来经济发展的重要力量，甚至可能是后资本主义时代发达经济体系真正的增长力量。”在川藏公路上，成都人李树和及其创立的成都梦想骑行俱乐部很好地诠释了德鲁克的预言。可以说，在面对这条壮美与蛮荒共存、机遇与风险同在，让人既爱又恨的川藏公路时，李树和看似偶然、实则必然地踏上了用社会企业的运作方式解决问题的道路。

一个人上路

出生于地质家庭的李树和，从小因父母工作性质之故过着经常搬家、不稳定的生活，小学六年换了五所学校，初中三年换了两所学校，高中三年换了两所学校。大学毕业后，李树和先后就职于中国检验认证集团和福尔特技术服务有限公司，一年中有 290 多天出差在外，常有颠沛流离之感，他因此萌生了寻求稳定的生活和工作的愿望。2013 年，李树和的工作进入迷茫期，他感觉自己需要静下来，认真思考什么是自己真正想做的事情，下一步怎么发展。

在接受采访时，李树和说："当时（我）觉得不行，就请了三个月假。我想去走一走，想去看一看，我不工作的这段时间会是怎样的状况。我想挑战一下自己，思考一下这样一个阶段（到底应该怎么办）。我以前对川藏线有些了解，于是就想看看在川藏线上是不是能做些稳定一点的事情，做出决定一个星期后我就出发了。"

出乎意料的是，临出发前约好的伙伴因故退出，只留下他一人，但是这并没有阻止他远行的决心和出发的脚步。他决定：一个人上路。那一年，他 33 岁。

1. 遇到同行者

尽管没了同伴，但是川藏线上不乏旅行者。2013 年 7 月 17 日到 8 月15 日共 30 天的骑行当中，李树和遇到了各种各样的人，有意气风发的大学生，有商业上取得了成功但是需要停下来思考的老板，有状态不好需要调整的迷茫者，有高中毕业想要证明自己的年轻人，等等。李树和后来发现，这个分类基本上涵盖了川藏线上的人群特征，和梦想骑行所做的客户类型调查是一致的。

在与形形色色的人同走川藏线的过程中，李树和认识到川藏线骑行在不同的人群心目中扮演着不同的角色：它是高中生的成人礼，是迷茫者的历练地，是老板们的反思场……由此形成了他对之后所服务的人群及其需求的精准认识，虽然当时他并没有认识到这些相遇的价值。梦想骑行后来将其服务对象界定为三类人：无知地追逐进藏梦想的年轻人；感情或事业受挫、热爱探索的社会中坚力量；永不服输的长者。虽然这些人背景不同、目的不同、体力不同，但是他们有一个重要的共同点：他们都是追逐梦想、热爱骑行、想证明自己的人。他们有挑战自己的勇气，也有很强烈的荣誉感。

除了解骑行群体的不同需求外，李树和也发现了这一群体自身的很多问题。比如，在出发前对路上的挑战认识不足，心理和身体准备不充分；缺乏基本的自我救助知识和能力；缺乏维修和保养车辆的技能；没有携带足够的衣物应对变幻莫测的天气；没有携带足够的给养和常备药物等。对于很多人来说，川藏线骑行就是一次冒险，他们夸大了冒险的浪漫色彩，却低估了安全隐患和路途上的挑战。但是，根据自身的体验，李树和认为，骑行的第一要务是安全，而安全需要保障，仅靠骑行者个人无法应对川藏线上的各种风险和挑战。

2. 守护天路的初心

除了遇到形形色色的人，30 天的骑行中李树和也见到了无数绝美的风景，令他感叹不已。出于对摄影的喜爱，每到一地，他都会停车拍照，因此积累了大量的实地照片。这些照片为他后来开展培训提供了第一手素材。除了欣赏到美丽的风景之外，李树和在骑行中多次遇到塌方的路段，愈发感受到骑行者的艰难。此外，沿途看到的藏区蛮荒的状态、物资的缺乏、教育的不足也给他留下了深刻的印象。

川藏公路沿途美景

骑行过程中最令他痛心的就是沿途的垃圾，最常见的是矿泉水瓶散落在各处，让美丽的川藏线蒙尘。没有人要求骑行者带走随身的垃圾，更没有人有组织地捡拾沿途的垃圾，当时的川藏线基本处于无人维护、无人管理的状态。因为爱这条美丽的天路，李树和在那个时候萌生了做天路守护者的想法。访谈中，李树和说："讲实在话，我喜欢这条路，我第一次走的时候（就爱上了这条美丽的天路）。当时有一个段子说，男人如果没走过这条路，就不叫男人，就是因为这条路足够长、足够美，也有足够的挑战。2006 年川藏线被《中国国家地理》杂志评为中国最美的景观大道，我们有责任去保护这条路，维护这条路的美，我们有责任、有义务做这个事情。"

3. 创业理念的萌生

除了上述人文风险，川藏线上还存在沿途客栈经营缺乏诚信、住宿没有保障、食品卫生不佳且价格昂贵等问题。这些问题致使骑行者得不到有效的给养补给和充分的休息，增加了很多不必要的麻烦，严重影响了骑行者的体验。回忆起当时的情形，李树和说："每年 6—8 月份，2 154公里的川藏线每天的骑行者保持在 1 万人（左右的规模），（这是）多庞大的人流，你们想象一下！就这样一个人群，大家的体力不一样，有人骑得快，有人骑得慢。这就导致很多（骑得慢的）人晚上不知道住在哪里。怎么办呢？就只有让骑得快的人赶紧跑到前面去订住的地方，订到住的地方后再给你打电话。（因为）那个时候基本上没有诚信，你打电话过去说我预计什么时候到，去了之后根本没有人理你。为啥？谁先到，谁先住。"

除了食宿问题之外，当塌方等原因导致道路不通时，骑行者也会因无法获得相关的信息而处于焦虑和无助的状态。李树和说："在路上的时候，我们曾遇到塌方。走到一半的时候通麦大桥断了，这时路上各种物品的价格开始飞涨。但是路况到底是怎样的，什么时候通车，没有一个明确的官方消息。到底（会断路）一个月，还是十天，或者一周，没有人知道。（当时的川藏线就是）这样的一个情况。”

更夸张的是，当李树和一行四人经过30天的艰苦跋涉抵达终点时，标志川藏线终点的界碑竟然不见了踪影。这让他们十分沮丧，因为与里程碑合影是骑行者彰显荣耀的方式，借此证明他们以极大的勇气和努力走完了川藏线。后来他们了解到里程碑早已被其他骑行者搬走，带回去做纪念了。李树和说，当时他们四个人躺在地上，无比的沮丧，满心的不甘。大家纷纷议论可以在川藏线上做点什么事儿，有人说要卖自行车装备，有人说要开规范运营的青年旅舍，有人说要做藏飘并把藏区的珠子手串什么的卖出去。大家也问李树和怎么想。

回忆起当时的情形，李树和说：“我那个时候对营利和非营利机构还没有什么完整具体的概念。我说：‘我知道非营利机构，我一定要设立一家非营利机构，干什么呢？我就要给像我们这样出发的人做培训，让他们了解整个川藏线到底是什么样子。第二个，我要和中国平安谈，（让中国平安）给这些人提供保险。第三个，我们沿途买饮料很贵，有时候甚至根本没地方买补给，（而且）沿途的很多水受到污染，金属含量比较高。所以我说我要给这些人提供水和运动饮料。还有最重要的是，当他们出现意外的时候，我会以最快的速度赶到现场对他们实施救援。另外，这是一段梦幻般的刻骨铭心的旅行，只有勇士才敢于挑战这个天路，我要设计制作勇士勋章，让成千上万的像我们这样平凡的人通过自己的努力可以获得荣誉！’当时其他几个人说我是神经病，不可能办到，（因为）这个工作量太大了，这是根本不可能完成的任务，何况我还想做成非营利性质的。总之，我受到了嘲笑和质疑。”

在被问到在这种情况下为什么还要坚持时，李树和说：“那个时候我产生了为骑行者提供饮料、保险、救援及颁发证书，成立非营利组织的想法。这并不是完全盲目的，因为我有多次参加马拉松的经验。别人在奔跑，而我在思考马拉松如何运营、如何让这么多人参加。我考虑把马拉松的整套体系搬到川藏线上来，（学习它）如何运营、如何保障、如何宣传等。我甚至想过和马拉松赛事一样，一个人就收 50 块钱。2014 年川藏线通车 60 周年，从 80 年代开始就有人在路上走，但是川藏线上仍然存在各种问题。为什么一直没有解决？我期望解决，虽然我没有核算过成本。”

川藏线上的守护者

梦想骑行选择进入这样一个空白市场，源于守护美丽天路的初心，也是因为看到了川藏线上众多骑行者没有得到满足的需求。然而，怎样让这份初心变成行动，并且具有持续的能力？从哪里起步？从哪里获取必要的资源？一切看起来都是那么遥不可及，远远超过了一个人的能力，但是这没有吓退李树和。

1. 设计勋章与文牒

2013 年 8 月 17 日，李树和回到成都，很快就着手筹备川藏线救援服务非营利组织。他选择首先设计和制作勋章。在被问及为什么会首先想到做勋章时，李树和解释说：“我们国家普通公民想获得（很高的）荣誉和认可，机会很小。比如要荣获‘五一劳动奖章’、‘三八红旗手’称号、‘五四青年奖章’，其实概率非常非常低。我们就是希望让这些人通过自己的努力得到荣誉和认可，增强他们的荣誉感。所以我们想通过这样的方式帮助他们去实现愿望。在我们之前，这条路上没有任何一家机构、任何一家商业企业做这样的事情，所以我们是第一家记录他们艰苦旅行的全过程（的组织），给他们做这样一个（勋章），相当于一个认证，令人有荣誉感。”

设计和制作勋章的过程中，李树和争取到了当时川藏线上同行者的很多支持。李树和说：“四个月的时间我都在查历史资料、设计产品。在这个过程中，也得到了当时路上的同行者的很多支持。他们中有做设计的，有做制造的，还有做美术彩绘的，这些人帮我设计勋章。另外，同行者中也有在图书馆工作的，他们能帮我查有关川藏线的历史资料。”

那么如何调动这些人参与产品设计呢？李树和说：“当我想到做这个事情时，这些人马上就在脑子里出现了：这个人是做设计的，这个人是搞绘画的……虽然我们在川藏线上时从来没有谈论过这个问题。我先给一个做设计的（同行者）打电话：‘我想做这个事情，现在我没多少钱，我想请人来做勋章，你能不能帮我画设计图？’她说这件事真的挺有意义的，她可以帮我画，但是第一枚要给她。她帮我做了这个设计。第一批勋章做出来之后，所有参与的人都挺感动的，因为每个人都知道走这条路不容易，这是一枚证明荣誉和梦想实现的奖章。我记得特别清楚的是徐彦琦，那时她还是四川美术学院的学生，一路格桑花的主创人员，现在日本留学。她说：‘拿到奖章的那一刻我的心起了波澜，当我的阿姨轻轻地念出（勋章上写着的）——2 154 公里的长度、5 130 米的高度，你流的每一滴汗水、绽放的每一个微笑，川藏线都会铭记——这句话时，我的泪水顷刻间奔涌而出，这样的感受只有走完了川藏线这样的天路的人才会懂得！’”

李树和设计的勋章有两种：一种是勇士勋章，另一种是格桑花奖章。完全靠自己骑行，没有搭乘其他交通工具的骑行者，他们是真正的勇士，除了获得格桑花奖章，还被授予勇士勋章。走完了全程，但是途中由于各种原因搭乘其他交通工具的骑行者，授予一枚格桑花奖章。对于他们来说，川藏线的挑战很大，敢于踏上进藏之路都是需要勇气的，一路上也十分艰辛，所以他们应该得到奖励。为了对二者进行区分，李树和设计了古朴的通关文牒，通关文碟上有川藏线上九个历史文化遗迹的简介，要求骑行者沿途寻访历史文化遗迹并盖章，只有盖满所有的章并抵达终点，方可获得勇士勋章。

勇士勋章和格桑花奖章的设计非常精美，制作非常精良，这在很大程度上得益于李树和哥哥的支持，因为他是专业做数控铣床的。有这个资源的保障，梦想骑行的勋章一直没有人能够模仿，目前已经申请了专利保护。李树和认为，梦想骑行的勋章和通关文牒是川藏线上骑行者最高荣誉的象征，也是竞争中的利器。

勋章、通关文牒及骑行证书

2. 建立服务站和救援队伍

服务站和救援队伍的建立是业务运营的核心，李树和从一开始就非常明确，这不是仅靠自己能够完成的任务，必须采用合作的方式。为此，梦想骑行与川藏线上现有的驿站合作，将其作为梦想骑行的服务站，服务站的工作人员同时兼任救援人员。为了确保服务站和救援队伍的稳定性，也出于支持藏区经济的考虑，梦想骑行尽可能选择当地藏民经营的驿站作为服务站。服务站的功能包括：第一，为骑行者提供有偿食宿；第二，受梦想骑行委托，为骑行者提供免费的功能饮料，前提是骑行者拿空饮料瓶来免费兑换，这样做的目的是鼓励骑行者带回自己的垃圾；第三，负责统一清运骑行者带来的垃圾，确保其不对川藏线的自然环境造成污染；第四，在有救援需求的时候提供救援。

作为回报，梦想骑行可以为服务站带来较为稳定的客源，而且服务站救援人员每次出动救援会获得相应的报酬。除此之外，梦想骑行不给服务站提供其他经济支持。但是，为了能够更多地回馈服务站，同时也为了改善服务站的服务水平，梦想骑行每年出资邀请所有的服务站经营者到成都参加为期三天的培训。培训的内容包括客栈经营和救援技能，培训的实施由梦想骑行的战略合作者——国际青年旅舍、山地救援队以及合作医院承担。培训可以起到帮助服务站经营者提高急救能力，以及提升客栈服务理念和管理水平的作用。此外，在日常经营中，服务站也可以得到国际青年旅舍提供的义务咨询服务。

在救援队伍建设方面，为了提高救援人员的素质和能力，梦想骑行与沿途的共青团合作，由共青团开展一些有针对性的培训。除了对服务站的救援人员以及共青团的志愿者队伍进行培训，共青团还能为救援人员提供一些救援费用。通过这种方式，专业而稳定的救援队伍扩大了，能力也有所提升。当发生险情时，由共青团招募救援队伍，能得到更快的响应，这样就能够很好地弥补服务站救援能力的不足。除此之外，梦想骑行还与共青团合作，定期清理川藏线上的垃圾，双方携手共同守护这条美丽的天路。

除了服务站之外，梦想骑行在川藏线上投放了四辆穿梭救援车，车上配备医护人员、医疗设备和药品。救援车可以为体力不支的骑行者提供搭乘服务，也可以随时为骑行者提供功能饮料。救援车上除了司机和少数工作人员是梦想骑行的员工外，医护人员都是成都或沿途医院的志愿者。梦想骑行为骑行者提供的医疗包、救援车上的药品都是合作医院捐赠的。在谈到与医院的合作时，李树和说："救援需要药品，需要医生和护士的专业支持。刚开始的时候是朋友帮忙，但这不是长久之计。后来我就找医院谈。第一家是成都的平安医院，他们的骨科很强。后来我又和很多医院谈，发现其实很多医院是愿意做公益的。目前我们已经和 12 家医院建立了合作关系，这个医疗体系还在扩大，川藏线沿途的医院也逐渐加入了。"

服务站老板变成专业救援队伍中的一员

（理塘国富青年旅舍老板梁国富）

3. 用公益捐赠方式满足所有物资需求

梦想骑行战略实施中的一个重要特点是用公益捐赠的方式满足所有的物资需求。目前除了救援车上的少量服务人员和办公室的工作人员，所有的专业队伍和相关物资都来源于公益捐赠（见表 1）。医疗救护队伍、药品、功能饮料、保险、救援车、救援装备，甚至配备给每个骑行者的北斗导航仪和监控系统，都是通过捐赠的方式获得的。关于这一点，李树和说："由于我们的目标是服务所有的进藏人员，而这个群体的大多数人都不是有钱人，因此我们的收费很低，只有 298 元，包括入藏前的培训、保险、免费药品、雨衣、功能饮料以及骑行 26 天的救援服务等。这个费用远远低于全部的运营成本，所以只能通过公益捐赠的方式解决物资问题。当然，如果有需要全程陪护的高端客户，我们的收费会高一些，但是绝大部分客户都是普通客户，收费很低。"

表 1　　梦想骑行获得公益捐赠的类别及合作机构

捐赠类别	捐赠物资/专业支持	合作机构
医疗物资和能力	免费药品包	合作医院
	救护车上的医疗设备	
	救护车上的医生及护士	
服装	工作人员服装、雨衣等	热带雨林户外、西沿之巅、在云端户外、圣雨兰户外
保险	10 万人次、150 万元额度的意外险	中国平安、广东钰华极限运动基金会
车辆使用	4 辆穿梭救援车和 3 辆其他用途车辆	Jeep、福特中国石油等公司
	救援车的汽油费	
功能饮料	乐虎功能饮料、食品	达利集团
培训服务	客栈经营管理培训	国际青年旅舍
	行前培训	合作医院
志愿服务	救援志愿者和环保志愿者	共青团省委及当地政府部门
导航系统	1 000 台导航仪	九洲北斗集团
	一套监控系统	

资料来源：根据调研及访谈获得的信息整理，数据信息截至 2017 年 10 月。

关于为什么企业会愿意捐赠给梦想骑行，李树和认为很多企业甚至事业单位（如医院）都具有很强的社会责任感，愿意去做一些公益性的活动，这是最主要的原因。当然这并不意味着它们一定会捐助梦想骑行，因为它们有很多捐赠对象可选。李树和认为，梦想骑行之所以能够得到它们的认可，首先是源于这些企业和单位对于梦想骑行“守护天路，救助生命”这一使命的认同，其次它们也会考虑捐赠对树立企业履行社会责任正面形象的效果。除此之外，李树和认为，梦想骑行积极主动地和赞助方沟通，定期向捐赠方汇报梦想骑行的发展和捐赠物资的使用情况，也是赢得捐赠方信任并得到长期支持的重要原因。①

4. 拓展战略合作伙伴关系

梦想骑行和捐赠机构的关系不是一次性的，而是建立了较为稳固的战略合作伙伴关系，并逐渐形成了战略联盟体系。这一联盟体系随着梦想骑行的发展不断扩大。如前所述，与梦想骑行合作的医院数量从 1 家扩展到 12 家，还有望继续增长。梦想骑行与平安保险公司的关系也是如此，最初平安保险公司为梦想骑行提供 15 万元保额、保险期为 3 个月的保险，收费为 10 元/人。到 2017 年，改为提供 10 万个名额，150 万元/人、为期 5 年的免费保险。不仅如此，平安保险还为梦想骑行提供团队建设费用。通过这一合作，平安保险能够获得 10 万个有效的客户，因此这是个双赢、可持续的合作伙伴关系。

梦想骑行与九洲北斗集团的合作也非常典型。九洲北斗集团的导航仪及其监控系统是基于卫星的导航定位系统，技术先进、覆盖面广。作为一家军工企业，九洲北斗集团近年来也开始探索民用领域，因此需要找到合适的合作方和军转民的渠道。而对于梦想骑行来说，缺乏稳定可靠的导航定位系统一直是发展中的痛点。因为没有

① 梦想骑行 2014 年注册 3 个月后经批准获得开具捐赠发票的资格，目前成都民间非营利组织中有此资质的不到五家。这也是企业乐于赞助的原因之一。

导航定位系统，救援服务只能在事故发生后启动。而且，川藏线上电话没信号、出事地点没路标等问题也给救援带来很大的困难。可以说，由于没有导航定位系统，进藏路上的救援一直处于非常原始的状态。

一次偶然的机会，九洲北斗集团遇到了梦想骑行，双方沟通彼此的诉求后一拍即合，2017 年 3 月正式建立合作关系。根据约定，九洲北斗集团免费为梦想骑行提供 1 000 台导航仪和一套监控系统，价值 200 多万元。梦想骑行则负责试用、展示和推广，并在川藏线上为九洲北斗进一步完善地图，把医院、诊所和医疗车的位置也纳入地图和监控系统。

有了这套救援系统，梦想骑行在川藏线上如同插上了翅膀，可以自如地鸟瞰骑行的路线。因为每个骑行者都配备了一台北斗的定位和沟通（短信 + 语音）设备，梦想骑行的监控人员可以通过监控平台看到每个骑行者所处的位置，同时对危险区域进行电子围栏的划定和提前预警。由于能够及时收到骑行者随时反馈的信息，梦想骑行也能在第一时间得知救援的需求，第一时间组织救援。对于骑行者来说，通过这个设备可以向监控人员随时汇报情况，这无疑极大地提升了骑行者的安全感和骑行体验。尤其值得一提的是，由于北斗导航系统采用的是天地图，精度很高，误差只有 10 米，发生险情时，救援人员能够迅速找到救援对象并实施救援。可以说，北斗导航系统给梦想骑行安上了一双神通广大的眼睛，也为骑行者提供了切实有效的安全保障。目前，梦想骑行和九洲北斗集团就定位导航系统确立了唯一的战略合作伙伴关系。

除了平安保险和九洲北斗集团，梦想骑行的战略合作伙伴还包括医院、沿途的政府部门、车辆赞助商、服装赞助商、功能饮料赞助商等。李树和认为，扩展战略合作伙伴队伍并与其保持稳定的合作关系，是梦想骑行的战略能够落地的根本保证。在被问及如何扩展战略合作伙伴关

北斗卫星导航系统及导航仪

系时，李树和说：“无论做什么事情，在做之前都要考虑所有跟你有关系的利益相关方的需求是什么。只有站在他们的角度考虑问题，才能够建立持续的合作关系，才能实现共赢。”

为了维系战略合作伙伴关系，李树和特别强调积极主动地与合作伙伴沟通的重要性。他说：“我们会定期对捐赠的合作伙伴做回访，还会定期发布（影响力）报告，告诉他们在这一阶段我们做了什么，给企业、给机构带来什么样的影响力。”

向规范的商业运作靠拢

成立四年来，梦想骑行已在川藏线上建立了线下安全救援服务保障体系，包括25个可提供住宿、餐饮和补给的服务站，25个自行车维修点，13个自驾车辆维修点，56个集装箱服务点，10个免费补给领取点，12个县医院医疗保障点，4辆穿梭服务车，以及1个北斗导航全程定位指挥中心。四年间，梦想骑行也收获了一系列荣誉，包括第四届中国公益慈善项目交流展示会“社会创新项目百强”、公益影像节公益短片“优秀奖”、第四届公益慈善展会“十佳优秀参展机构”、明善公益“最具捐赠价值20强”。其独具特色的“四个一”公益项目获得英国大使馆文化教育处的“创奇玖玖革新之星奖”。但是，李树和不满足于此，他希望带领团队用更为规范的商业模式运作，让梦想骑行走上良性的可持续发展之路。

1. 规范业务流程

目前，梦想骑行的业务主要集中在川藏线上的救援服务和相关支持，其他的业务还包括城市绿色安全骑行活动、体育赛事安全保障等。李树和认为，无论是哪个业务，没有规范的流程，不可能为顾客提供优良的服务。因此，四年间梦想骑行在实践中不断总结和完善企业的运作流程，目前已经形成了较为清晰和完善的流程和制度体系。以梦想骑行的主营业务——川藏线救援服务为例，其运行流程包括进藏之前、进藏途中和进藏完成三个阶段，每个阶段有详细的流程和服务要点。简要地说，包括以下内容：

（1）进藏之前

- 为所有进藏人员提供免费进藏行程培训（实时更新）、体能测试及血压心率测试，确保在出行前思想和身体都有充分的准备。

• 为进藏人员提供高品质的防雨套装，应对藏区多变的气候；免费赠送治疗高原反应的药品，帮助其渡过高原反应难关。

• 制作精美通关文牒，作为骑行记录。通关文牒上印制了进藏沿途的九个历史文化遗迹。梦想骑行服务站为进藏人员盖上极具艺术性的图章，增加进藏人文价值。

• 印制进藏服务站的全部联系方式和安全手册，方便进藏人员根据自己的需求联络就近的服务站，寻求帮助。

• 为进藏人员提供中国平安总价 150 万元的免费保险，该保险含意外伤残、意外伤害医疗、高原险、医疗运送、亲属探访补偿、第三者责任等，保险有效期为 5 年。

（2）进藏途中

• 25 个服务站提供住宿预留、餐饮补贴、网络支付等服务，确保进藏人员有舒适卫生的休整环境。除此以外，25 个服务站每天提供能量饮料，支持进藏人员完成挑战。

• 服务站的救援车和梦想骑行穿梭救援车 24 小时提供道路救援，保证接到救援需求后 1 小时内到达事故发生地；12 家医院随时提供救治服务；穿梭救援车携带能量饮料，随时为进藏人员提供免费饮料。

• 微信实时互动，设立梦想骑行人工服务号，专人负责管理，随时为进藏人员提供实时路况、未来天气、住宿预订、监督投诉、危险路段提前预警等实用服务。

（3）进藏完成

• 梦想骑行在拉萨为完成骑行进藏的人员颁发证书及一枚格桑花奖章，以此纪念其胜利进藏。

• 对于全程没有搭车的进藏人员，梦想骑行则授予一枚勇士勋章和一枚格桑花奖章，以表彰其矢志不渝、决不放弃的勇气。

2. 实现自负盈亏

对于创业者来说，资金是永远的难题。梦想骑行也概莫能外。梦想骑行的创业初始资金来源于李树和个人的积蓄和朋友的投资，共 60 万元。之后，随着公司的发展，对资金的需求越来越大。梦想骑行遇到过很多困难，李树和回忆当时的情形时说：“在这个项目持续推进的过程中，其实也遇到了很多很多的问题。（很多朋友）包括一些机构知道我这边资金紧张、运营困难，给予了很大的支持。最艰难的时候，我把房子做了抵押。为此，我和家里所有人都闹翻了，他们不理解我做这个到底有什么意义。我说，我希望在年轻的时候知道自己在做什么。虽然我不知道最后的结果是什么样子，但是我知道自己努力过，即使有一天没有成功，至少我不后悔。”

值得称道的是，经过四年的运营，梦想骑行实现了收支平衡，目前其收入来源主要包括五个方面：

- 川藏线骑行基础服务费，每人 298 元，含进藏前、进藏中和进藏后的全程服务。
- 开展城市绿色安全骑行活动的机构收费，一年大约 6 场，每场收费 10 万元。
- 获得的公益资金支持，如北京爱佑基金会提供每年 10 万～30 万元的资金支持。
- 提供体育赛事安全保障服务的收费或者设备租赁费用。
- 救援车、集装箱上的广告投放收费等。

尽管这些收入目前还不算多，但是由于所有的专业人员队伍是兼职的，所有的物资是通过捐赠方式获得的，梦想骑行只需负担日常运营费用、制作勋章和通关文牒的费用以及部分救援费用，因此其服务收入足以支持公司持续运营。可以说梦想骑行已经具备了一定的自我造血能力，能够自负盈亏并且为进一步的发展奠定较好的基础。

当然，这并不意味着前途一片光明。随着业务的扩大，梦想骑行的人员短缺问题日益严重。目前公司共有 12 个工作人员，基本处于超负荷运转的工作状态，尤其是旺季。李树和认为，不能用压榨员工的方式来做公益，随着公司的发展，必须增加人手。他希望通过进一步提升自我造血能力来支撑业务增长。

3. 推出“联名款”产品

2017 年 10 月份，梦想骑行从扩大收入来源、拓展营销渠道的角度尝试了一些新的做法。目前已经有所突破的举措是与户外运动品牌推出“联名款”产品，建立营销联动机制。第一个合作商是支持梦想骑行四年的广东户外用品品牌——热带雨林。热带雨林虽然是个广东品牌，但是在全国有 450 多家门店。李树和说：“我跟他们商量，我们是不是可以推出一个联名款。比方说，我们可以在 T 恤、冲锋衣上加上梦想骑行的 logo，然后在他们的店里销售。一件衣服的价格是 600 元，加上这个 Logo 之后，我们不涨价还是卖 600 元。但是，顾客买了衣服之后，就可以享受我们川藏线上价值 298 元的服务。也就是说，购买了这件衣服之后，顾客就可以免费获得梦想骑行的基础服务。”

根据约定，热带雨林将销售数据提供给梦想骑行，并从货款如 600 元中支付给梦想骑行 298 元，梦想骑行则为其开具捐赠发票，企业可以用于抵税。通过这种运作模式，热带雨林在没有投入额外的资源和财力的同时，使销售量能够得到拉升。对于梦想骑行来说，这种运作方式一方面可以带来新的收入，另一方面也在很大程度上解决了营销上的难题。过去营销占据了梦想骑行很大的精力，通过这种合作方式，梦想骑行可以更加专注地为川藏线骑行者提供服务。除此之外，由于能够获得销售数据，梦想骑行可以对参加川藏线骑行的人数进行预测。目前，梦想骑行已与热带雨林发布了冲锋衣的联名款，与西沿之巅合作开发了户外鞋的联名款，与 UTC（瑞士军刀旗下的品牌）合作开发了户外包的联名款。未来，梦想骑行还将探索自行车、护目镜、头盔等商品的联名款。

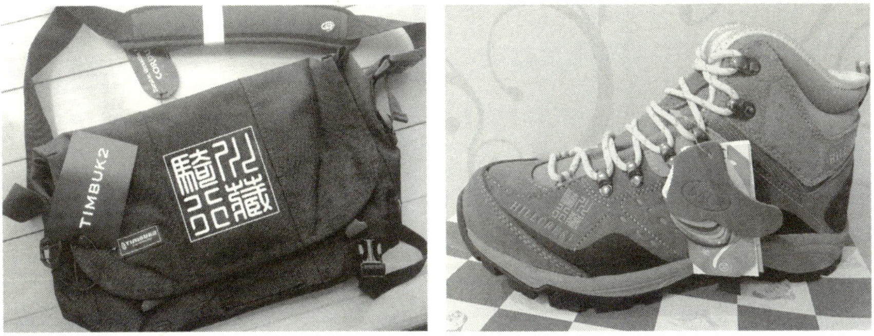

部分联名款产品

4. 梦想骑行的公益足迹

通过为进藏骑行者提供户外自我救护培训、实施救援以及颁发证书、奖章和勋章等服务，并长期致力于组织进藏骑行者参与环保、教育等公益活动，梦想骑行较为成功地扮演了具有强烈社会性色彩的角色，包括：守护天路和安全骑行的倡导者和实践者；环境保护和绿色骑行的倡导者和实践者；汉藏友谊的传递者；藏地人文环境的改善者。

成立四年来，梦想骑行开展了一系列公益活动，包括：建设完成川藏公路、新藏公路的 81 个服务站；推行“四个一”公益项目，携手全国 127 所大学设立绿色安全骑行垂直宣传站；携手 100 家青年旅舍设立梦想骑行宣传栏；携手西藏阿里旅游发展委员会，获授权负责新藏骑行的设计与规划；携手甘孜州共青团，建立“圣地青年”书屋，搭建汉藏青年交流平台；联合川藏线上最具影响力的赛事“骑闯天路”共同打造进藏专业骑行平台；等等。

其中，“四个一”公益项目是梦想骑行推出的“传递汉藏友谊，改善藏地人文环境”的典型项目，获得了英国大使馆文化教育处的“创奇玖玖革新之星奖”。该项目的宗旨是倡导“我为人人服务，人人力所能及为他人服务”的公益理念，让公益变得简单、举手可为。从这个典型项目中可以感受到梦想骑行对公益事业的热心和诚心。具体来说，该项目倡导的“四个一”是指：

- 一个成功到达拉萨的梦想：梦想骑行帮助每个人实现一个骑行进藏的梦想，让人们渴望出发，去寻找梦中的那片神圣的净土。
- 一公斤教学物资：梦想骑行邀请骑行者在出行前负重一公斤的教学物资，通过担当梦想邮差将教学物资携带进藏，为藏区小学解决物质缺乏的问题。
- 一堂户外兴趣课：梦想骑行鼓励骑行者为藏区小学捐赠物资后，为孩子们上一堂户外兴趣课，可以是体育、武术、足球，也可以是手工、美术、音乐等。
- 一公斤垃圾：梦想骑行要求骑行者在装满教学物资的包裹清空后，捡拾一公斤不可降解的垃圾，带到梦想骑行服务站集中处理。

“四个一”公益项目

向更美的风景进发

经过四年多的努力，梦想骑行取得了长足的发展，也面临若干挑战。李树和认为挑战主要有如下四个方面：

（1）政府的认可和支持力度有待提升

社会企业的成长离不开政府的认可和支持，但是政府部门出于安全的考虑，不会轻易认可梦想骑行这样的机构，为此只能靠时间和口碑让相关政府部门看到梦想骑行的诚意和能力。目前，梦想骑行得到了沿途一些地方共青团和当地政府的认可和支持，但是还不够。

（2）公益捐赠的拓展和沟通投入较大

由于梦想骑行的运营成本较高，而且本着救助生命、提供服务的社会性目标来经营，因此依靠公益捐赠来支持运营是必然的选择。为此，梦想骑行需要具备持续获得捐赠的能力，并且随着服务人数的持续上升，需要与更多合作伙伴建立起长期的战略联盟关系。这项工作需要投入大量的精力和时间去开拓和沟通，目前这项工作都是由创始人李树和完成的，常有捉襟见肘之感。

（3）持续发展所需的资金缺乏

梦想骑行最初成立时，主要靠的是李树和的积蓄，还有五个朋友各捐助了 3 万元，共凑了 60 万元作为启动基金，然后在成都民政局注册了民间非营利组织。后来企业需要更多的资金，李树和用住房抵押方式在银行贷过款。目前梦想骑行的物资全部靠捐赠，现金收入主要靠服务收入、少量基金会补贴和企业现金捐赠。李树和说梦想骑行最大的成本是奖章制作费用、人员的工资和穿梭救援车司机的补贴，以及志愿者的食宿费用等。目前来看，服务收入基本可以满足以上开支，但是快速发展所需的资金一直处于缺乏的状态。

（4）人员的稳定性和能力堪忧

李树和认为目前最大的问题是人员问题，涉及人员的稳定性以及能力提升等方面。为了确保人员的稳定性，梦想骑行为员工提供较高的薪资待遇，基本工资 5 000 元，提供五险一金、住房补贴和午餐 ，此外员工还能够享受春节期间一个半月的带薪假期。尽管如此也难以确保员工稳定，员工总是有更高的期望。梦想骑行在早期发展阶段曾出现过员工集体要求加薪的情况，据李树和说，当时差点儿就关门了。此外，员工能力的提升意味着需要持续的培训，在这方面，爱佑慈善基金会能够提供一定的帮助。目前梦想骑行是爱佑基金会的爱佑 + 创客伙伴，能够获得培训、资金资源对接的支持，包括对基层员工的培训。这是目前梦想骑行所获得的基金会最大也是最有效的支持。

在被问到是否可以用理想和情怀来激励员工的时候，李树和说："我把员工看成是合作伙伴，经常在一起讨论工作进展等，所以理想主义色彩能辐射到部分员工，但是我认为不能只讲情怀，必须给员工提供足够好的待遇和成长机会，讲情怀还是要有前提的。"

尽管面临各种挑战，李树和说梦想骑行仍然会在梦想的路上奋力前行。梦想骑行将未来的愿景界定为"建立国内最大的基于北斗导航定位系统的安全骑行平台"，近期的目标则是将业务扩展到新藏线和滇藏线上。目前，梦想骑行与阿里地区政府合作，开始在新藏线上拓展业务。2017 年在新藏线上服务了 3 000 多人，覆盖了新藏线上骑行人群的一半。滇藏线上开展业务的难度较大，目前尚未推进。未来梦想骑行希望能够为国内更多骑行路线上的骑行者提供救援，实现监控、实时救援调度等服务。届时，梦想骑行将采用开放的方式，与更多的骑行俱乐部或当地政府合作，输出管理模式、提供技术支持，并代理北斗导航仪及其监控系统，也希望通过这些业务的扩展打造更成熟的商业模式。在访谈时，李树和说："希望有一天，我们做的这件事能够被记录下来。平台上了之后，随着我们的能力增强，救援方面的业务会扩大很多，还可以做一些户外项目的保障，总之会有更多的商业机会，包括代理九洲北斗的产品。我自己也期望把商业价值越做越大，只靠情怀是撑不了多久的。”

谈到对未来发展前景的期待时，李树和说：

“我个人的想法是，让更多的人在这条路上能够更平安。让骑行者愿意走川藏线；让当地的居民可以开客栈，接待更多人，提高就业率；倡导环境保护，使这条路能够保持美丽，大家更愿意来。通过这些方式改变这个行业。将来大家说起来的时候，能够说（李树和）这个人在这条路上有过贡献！”

（徐京悦　王建英　刘彧彧）

企业资料

1. 新浪博客：成都梦想骑行俱乐部，为梦想服务 . http：//blog. sina. com. cn/s/blog_ 137561eea0102uxd2. html.

2. 新浪博客：梦想骑行的博客 . http：//blog. sina. com. cn/u/5223358186.

3. 新浪微博：梦想骑行 . https：//weibo. com/u/5223358186？ is_ hot = 1.

4. 五旬大哥发生高反，梦想骑行雨夜驰援 . 搜狐，http：//www. sohu. com/a/138759214_ 492578.

5. 梦想骑行接力雅逊精神，共建幸福美丽和谐甘孜 . 搜狐，http：//www. sohu. com/a/139022157_ 492578.

米公益：

好行为撬动大公益

公益这个行业不是刚需，所以做公益足够简单，并不能吸引或者创造需求，而是要有价值，能够满足用户自我成长的需求，能够满足企业在完成公益任务、为社会做出贡献的同时提升自己的品牌的需求，只有这样才能够真正地持续下去。

——米公益创始人王子

2017 年 5 月，北京城正是初夏，万物生长，行道树垂下浓荫，中国人民大学商学院社会企业案例采访团队来到大钟寺附近的一处创业园内，探访了米公益。

这家公司是 2017 年 2 月 26 日中国人民大学社会创新创业论坛期间，中国青年社会创业项目展示环节邀请的三家代表性社会企业之一，诺贝尔和平奖得主尤努斯教授对其进行了点评。2017 年 4 月 13 日，美国知名财经媒体《福布斯》发布了“30 Under 30 Asia”榜单，米公益创始人莫子皓、王子入选。米公益是如何取得这样的成绩，获得大家的认可的呢?

一支画笔下诞生的灵感

1. 支教往事

2012 年 10 月，中山大学大四学生王子和莫子皓打算做一些不一样的事回馈社会。这个想法源于一段往事，进而成为米公益的第一颗种子。

王子曾跟随学校组织的支教队去山区小学上美术课，教孩子们画画，但他发现孩子们缺少画笔。王子便问带队的队长，能否买一些笔在下次支教时带给孩子们? 结果遭到拒绝，队长表示，之前有很多志愿者有类似的想法，但他们承诺了却没有做到，或者以后很难再来，孩子们就会产生失落感。王子又问：如果我不买，他们又没有画笔，怎么办?

队长也难以回答这一问题，事实上，当时的他们并没有能力去改变这一现实。这让王子第一次认识到帮助别人其实是一件很细微的事情。后来王子想到，这个问题或许源于整个公益行业的运行机制。个体之力太过分散，很难跟公益需求实现匹配，一人一时的恻隐之心带来的是杯水车薪，结果头痛医头、脚痛医脚。那么能否改变这种现状呢？公益资金的供给方、需求方以及执行者有没有实现更好匹配的方法呢？王子陷入了思考。

2. 行业之殇

事实上，公益行业存在的问题远不止慈善的供需匹配问题。王子回到学校，和同学莫子皓梳理了当时国内公益领域的重大事件，特别是2011—2012 年，由于公益事业透明度不高，公益丑闻接连发生，导致了整个行业的失信问题。最典型的是，2011 年的郭美美事件引发社会舆论强烈不满，使得红十字会的公信力大幅下降；2012 年 3 月 15 日中央电视台“3·15”晚会曝光中华学生爱眼工程用慈善掩饰牟利，假公益之名，行推销之实。许多公益机构对慈善捐款的处理不透明，有新闻报道称公益机构“一年募捐仅 8 000 元却花掉 62 万元”。此外，借慈善诈捐的事件也层出不穷。

为何公益行业乱象丛生呢？王子和莫子皓着手进行了一项调研，结果发现：在我国，传统的公益行业采取的是链式的运行模式，企业或个人将钱捐赠给基金会，基金会拨给公益组织。而公益组织在执行上存在软肋：从业人员薪资低，人手不足，且大多非专业人员。因此，公益项目难以落地，也就难以拿到资金。加上整个流程和公众之间未建立起联系，这才有了滋生腐败和导致失信的可能。

企业在捐赠资金之后没有办法也没有意愿去深入了解资金的使用情况。对于很多企业来说，捐赠是一项任务，是企业社会责任报告书上的一串数字，至于这串数字怎样落地，是支援寒门子弟上学，还是帮助贫苦老人过冬，则不太关注。

渐渐地，他们认识到，提高公益组织的效率和公信力，无疑是一个市场和政府都无法立即解决的“双失灵”问题。一方面，将公益视作一种公共物品，市场在提供这一公共物品时具有天然的缺陷——“搭便车”现象，纯粹的市场经济中，人们倾向于搭他人便车而分享公益给整个社会带来的收益。另一方面，公益是政府的公共服务所覆盖不到之处。因此，公益行业存在市场和政府的“双失灵”问题。

实际上，中国有相当一部分人在社会工作第一线，有专业能力，有专业素养，也有意愿去做公益，但他们没有足够的资源把这件事情做好。那么为什么能坚持做下来的人没有资源，而有资源的人做不下来或者做不了这件事情呢？王子和莫子皓觉得应该有一种新的组织方式或者资源配置方式将公益流程变得更加顺畅。这种更加创新优化的方式究竟是什么？

王子和莫子皓决心找出这条公益创新之路。

“中大合伙人”

1. 校园起步

王子对移动互联网感兴趣，有创业经验，是“捕鱼达人”的创始人之一，而莫子皓对于公益事业颇有心得，两人经过多次思维碰撞，终于找到了公益事业的破局之路。那就是米公益贯彻至今的核心理念：将移动互联网的思维引入公益事业。

事实上，他们二人在当时已经是中山大学校园的风云人物。王子曾被评为“2012 年中山大学年度人物”，并在丹麦奥胡斯商学院交换学习；莫子皓大学四年多次获得奖学金，并在迈阿密大学交换学习。两人已分别保研至清华和北大。王子说："我当时在学校里有一定的人脉基础，所以我们很快就组建了一个二十多人的团队，用了两个多月的时间。这些人基本上是各个学院非常牛的人。"

依靠在学校的知名度和号召力，王子和莫子皓成功组建了一个二十多人的优秀团队。他们是中山大学各个学院里数一数二的能人，有着财务、技术、宣传等不同领域的专业背景。

"团队组建后做了大量前期调查，走访了一些民间 NGO，了解对方最切实的需求。例如儿童临终关怀机构受赠的很多玩具，电池很快就没电了，我们就去找生产电池的企业谈捐赠意向，通过手机 APP 介绍公益机构的项目，挂上厂商名字，由用户进行点击或游戏体验，获得虚拟'大米'，累积兑换成物资；由志愿者定期送往公益机构。"

新组建的米公益团队对公益市场做了深入的分析，经过大量调研和团队头脑风暴之后，他们认为："这个行业的一个很大的问题是没有专业分工，应该把它们分成几个专业化的环节。任何一个行业从上游到下游应该分为很多的环节，即使是一个非常小的零件也代表着一个环节的专业化。但是这个行业的专业化程度很低，基本上从项目的策划、广告赞助、企业服务、招聘志愿者、培训、执行到反馈，所有的事情都是一个组织在干，而这个组织的成员一个月拿 2 000 元。这样做行业根本发展不了……我们解决这个行业问题的方法是进行专业化分工，让一些专业的机构在这个行业里做事，充分利用最优的服务资源，让有能力和意愿的人可以没有后顾之忧地做好自己最擅长的事情。"

同时，在综合考虑该模式的持续运营的前提下，米公益将目光放在了个体身上，他们认为："（以我们大学生自己为例）我们知道自己很想做公益但很难坚持，身边的大部分人就是这样的。这个群体有做公益的意愿和能力，人数会递增，但在毕业时会跌至谷底，之后到某个时间段，比如 30～40 岁时又慢慢地重新往上走（见图 1）。我们发现用户也是这样，会有断层。他们一毕业，会面临买房的压力、结婚的压力、社会的压力，这时他们做公益的意愿下降，所花的时间非常少。所以社会上很多人难以长期坚持做一件对自己似乎没有太大意义的事情。我们希望让每个人都能够更简单地去参与公益活动，而且能持续地参与……如果用户不想给钱又想每天都做，那么能不能让企业出钱。”

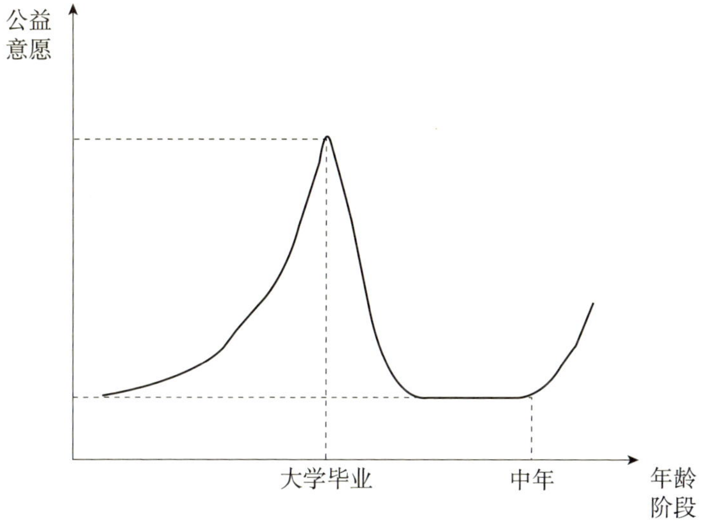

图 1　公益意愿生命周期

在这种情况下，米公益团队想到一个三位一体的商业模式，将用户、公益机构和企业联系到一起，构成一个三角模式，由企业出钱，公益机构负责工作，用户付出碎片时间，与公益社区一起成长。莫子皓和王子介绍：“与米公益合作的十几家公益机构来自全国各地，不少是小规模的专门服务于某个领域人群的机构，如湖南长沙的蝴蝶之家儿童关怀中心，关爱自闭症儿童的以琳青岛自闭症研究会等。这类低调的草根 NGO 更需要传播。”

2. 产品成型

两位创始人将团队集中起来封闭了 15 天，进行商业规划设计，快速完成了创业的准备阶段，最终顺利上线产品样板。米公益手机端 APP 让人耳目一新。下图是其中一幅宣传广告，展示了 APP 的宣传口号“让天下没有难做的公益”，以及五项小功能，包括米・伸展、米・有氧、米・扭扭、米・知和米・妈妈。

2013 年米公益移动 APP

米公益主推的“大米”是米公益定义的公益流通的一般等价物，社会公众用户可以参与 APP 上的这些活动来获得大米。比如在“米·知”回答一个问题，获得 20 大米；跟着“米·伸展”做一次肩部放松伸展操，获得 10 大米。企业捐赠的物品在米公益上有标价，比如一支铅笔标价 5 大米，用户可以用大米买下这支铅笔，捐给米公益的合作组织。通过这种方式，用户可以轻松地参加公益活动。米公益早期设计的米·伸展、米·有氧、米·扭扭、米·知和米·妈妈等五个部分，专注于日常生活中的点点滴滴，包括生活和健康等主题，吸引了广大用户积极参与，反响强烈。

王子回忆道：“从我们有这个想法，到有一个 DEMO 产品上线，一共用了半年的时间。我们找了好几家企业，都是联系校友找的，来做第一批资助方。2013 年 6 月我们在广州各大媒体都上了头版。”

一时间，米公益在公益领域的创举震惊了媒体，它们都表示对这种全新的做公益的形式感到好奇，广州各大报刊的头条都看得到米公益的身影，米公益成了焦点。

2013 年米公益还处在探索时期，但其起步阶段无疑是迅猛而富有成效的。米公益团队被拿来与当时的创业电影《中国合伙人》相提并论，人们称他们为“中大合伙人”。

那一年网易财经对年轻的米公益的报道代表了当时众多媒体的看法：“将公益与日常生活相结合，降低做公益的门槛，让公益从小众变为大众，正是这群‘中大合伙人’想做的事。”

千磨万击还坚劲

1. 一波三折

当时的米公益主要的影响范围还在广州，团队成员也都是中山大学的学生，尽管在资金、推广等方面面临一些挑战，但不存在太大的问题，因此在半年时间里米公益发展迅猛。然而，这一趋势却在不久后戛然而止。

2013 年下半年，许多问题开始浮出水面。“成也萧何，败也萧何”，问题首先出在团队身上。米公益团队因大学而聚，也因毕业而分散四方。这也是众多大学生创业团队所面临的普遍问题。毕业季来临，团队成员奔赴不同的目的地，有的人在国内继续深造，有的人出国，也有人走上了天南海北的工作岗位，团队面临分崩离析的窘境。创始人王子回忆这段经历时唏嘘不已：“大学毕业大家都有各自的去处，所以，在米公益有发展势头的时候，团队突然就散了。因为最初说好了，团队就维持半年时间，以后该读书的读书，该工作的工作。团队成员从二十几个人骤减到五人，在那之后，很多事就没办法做下去了。”

因为保研到清华大学读硕士，即使是王子本人，在这个项目上投入的精力也比以往少了。由于缺少人手与资金，再加上自己要忙学业，他们不再有足够的时间和精力投入米公益，因而整个项目的进展就慢了下来。王子说：“我们来北京，也要熟悉一下当地的人和事，所以很多事情就慢了下来。慢了下来就意味着没人去找企业，没人筹钱，用户推广也没人做，就是一些老用户天天参与一下，每天也就几百个用户。”

除了团队问题之外，米公益还面临社会企业尤其突出的问题——资金问题。一般来说，创业企业若有米公益这般执行力强而又富有远见的团队，加上对一个行业具有颠覆性的商业模式，拿到投资是不成问题的。共享单车的先行者摩拜和 ofo 就是极好的例子。但米公益不行，尽管有出色的团队和先进的理念，但它是公益性质。这类创业企业能否盈利？盈利后在社会性和商业性之间如何平衡？这些都是制约米公益获取投资的根本问题。

为了使米公益活下去，王子开始努力寻找融资。幸运的是，王子的创意受到一位投资人的关注，该投资人热心公益，对米公益的商业理念非常认同，投入 100 万元天使资金，并且提供了额外的捐助来帮助米公益维持正常运转。资金问题暂时得到了解决。

2. 不会就学

正式投入开发之后，技术上的难题随之而来。王子招了四名技术人员开发移动客户端，结果一两个月过去没有什么进展。王子怀疑这些技术人员没有投入全部精力，但他自身对技术一窍不通，因此无可奈何。王子又一次陷入困境。

“我们在北京的办公室招了四个人，全是程序员。我们这个应用需要重新写，之前是外包的。一个月后，没有任何开发成果，两个月后，依旧如此。我们发现一个很严重的问题，就是在这个领域，我们都不懂。”

经历此事后，王子和莫子皓开始学习技术方面的知识，并且请在知名技术公司工作的同学帮忙，给自己的技术人员“把把关”，又制定了一套严格的管理制度，让员工们明白，虽然米公益是一个新创企业，但是管理与技术方面丝毫不可马虎。自此，米公益逐渐摸索出一套解决技术问题的方式，也逐渐稳定下来。

2014 年，团队、资金和技术等方面的难题使米公益不得不放缓了脚步。创业本是逆水行舟，不进则退，发展的脚步慢下来后，出现了用户流失甚至卸载 APP 的情况，公益组织和企业的合作也难以推进。在解决这些具体问题的过程中，米公益开始重新审视当初确立的三位一体的商业模式，并进一步思考如何完善这种模式。

三位一体的商业模式

1. 三方模式不断完善

从创业之初的一颗种子，到今天成为茁壮生长的大树，洒下遍地浓荫，米公益一开始就对自己的商业模式有清晰的想法，并一以贯之，直至今日。

“我们的商业模式总体上就是用户、公益机构和企业三方的模式。简单来说，在这个平台上每一个参与者的角色都是不一样的。公益机构是一个负责执行的角色。对于用户来说，他们不需要花钱，每天只需要花一些碎片化的时间，就能够让自己获得成就感、满足感、认同感和一系列精神上的满足，坚持做公益并且使用我们的产品。对于企业来说，它们每年都需要做公益，这可能是一个刚性的需求，同时它们也希望通过做公益提高企业的影响力。”

三种角色互动之下，一个闭环的米公益流程呼之欲出（见图 2）。

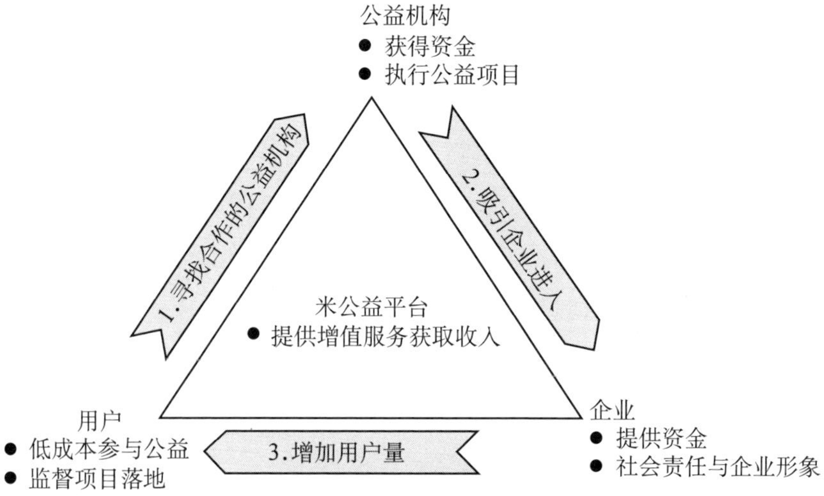

图 2 米公益的商业模式——“用户搭台，企业出钱，公益唱戏”

资方，包括企业和基金会，出于社会责任方面的考虑，存在慈善、公关乃至团队建设等多种需求。许多企业每年都有一笔钱花在社会责任方面，一些大型企业有专门的团队来执行，捐款捐物或者举办活动，实现社会奉献和企业发展之间的双赢。但大部分企业难以负担额外的成本来跟踪和管理项目。因此，当资方的慈善款进入米公益平台后，由专业的公益机构来使财尽其用，资方只须监督和评价。所以在这一环节，资方实现了省时省力，并且效益达到最大。

经过米公益审核资质的公益机构，在某一慈善项目需要用款时，比如给山区小学捐建基础设施，就可以在米公益平台上上线“山区小学捐建基础设施”这一项目。公益机构可以在平台上获得足够的资源来执行项目。在这一环节，公益机构的用款需求得到了满足。当然，米公益的项目排序不仅仅是看机构的“荣誉度”，还要结合项目本身的资料和在线热度等进行综合评价来确定。

个人用户在米公益 APP 上通过米·伸展、米·有氧等简单的任务在实现自我成长的同时赚取大米，将大米投入平台上的公益项目，兑换企业捐赠的物资。平台上的项目类型多样，包括绿色环保、教育助学、助老助残、社区服务、卫生医疗、扶贫赈灾等。而所有的筹米项目的排序涉及公益机构的信誉度、项目在线热度、项目具体情况等维度。用户作为选择方，可通过手机平台查看公益项目的内容、参与人数、捐赠额度、进程等内容。同时 APP 还具有评分功能，辅助用户判断各公益项目的信息，引导大米流向更加优质高效的项目，以此倒逼公益机构提高执行力。米公益项目建立了全透明模式，所有用户可以看到整个过程中款项物资的流向及用途。

通过手机 APP 让用户低成本、高成就感地参与公益事业，由他们决定企业的钱捐到哪个公益项目中，同时让用户知道自己是在帮哪家公司捐钱，也起到了传播企业的作用。在这个过程中，客户端的用户其实扮演了监督角色，通过审查企业和公益项目的执行情况，能够更好地促进公益项目取得实效。

在这个流程中，米公益为资方提供附加增值服务而获取收入，即米公益的主要收入来源于它为企业、基金会提供其他增值服务，例如活动策划、传播、技术支持等的咨询服务费，而非佣金或者针对捐赠款项收取管理费用。目前，米公益主要提供四种服务，包括公益捐赠、品牌传播、技术开发和员工参与，力求满足资方全方位的公益需求。

2017 年 9 月米公益作为“公益处理器”接入客户

• 公益捐赠服务。米公益通过连接资方与数百家公益机构，将资方的公益捐赠需求做到全流程专人管理和透明反馈，如米公益提出的“公益处理器”概念，帮助客户更专业地管理公益事务。

• 品牌传播服务。米公益凭借百万级的用户社区，以及几年来摸索积累的服务客户的经验，能够为企业定制活动。米公益认为自己的团队特色是“公关里最知公益，公益里最懂公关”。

• 技术服务。在公益领域多年的 APP 开发经验，加上对公益的认知与洞察，使得如今的米公益已经可以为企业客户提供技术与产品方面的服务。

• 员工参与服务。通过定制活动，加强员工参与，为企业团队建设和企业文化的塑造提供价值。2017 年，米公益为招商局集团量身定制的招商米公益平台，就是这个模式的代表作。

2017 年 9 月底“招商米公益”上线

米公益用这个三角模式取代了以前公益行业链式的运行模式，资方和公益机构的关系不会简单地随着捐款捐物的结束而结束，在米公益平台上，还有捐赠之后长期的监督与评价。用户也不仅仅充当某次公益活动的志愿者，而是长期作为整个公益平台的三足之一，为平台上所有的公益项目尽自己的心与力。这是一个三方共赢的平台，随着米公益平台乃至整个公益事业的发展，企业的形象得到提升，公益机构的执行力得到加强，用户个人得到成长。

2. “三步走”战略

但是，三位一体的商业模式如何落地，如何吸引企业用户和公益机构，却是战术层面需要进一步考虑的问题。要同时吸引三种角色大量进入米公益平台有较大难度，特别是对于初创企业而言。企业、用户和公益机构三者密切相关：企业投资与否，取决于该平台是否有足够的用户以及公益机构资源；公益机构选择合作目标时会考虑平台吸引资方的能力；而用户是否愿意通过该平台做公益，取决于平台的效率及其对用户的价值。

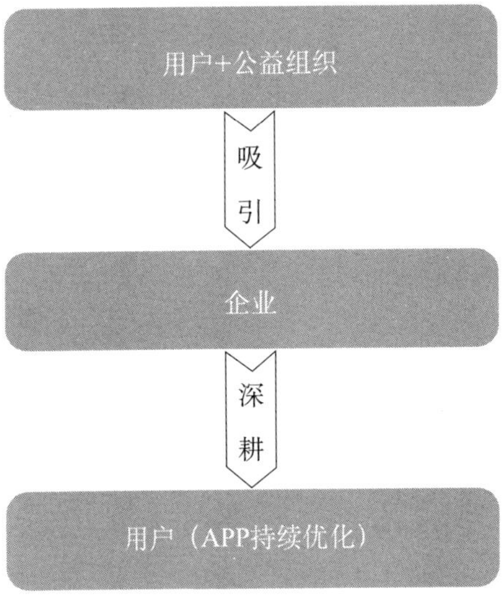

图3　米公益的“三步走”战略

因此，米公益对商业模式的执行路径做出了规划，采取了一个“三步走”的发展战略(见图3)，即在不同的时期，考虑到企业的实际，只固定地发展一个或两个方面。为此，米公益确立了对于用户、企业和公益平台分三步走的发展战略，同时，在移动端 APP 上不断进行迭代优化，使之更加适应用户的生活习惯。

米公益的第一步是重点发展公益组织和用户。对于一个既没有用户又没有公益机构资源的平台来讲，很难说服企业加入合作，更难说服投资人。从另一个角度来看，优先发展用户和平台卖方，也是多年来互联网领域的做法之一，只不过米公益将这种思路用到了公益领域。

为增长用户量，米公益团队做了很多努力。由于公益并非刚需，无法借助互联网思维依靠广告宣传吸引用户。他们想到，不如试试将公益变得极为简单并且多变，具有趣味性，降低用户参与成本，同时加入用户个人成长和自我管理的元素，以便长期留住用户。为此，就有了最早期的“米·有氧”等创意，以及为公益项目投票的大米。事实证明，在 2013 年创业之初，这些针对用户的举措起到了令人满意的效果。米公益仅凭口碑传播就迅速积聚了大量用户。

在寻找公益机构合作方面，为了使活动可靠有效率，米公益团队对公益机构进行专业的筛选。针对公益组织的评审主要包括两个方面：一是对公益机构的资质的审查，包括机构的登记注册证书、主要资助方和团队组织；二是对机构上线的具体公益项目的评审，包括项目计划书、文案等。在执行过程中，有一个针对公益机构的综合评分体系，包括米公益平台、企业和用户三方面的评分者，评价的主要维度有公益机构的资质、诚信（是否按照计划书执行项目等）与用户互动等。优秀的机构和项目会获得更多的资源，监督评价体系有效解决了传统公益行业不透明的问题。

积累了一定的用户与机构资源后，米公益的第二步是专注于吸引企业加入。企业的痛点在于如何将社会责任方面的资金变得高效率、高价值。米公益提供的公益捐赠、品牌传播、技术服务和员工参与四种服务，能够充分满足企业的公益需求。同时，他们也认识到，企业与公益机构不同，与其他行业的企业用户也有所不同，相对于价格，企业更加看重执行力和诚信。王子说：“在公益这个行业，价格低并不代表有竞争力，企业不希望出事，这是最核心的要求，企业有‘希望简单’和‘不希望出事’的特点，仅价格低是没用的，所以这个行业最重要的是品牌和信誉。”

在企业和公益机构资源较为稳定的条件下，最后一步是进一步巩固用户。为此，米公益主要在客户端 APP 上为适应用户习惯而不断作出调整，但核心理念并未变化。

3. APP 持续优化

为了让用户获得更好的使用体验，在做公益中获得自我成长和满足，米公益针对手机端 APP 进行了改进与优化。目前移动端 APP 包括四个部分：“项目”、“赚米”、“动态”和“我的”。

“项目”（美好的发生）：可以查看正在进行筹米、结束筹米和精选的公益项目；“赚米”（更好的自己）：用户通过米有氧、米早起、米聊聊和米知四种方式来赚取大米；“动态”：可以看到米伙伴的动态消息和公益项目的进展；“我的”：可以查看个人账户信息。

米公益 APP 界面

与2013年的移动客户端相比，新的APP主要有以下几个变化：

（1）增加了丰富的公益项目

早期由于合作的公益机构有限，米公益自身的能力、资金和知名度等不够，难以上线这么多公益项目。而目前移动端的项目是吸引用户、企业和公益机构进入的主要动力之一。

（2）调整了赚米方式

早期有米·伸展 、米·有氧、米·扭扭、米·知和米·妈妈五种方式，现在去掉了米·伸展和米·扭扭，米·妈妈改成了米聊聊，同时增加了米早起。这一删一改一增加，都是米公益近年来结合用户生活习惯做出的调整。米·伸展和米·扭扭在形式上有重叠，相对于其他形式来说用户参与的成本收益比略低，因而被删掉。米早起的新情境则主要迎合了大学生的需求。

（3）强化了社交属性

新的APP相较于以前增加了社交属性，用户可以邀请米伙伴加入米公益，也可以看到米伙伴的动态。新的改变抓住了年轻人的社交心理，对于扩大米公益的影响力也有极大的帮助。

经过五年的发展，三位一体的商业模式日趋成熟，截至2017年底，米公益实现注册用户数300多万，合作企业150多家，引导企业捐赠3 000多万元，合作的各类公益机构700多家，已立项公益项目1 500多个，已执行并反馈项目1 000多个。

不忘初心：不止更好的自己

1. 用户心声

传统的公益项目往往提倡付出物质、得到爱，但米公益的模式倡导参与者做公益时不仅仅付出，而且可以养成早起、运动、多联系家人朋友的好习惯。“助人者自助”，用户在帮助有需要的人遇见美好的同时，也在帮助自己遇见更好的自己。

米公益的官网上写着：“不止更好的自己，让美好的事情发生。”这样的新理念为用户提供了一个参与公益的正向激励，使之在养成良好习惯的过程中献出爱心，这十分契合现代人忙碌的生活方式，能够帮助用户更好地利用碎片化的时间，同时也能满足用户献爱心、做公益的需要，可谓一举多得。

也因此，在各个应用商店里，米公益 APP 都有不俗的表现，比如在苹果的 App Store 里，这款应用的评分为4.9，许多用户的评论也都是认真走心的推荐。

用户“麻咕00”2017 年 9 月 15 日在 App Store 的评论：“最开始知道米公益，是在朋友圈看到了一个朋友分享的捐米链接。觉得挺有意思，便也去下载了一个，转眼间，一年就快过去了。早起，走路，答题，参与各种有意义的活动，捐米，尽管中间放弃了那么几天，最终还是变成了习惯。感觉特别神奇，也特别美好，大家共同努力捐助自己喜欢的项目，这种感觉很棒。谢谢米公益，愿陪你细水长流。”

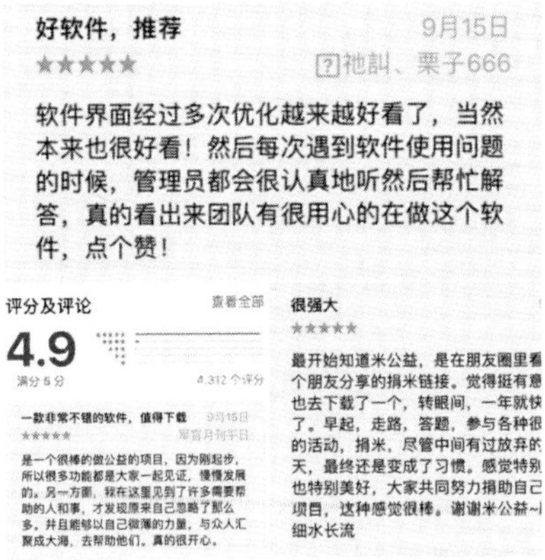

App Store 用户对米公益 APP 的评价

从用户评论可以看出来，米公益的用户忠诚度非常高。许多用户对于米公益对公益的坚持，对自己通过点滴生活小事参与公益的方式都非常满意。这种和谐的关系源于米公益团队对用户认真负责。有用户提到：“每次遇到软件使用问题的时候，管理员都会很认真地听，然后帮忙解答，真的看出来团队很用心地在做这个软件。”

2. 平衡与反思

用户致米公益生日祝福册

在发展的过程中，在企业生存下去的前提下，不忘提升整个公益行业效率的初心，米公益对其社会性和商业性做了很多的平衡。

首先，米公益的架构体现了企业对公益目标的坚持。

米公益在北京的公司负责商务以及 APP 的开发维护，包括公益项目的线上运营。为获得更多资源和机会，它在广州设立了一家民办非企业单位，负责公益捐赠方面的事务，由广州的一位米公益早期创始人负责。涉及捐赠事宜时，往往是北京公司、广州的民办非企业单位和捐赠方三方合作。

米公益北京公司设立专门的部门负责公益，有员工负责与公益组织接洽沟通，了解公益项目，促成公益组织与米公益的合作。此外，米公益平台上的公益项目也由他们维护，包括每一个项目文案、图片等展示界面的设计与编辑，需要考虑如何体现项目特色，获取更多的关注与认可。他们的工作范围还包括对项目执行的监督和反馈，与公益组织开展活动，为受助者创造更多的价值。北京公司与广州的民办非企业单位相结合的形式，以及专门设立的公益部门，都充分体现了米公益对于企业社会性的坚持。

其次，米公益的创始人服务于公益的社会情怀和企业家精神保障了组织目标的稳健性。

米公益的创始人王子在大四时产生的一个念头，促使他组建起一支团队致力于优化整个公益流程。这个过程并不是一帆风顺的，充满了坎坷，但王子没有轻言放弃，这背后的动力则是最早的那份改善公益事业的初心。正是这份执着为米公益带来了生机，也确保其社会目标的稳健性。米公益在章程中虽未明确提出利润分配的比率问题，但明确了王子和莫子皓两位创始人在企业决策中的领导地位，这很大程度上保证了米公益公司决策的连续性。

再次，米公益的团队文化和企业文化保障了组织目标的稳健性。

每家公司都有自己独特的企业文化，米公益同样如此。米公益核心文化的关键词是“公益”与“学习”。公益是王子建立米公益的初衷，他想让做公益更加简单，让每个人都参与到公益事业中。因此，王子很清楚企业的定位，并且始终以积极的态度去做公益。

王子认为，学习是帮助公司成长的重要元素，有不懂的地方并不可怕，不去学习弄懂才是最可怕的。因此，王子建立了学习分享会制度，每个月每位员工都有两到三次分享机会，分享的内容不受限制，可以是表情包的使用方法，也可以是金庸武侠小说的阅读心得交流，甚至可以分析类似企业的“抄袭”套路。这项制度对于加强员工学习意识与提高学习能力十分有效，并且营造了良好的工作氛围。王子说：“我一开始就和员工说得很明确，如果你只想着挣钱，这和我们的公司文化是不相符的，我们公司的文化是公益相关的元素，还有学习相关的元素，我不介意你进公司时什么也不会，只要你心足够诚，确实想做一些事，只要你愿意学习……这份工作是我们很多员工大学毕业后的第一份工作，于我们而言，帮助他们提高学习能力是一种责任，对他们来说也是一种需要，对他们的成长可能有帮助，毕竟我们也害怕搞砸别人的第一份工作。”

最后，米公益重现对社会企业的反思。

“社会企业”是最近比较火的名词之一，其定义的核心为，企业可以持续地解决社会问题，并且保证商业目标不高于社会目标。从某种程度上讲，做这样的企业既需要能力，也需要一定的社会责任感与情怀。米公益是一家致力于使公益更加简单的企业，因此从表面上看十分符合社会企业的定义。

但是王子有不同的看法，他认为米公益仍是一家商业企业，只是它服务于公益，公益是它的产品。而且王子不认为这对公益活动在社会上的宣传有太大的作用，相反，这样的“噱头”会让一些本意很好的行为看起来像作秀，在他看来，公益这件事做就是了，没有必要给自己的公司加上社会企业的标签。

“但凡是一个企业，最基本的责任就是要养好所有的员工，并且生产有价值的、环保的产品。只要企业做得好，有更多的成就和发展，企业会回报社会。所以我觉得把‘社会企业’的概念单独列出来反而容易令人混淆，这样的名词会使外界误以为社会企业就要降低自己的盈利目标，不需要考虑商业企业应该考虑的问题，但事实并非如此。”

虽然王子并不认为米公益是一家社会企业，但是在大部分人的眼中，米公益俨然成为社会企业的代表，王子对此也感到欣慰，毕竟这代表了大家对于米公益及其公益特点的认可。王子同时认为，“社会企业”一词的出现及其所包含的意识是好的，说明社会目标与商业目标开始融合与均衡。作为商科出身的大学生，王子在创业初期对企业的定位偏向于社会企业，但在管理与运营中，他觉得商业企业的模式不可或缺，这也是他称米公益为“服务于公益的企业”的原因。

“从历史角度看，社会企业推动了一种均衡意识，而且正在规范与引导一些企业走上成为社会企业的道路。”

挑战依然在

米公益从四年前羊城的“婴儿”变成了扎根京城的“少年”，获得了社会各界的认可和赞誉（见表1）。

表 1　近年来米公益获得的主要荣誉

1. 创始人入选《福布斯》“30 Under 3 Asia”
2. 《南都周刊》年度团队奖
3. 第二届清华大学校长杯创新挑战赛铜奖
4. 中关村高新技术企业
5. 清华 X-lab2015 年度社会创新之星
6. 2015 安平 · 北大公益传播奖入围奖
7. “中信国安创客杯”首都青年创业创新大赛优胜奖
8. 幸福科技全球创新挑战赛公益奖
9. 2015 年度北京市优秀创业项目
10. 好丽友公益梦想实践大赛行动先锋金奖
11. “北极光杯”第七届清华大学公益创业实践赛金奖、最佳商业模式奖

1. 青春的烦恼

虽然克服了自南及北的水土不服，但作为创业者，米公益仍然处于需要砥砺奋进的青春期，随之而来的挑战也像少年的烦恼，是常有常新的。

童话里许多王子都会成长为国王，肩挑重任，米公益的王子也不例外。作为创始人，这些年他考虑了许多问题，有些已经解决了，成了脚下的尘埃和脑中的记忆；有些正慢慢浮现，潜伏在米公益成长的每一个日子里，需要他常常留神。

早些年，王子需要操心资金问题，毕竟巧妇难为无米之炊。而现在遇到的问题却有所不同：后期外部融资是否会导致资本控制企业，商业利益压过公益初心？摩拜单车创始人当初说“失败了就当做公益”，显然是一时意气。王子一开始就是为了公益而创办米公益，不能想得这么简单。随着外部资本的进入，若太注重商业利益，势必有违初心；若不够注重商业利益，又有些对不起投资人。古老的中国智慧是中庸之道，但实际做起来哪有这么容易。

虽然目前米公益已经有超过300万用户，但王子仍然认为发展用户并保持用户黏性是米公益面临的另一个挑战。王子知道，虽然已经颇具规模，但米公益在用户之间仍以比较单一的口碑传播为主。2015年，联合创始人莫子皓接受采访时提到一件事，早在2013年米公益就曾经占据广州各大媒体的版面，但由此带来的用户流量几乎为零。公益属性决定了米公益在发展用户时只能点滴积累、精耕细作，广告带不来任何流量。

2. 抄袭与山寨

在公益行业，米公益绝对可以算作一个先锋者，开创了将用户、公益机构、企业三者联系在一起的平台。2012年米公益萌生借助移动互联网进入公益领域的想法，几年来，米公益的成功让许多人看到了机会，以同样的方式进入公益领域。竞争对手纷纷进入，在2014年达到一个高峰，仅苹果应用商店里的公益应用就超过40款，甚至一些大企业也添加了相关的元素。在竞争过程中，米公益的很多创意与模式被抄袭，这或许并不是公益行业要面对的挑战，只是米公益作为一家企业要面对的挑战。

王子表示这其实也是他所期待看到的现象，公益行业的竞争会扩大该行业对社会的影响力，提高该行业的认知度与认同感。他觉得公益行业仍然非常原始而稚嫩，竞争对手的进入是好事情，可以共同推动公益的发展，行业的进步不可能只靠一家企业。米公益要做的就是保持自己在该行业建立的良好品牌与口碑。谈及被抄袭的事，王子表现得十分乐观，因为这恰好代表了米公益的实力。

“对于我们来说只需要在这个行业里保持一个比较好的位置就可以了，别人抄袭我们意味着我们做得有价值。”

3. 化繁为简的挑战

发展了这么多年，米公益的移动端应用在不断迭代，加入了许多巧妙的设计。但最近王子也开始对这一现象表示担忧，因为在这个“少就是多”的时代，微信的脱颖而出就足以说明问题。精致巧妙的设计不可避免地导致用户的学习成本上升，例如要了解米公益平台上每一个公益项目是如何运作的，企业如何捐钱捐物，用户怎样赚取大米，公益组织怎样执行，又怎样反馈，以让社会和用户可见。一方面，做公益注定要有这一套复杂的逻辑，注资—执行—监督；另一方面，只有降低用户的学习成本，才能更好地推广米公益。

尽管面临这些挑战，但年轻的米公益保持着从王子和莫子皓等创始人身上所带来的理想主义情怀，就像是五月的蝉鸣，盛夏将至，正是高歌时节，所谓居高声自远，非是藉秋风。

（王强　占烁　许艳芳　米壮）

参考文献

1. 俞宪忠. 市场失灵与政府失灵. 学术论坛，2004（6）.

2. 王名，朱晓红. 社会企业论纲. 中国非营利评论，2010（2）.

3. 陈秀峰，李莉. 企业社会责任的兴起与中国公益基金会事业的发展. 经济社会体制比较，2008（3）.

4. 王振耀. “互联网 + 公益”给中国公益事业带来一场革命. 红岩春秋，2017（2）.

5. 王名. 中国公益慈善：发展、改革与趋势. 中国人大，2016（7）.

企业资料

1. 米公益：移动互联网如何做公益催化剂. 腾讯公益.（2013-08-07）. http：//gongyi. qq. com/a/20130807/015508. htm.

2. “米公益”让天下没有难做的公益. 网易财经.（2013-07-25）. http：//money. 163. com/13/0725/03/94JMU9RI00253B0H. html.

3. 90 后米公益创始人王子：公益是平的，公益也是一种消费. 虎嗅网.（2014-09-18）. https：//www. huxiu. com/article/42796/1. html.

4. 米公益官网：www. ricedonate. com.

乐朗乐读：

让读写障碍者阅读没有障碍

一个能阅读的孩子长大之后，人多的时候不会失去自我，人少的时候不孤单，这是我们的使命所在。

——乐朗乐读创始人黄兰紫

乐朗乐读是一家秉承企业家精神，运用商业手段，专注于中国读写困难儿童矫正治疗和提高学生读写能力的社会企业属性的商业型连锁教育培训机构，公司创始人是黄兰紫女士。作为国内读写困难矫正治疗领域的领先品牌，乐朗乐读同时也聚焦于小学生读写能力提升教育。作为国内首个学习能力（阅读）智能教学提供商，乐朗乐读始终专注于读写障碍和学习能力提高教育领域。自创立以来，乐朗乐读与香港读写能力教育领域专家合作研发的课程包进阶算法，利用触发分值范围和课程包相匹配的原理，实现按照课堂评分自动提供同步自适应课堂教学，并提供优质且操作容易的教学方案，为每个学员提供个性化定制教学。乐朗乐读希望通过商业手段解决读写困难这一社会问题。

2009 年 5 月 18 日，一个曾出版梁思成《中国建筑艺术二十讲》的文艺女青年放弃她已倾注十多年心血的出版事业，在北京创立了国内首家专注于小学生读写障碍的专业教育培训机构。这是她的人生、事业的重大转折，从此教育界便多了一个专注于读写障碍领域的教育工作者黄兰紫老师。她的事业从图书出版开始转向致力于解决小学生的读写障碍教育。2009 年前后，在国内对于读写障碍的认知还非常有限之时，黄兰紫所带领的乐朗乐读已经开始为改变读写障碍学员的周遭环境而大声呐喊，希冀家长、学校和社会能够更多地理解和帮助这些被误解的“聪明的笨小孩”。

在乐朗乐读双安校区的教室中交流时，黄兰紫谈及这次事业转型和创业历程颇有感触。“其实那个时候我在出版业内小有名气，我可以很优雅地活着，也很享受在聚会的时候有人说，‘兰紫，那本书是你出版的，我读过！'”但为了她的这些受到读写障碍困扰的孩子，她选择了重新开始。每当谈起她的“孩子们”的时候，她的眼里都充满了柔情与疼惜。此时的她对未来国内读写障碍事业和适龄儿童读写能力提高事业充满了憧憬，她要用自己的努力去改变一代又一代中国青少年。

创业的路途并非一帆风顺，在通往成功道路上的风景也曾很差过。从乐朗乐读创立前的北京市朝阳区雷锋小学的实验教学到现有的两个北京地区直营校区和全国数十家连锁加盟店，从引进香港先进的教材到本地化后更适合内地情境的教学材料，从传统的因材施教教学到在线教师教学软件系统以及进一步升级的智能化教学系统“PDA 学堂”，从读写障碍教育培训社会事业到勇于承担更大的国内青少年学习能力提高的社会责任，乐朗乐读不断砥砺前行，始终不忘创建读写障碍教育事业的初心。

“我们理解市场的痛点，有助于缩短经验丰富的教师和新教师的教学水平差距；我们希望：成为孩子们的榜样，有商业价值的社会企业也可以获得有尊严的收入；我们希望：用市场的力量影响购买和赢得资本青睐；我们希望：影响更为深远，直到立法”，这是乐朗乐读的企业宣言。

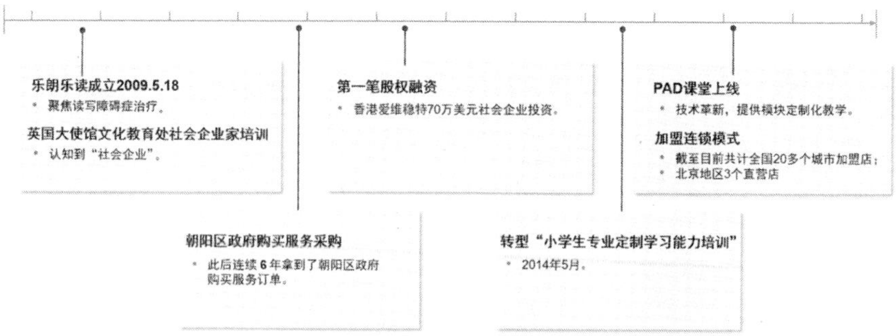

乐朗乐读发展历程

“我不笨，只是读得慢”

与西方国家和我国港澳地区对读写障碍的认知深度觉醒不同，我国内地对读写障碍认知缺乏，大众对这一理念的认知和重视仍有待持续培育，亟待社会教育普及。一般认为，读写障碍是一种常见的学习障碍。有读写障碍的孩子不能很好地处理口头或书面的文字信息，他们在阅读和书写的时候非常困难。

世界卫生组织发布的国际疾病分类（ICD－10）对读写障碍的定义是：“阅读障碍分为获得性阅读障碍和发展性阅读障碍。前者是指后天脑损伤或疾病引起的阅读困难；后者是指个体在一般智力、动机、生活环境和教育条件等方面与其他个体没有差异，也没有明显的视力、听力、神经系统障碍，但其阅读成绩明显低于相应年龄的应有水平，处于阅读困难的状态。”心理与教育研究中主要研究的是发展性阅读障碍。本文中所指的读写障碍或读写困难统一指代发展性阅读障碍。研究表

“我不笨，只是读得慢”

明，读写困难不是由智力因素引起的，甚至许多阅读障碍症者的智力水平高于常人，只是脑部处理阅读和拼写的区域与常人不同，有读写困难的孩子往往是被误解的“聪明的笨小孩”。

“目前香港地区建立了全民普查的机制，针对读写障碍形成了一整套社会机制，适龄儿童在入学半年后通过量表进行筛查，做到了全民测试，香港大学教育学院也开发了专门的教材。2012 年的香港数据显示，12% 的受访者有读写障碍。内地没有现成的针对读写障碍的筛查机制，2014 年我们测试了 1 万多人，显示的是 10% 的罹患率。从现象上看近几年的数据显示读写障碍比例越来越高，读写障碍已经成为妨碍孩子身心健康发展比例最高的疾病。”

根据中国科学院心理所“中国读写困难现状调查”课题组 2014 年在北京、武汉、济南等地对 2 000 多名小学生的筛查，读写困难症疑似发生率达 11% 左右。按此推算，全国目前有超过 1 000 万名小学生受到读写困难症的影响。然而，读写障碍现象并不为人所知，学界研究十分有限，社会公众认知更是有待普及。此外，很多家长无法接受自己的孩子存在读写困难这一现象，认为这是对孩子智商的否定，是一种侮辱性的行为。

一般认为，读写困难包含三种情况：阅读和语言困难，在字词发音、阅读速度、节律、词汇量和字词理解等方面的困难；书写困难，笔画不规范，写字间距不一，口语表达和书面表达有较大差距等；动作协调问题，平衡力欠佳，握笔姿势不协调。若表 1 所示的 12 项中符合 6 项，并持续 6 个月的话，孩子有 70% 的可能性存在读写困难问题。

表 1　读写困难学生特征

序号	读写困难学生特征
1	阅读吃力，读错字
2	阅读后不理解内容
3	朗读不流畅，跳字、跳行
4	逃避书写，书写困难，字体不工整，容易写错字
5	抄写时间长，需要看一笔写一笔
6	注意力集中时间短

续前表

序号	读写困难学生特征
7	听课效率低，多动
8	缺乏运动细胞，平衡感不好
9	握笔姿势不良，系鞋带和使用筷子动作笨拙
10	人际关系处理不好，内向害羞或者性格急躁
11	自信心低落，容易放弃
12	聪明，但是无法用于学习

资料来源：乐朗乐读.

雷锋小学的实验教学

黄兰紫最初的理想是建立像兰登书屋一样的出版机构来改变和影响一代又一代中国人，做一个优秀的图书出版人。在进行创业抉择时，黄兰紫选择从创业决策中的效率逻辑出发，从分析读写障碍问题现状和解决手段开始，在此基础上试图确定自己能够做出哪些努力和取得哪些成果，并通过社会关系网络积极地同行业专家、政府教育部门、患者家长互动，获得行业专家的专业支持、政府教育部门的教研立项支持、专业社会机构香港爱维稳特的股权投资以及学生家长的理解和支持。凭借这些利益相关者的不断加强投入与承诺升级，乐朗乐读从技术角度和商业模式更新角度不断升级公司教学技术平台和扩张业务规模，实现公司业务的不断扩张和迅速增长。

黄兰紫最初是在图书出版工作中开始接触到读写困难这个概念，她最初的愿望是通过出版读写障碍的相关书籍，帮助读写困难者提高读写能力来获得更高的图书阅读量，进而提升相关图书的出版量，这是一个典型图书出版人的理想。于是她去香港向一些读写困难症矫正治疗领域的专家学者求教，香港大学教育学院副院长谢锡金教授等专家无偿地提供了关于读写困难症治疗的部分材料供她阅读。与香港读写障碍领域专家的结缘也吸引了一批香港的专业人士加入乐朗乐读专家团队，现有专家团队成员包括香港大学教育学院副院长谢锡金教授、香港大学教育学院助理教授何福全、潘伟智博士，以及香港理工大学护理及医疗科学系副教授黎程正家等。黄兰紫在那个时候接触到了香港关于小学生读写能力培养的教材，她一眼就看中了这套教材的价值。“在内地还是填鸭式的应试教育的时候，香港已经开始通过提高学生读写能力来提升学生学习能力。”

黄兰紫开始尝试引入这套教材在内地出版。在解决教材本地化的过程中，中国教育学会中国语文教学专业委员会将此纳入了“读写困难识别和干预矫治”课题组学术研究课题，首先在北京雷锋小学做实验教学进行教材研发。在此过程中也和教育界的专家合作改进这套引进教材，使之更适应内地的实际情况。雷锋小学的实验教学获得的成功使黄兰紫对这套教材产生了极大的信心。

课堂上

在实验教学快要结束的时候，有学生家长问：“兰紫老师，你会走吗?”黄兰紫说：“当然是会走的，我的理想还是做一位优秀的图书出版人。”对当时的她而言，这只是一项为了开发教材的实验教学而已，她肯定还要继续从事她心爱的出版事业。然而，学校老师和学生家长不断地找到黄兰紫，希望她把读写困难治疗继续做下去。此时醉心于成为优秀图书出版人的她开始有了些许犹豫，是坚持初心做好图书出版事业，还是转而全职做读写困难症治疗事业？最初，她还是更倾心于继续做图书出版人的，虽然做好读写困难症教育对她来说也是意义重大。

这时，莹莹的出现触动了黄兰紫。莹莹是北京市朝阳区雷锋小学的学生，被诊断为有严重的读写困难问题，是黄兰紫早期的学生之一。在教学两周后，黄兰紫欣喜地发现莹莹发生了许多可喜的变化，比如开始说一些短句和句子，开始使用介词等。有一天，莹莹的奶奶到教室找到了黄兰紫，当面向她表达谢意："孩子变了，莹莹从最早的说话只能蹦词语，到现在能够像打开的水龙头一样开始成句成句地交流了；变得更爱看书了，回到家就会打开书本开始阅读，而之前孩子对阅读是排斥的。”莹莹的变化给黄兰紫的内心带来了很大的触动，她开始思考从事读写困难症教育事业的意义。

“我知道，因为开始享受阅读，莹莹的世界从此不再孤独，在她还来得及的年龄我可以带她到阅读的世界，让她感受一个完全不一样的人生，没有什么事情比这件事情更有意义，更加吸引我。在我纠结的时候，最终是‘来得及’这三个字让我做出了选择。”

刚好那时黄兰紫去了未成年犯管教所举办读写困难症干预治疗的活动，管教所墙上的三个字“来得及”给了黄兰紫极大的感触。黄兰紫说：“国际上关于读写困难症干预治疗有一个定律，就是12岁前干预治疗效果最佳，超过12岁治疗疗效将大打折扣。一般认为7～8岁为训练黄金期，9～10岁为训练关键期，11～12岁为训练修补期。12岁以前是完全来得及的，也是有效的。我做出版影响的更多的是成年人群体，而在读写困难症患儿现在还来得及的时候介入治疗会更有意义。”

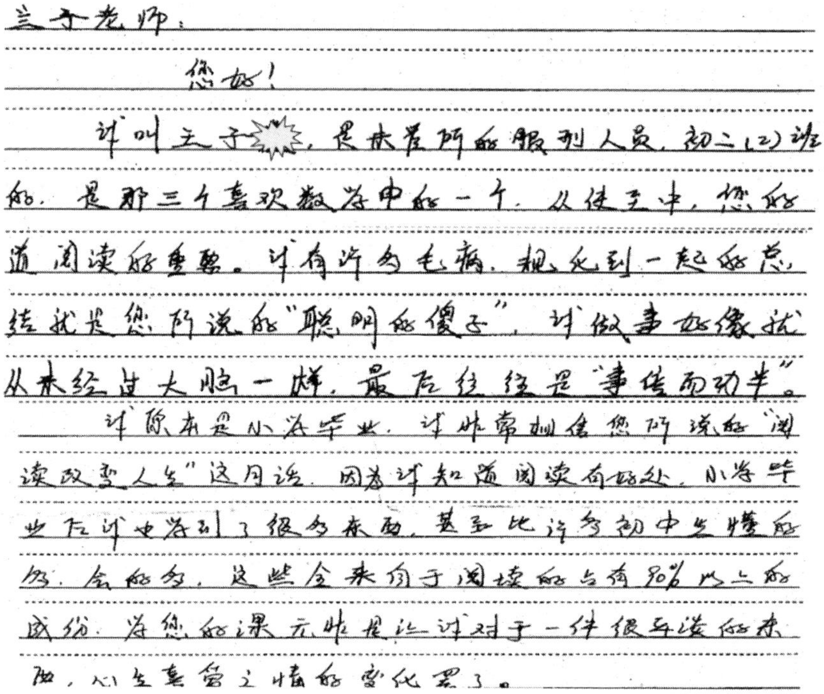

兰子老师：

您好！

我叫王子[redacted]，是我管所的服刑人员，初二(2)班的，是那三个喜欢数学中的一个。从您这里，您知道阅读的重要。我有许多毛病，积累到一起的总结就是您所说的"聪明的傻子"，我做事好像就从未经过大脑一样，最后往往是"事倍功半"。

我原本是小学毕业，我非常相信您所说的"阅读改变人生"这句话，因为我知道阅读有好处，小学毕业后我也学到了很多东西，甚至比许多初中生懂的多，会的多，这些全来自于阅读的占有80%以上的成份。学您的课就是让我对于一件很平淡的东西，心生喜爱之情的变化罢了。

北京市未成年犯管教所的来信

最初黄兰紫并不知道社会企业这个概念，在她看来，传统概念上的社会公益是不倡导盈利和收费的，更多的是无偿的；而她要做的事情是教育培训，是要收费的，所以黄兰紫对此很困惑。在参与 2009 年英国大使馆文化教育处的社会企业家培训之后，黄兰紫开始接触到“社会企业”这一概念，“从英国的实践来看，社会企业需要具备的属性是商业属性和社会问题解决导向属性，社会企业在英国和印度都是企业家做的，而不是公益机构做的，公益机构转型做的成功率很低。社会企业会从商业角度考虑和解决存在的问题，而商业属性决定了社会企业更为突出高效率和强调有效性，从这个角度来看社会企业有很大的价值。”这场恰逢其时的社会企业家培训坚定了黄兰紫带领乐朗乐读在社会企业道路上走下去的决心。“2008 年或者 2009 年的时候，读写困难的百度搜索条目是 1 500 个，而 2017 年是 280 万个，社会对于读写困难症的认知正在提高，这就是乐朗乐读所做的社会贡献。”

2009 年 5 月 18 日，乐朗乐读在北京市海淀区注册成立，黄兰紫开始全身心投入读写困难教育事业。黄兰紫希望在孩子们还来得及的年龄教孩子们阅读。创业之初的道路并不平坦。与一般类行业创业不同，读写障碍教育领域的专业技术含量高，教学研究的投入需求很大，这就决定了乐朗乐读的产品开发很难通过践行最小化可行产品（minimum viable product）概念来快速检验产品或方向是否可行进行快速试错，增大了乐朗乐读的创业风险。课程研发的巨量和前期收入严重不足导致入不敷出，几乎花光了黄兰紫的全部积蓄。“有一段时间发不出工资，我不得不把做出版时候库存的 8 吨书当废纸卖给回收的人，用这几万元给员工发了工资。作为曾经的图书出版人，却如此贱待书籍，当时真的特别难过。”

在经历困难的同时，乐朗乐读也获得了不小的成功。首先是拿到了北京市朝阳区政府采购服务合同。早在 2011 年，朝阳区政府社会建设办公室建立了“朝阳区社会组织培育基地”，乐朗乐读就是首批 8 家机构之一；同时，朝阳区政府也购买了乐朗乐读所开展的公益项目——“蒲公英种子讲师计划”，大力支持面向朝阳区的小学和社区开展的读写困难常识和亲子阅读方法的宣传推广。截至目前，朝阳区政府已经连续 5 年将“读写困难儿童助学计划”纳入政府购买服务项目，乐朗乐读也获评朝阳区优秀社会服务品牌，为有读写困难的孩子提供矫正治疗帮助。凡具有朝阳区小学学籍的 6～12 岁适龄读写困难的学生，将最高获得 3 000 元的政府补贴。受助生将获得专业的、持续的读写能力训练以及全面的、个性化的训练跟踪。2016—2017 年度的“克服读写困难，拯救天才计划”以“家庭教育进校园”“家长俱乐部”“小学教师沙龙”“街道公益大课堂”等多种形式，深入学校、街道社区和企业等，开展了 30 余场活动，预计影响人群达数万人。

其次是乐朗乐读在 2013 年初获得了香港爱维稳特的社会企业投资，这笔 70 万美元的融资缓解了乐朗乐读的生存压力，乐朗乐读就此开启了探索转型之路。"这笔钱至今也是中国社会企业界所获得的最大单笔投资之一，"投资方香港爱维稳特的合伙人李怡然在接受采访时说出了投资乐朗乐读的动因，"我们见了很多社会企业的创始人，而黄兰紫更像是一个老师，更专注于解决读写困难这个社会问题。"

获得融资之后的乐朗乐读开始思考读写障碍矫正治疗领域所真正存在的问题和如何能够从本质上解决这些问题。

技术革新与业务转型

乐朗乐读的转型是技术转型和商业模式转型互相作用的产物，其成功的原因在于具备双螺旋能力并不断进化。从创新双螺旋角度出发，技术创新与业务转型是一种双螺旋促进关系，技术创新与市场需求是社会企业商业模式发展的两大原动力；同时，技术创新与市场需求创新之间也存在明显的交互作用。技术创新与市场需求创新是一种双螺旋促进关系。在双螺旋的相互作用下，乐朗乐读的社会企业商业模式不断向前发展。乐朗乐读不断推进的技术革新和日益增长的读写障碍治疗与读写能力提高领域的市场需求，是乐朗乐读不断向前快速发展的原动力，二者通过相互作用、螺旋上升，不断提高乐朗乐读的核心竞争力。

1. 技术革新：用技术手段促进教育公平

2009 年，黄兰紫接到重庆山区一个支教老师的电话。对方介绍说他正在山区支教，希望黄兰紫能够提供技术支持，帮助改善山区孩子所存在的读写困难问题。黄兰紫想了许久，得出了几个可能的方案：第一，派一个老师到山区待一年；第二，让这位支教老师到北京进行一年学习。最后由于时间成本和技术手段制约，不得已不了了之，到后来也没有跟进和反馈。

在获得香港社会企业投资机构——爱维稳特的70万美元社会企业股权投资后，乐朗乐读的财务状况得到了很大的改善。在生存压力缓解之后，公司开始把注意力转向思考商业模式问题。随后乐朗乐读做了两个重大的经营决策：一是实现教学模式模块化和定制化；二是通过技术手段做到教师培育批量化。这两个经营决策的实现都离不开乐朗乐读前瞻性的技术提升效率的理念。乐朗乐读开始走上了一条致力于技术服务教育的探索之路，把解决读写障碍教育场景中的教师、学生和家长的痛点作为切入点，力图以技术手段重构读写障碍教育事业，现有的PDA教学平台已经达到了自适应学习阶段。

在黄兰紫看来，行业发展的最大制约在于专业教师团队的培育困难，这直接制约了读写困难教育事业的发展，乐朗乐读开始尝试用技术手段改进教师培训和授课模式来解决这个问题。据乐朗乐读分析，内地需要2万多名读写困难专业领域的教师，而现状是专业教师匮乏。“在整个香港地区现有的教育能力下，香港一年最多能培养30名读写能力培训师。但是如果我们要培养1万名专业教师，按照传统教师培育模式的速度需要超过300年的时间，这显然是不可接受的。内地千万量级的读写障碍儿童也等不起这么多年。”

传统教育的有效性依赖于教师的因材施教能力，优秀的教师从学生个体差异出发，进行差异化教学，使每个学生获得最佳发展。因材施教的教学模式对教师素质和水平要求极高，现有的传统学堂教学模式以教师为中心，教师既要实现班级教学，又要根据每个学生的特征实施针对性辅导。实际上，一个班级往往有数十个学生，教师难以有效地关注到每一个学生，直接影响了教学质量，忽略了学生的个性化。

互联网技术使得通过模块化复制提供规模化教师培育成为可能，黄兰紫的设想是“专业教学软件平台＋培训人员”等于“‘牛’老师”。黄兰紫用中医看病的比喻解释说：“这就好比中医，以前一个好的中医要经过很长时间才能培养出来，中医配药很难学。一个很牛的老师要培养起来也需要很长时间。而现在，自动化软件实现了相当于中医配药的功能，计算机可以根据每个孩子的具体情况给出学习计划，这大大降低了对老师的要求，从而缩短了老师培训的时间。”

通过教学软件智能化匹配教学内容和教学方案的方式，乐朗乐读实现了教师培训领域质的突破，打破了专业教师缺乏对读写困难教学领域的制约。“以前培训一个老师需要至少半年，配合现在的教学系统，一周就够了。”

与此同时，乐朗乐读还实现了纸质教材的全面电子化。受到活字印刷术模块化拼装组合的启发，乐朗乐读将读写障碍教材划分成了若干模块。乐朗乐读把读写能力提高的所有教材全部打碎，按照模块化的方式输入到软件系统中；同时，运用大数据和智能评测功能，对学生进行个性化诊断，然后针对不同的学生提供不同的教学方案。通过技术革新将教育项目内容先标准化再模块化，标准化产品的可复制性为未来的加盟连锁扩张模式打下了技术基础，为乐朗乐读在全国实现快速复制开设门店或加盟店提供了可能，也极大地突破了教师数量不足的瓶颈。借此，乐朗乐读提出了标准化智能教学。

2013 年 9 月 8 日，乐朗乐读研发的在线教学软件系统正式上线投入使用。通过采用线上教学平台，乐朗乐读在实现了小班化教学的基础上，进一步实现了同班授课中的个性化教学。课上老师通过电子平台给学员布置作业，下课时老师也会同步在电脑端把学员教学中的统计数据推送到家长的手机端，使家长在课下更好地参与到孩子的教育中，实现学校、学员和家长三方的有效互动。然而乐朗乐读并不满足于此，而是希望在已经实现自动化的教学软件的基础之上打造更为智能化的教学系统。

随着北森测评 CTO 白俊义的加入，乐朗乐读迅速将智能化教学系统变成了现实。2016 年 7 月，“PDA 学堂”正式上线，实现了智能匹配教学/学习任务和自动测评的功能。PDA 学堂作为一个全智能教学管理系统，内容不仅囊括智能化教学，还包括对所有学员及教师的综合性管理及后期维护和服务功能。PDA 学堂的上线使得课堂上学生通过 PDA 端口同步完成训练，并形成教学数据记录；课后教师在电脑端根据系统分析向家长推送训练成果，家长实时在移动端接收孩子的训练成绩和测试结果图表，以及课后训练安排计划。

PDA 学堂共设计了四个端口，分别为学生端、教师端、校长端和代理端。通过自动收集每个学员的学习数据，系统能够动态记录、反馈和评估学生的学习进度，并自动匹配相应的学习任务，达到了个性化教学和智能化教学的目的；同时，也实现了小学阶段的混龄教学。教师可以通过教师端口实现对每个学员学习进度和状况等相关数据的掌控，能够更有针对性地进行互动并提供帮助；教师也可以根据系统评估结果，对课程内容和教学质量进行实时评估和改进。管理人员可以通过校长端口及时了解各个校区每个班级的各个学员的学习数据，收集各个教师的教学数据并进行有效评估，进而对整体教学状况进行把控，做到及时调控。代理商端口使得乐朗乐读连锁加盟模式扩张实现了可能，摆脱了传统教育领域对名师的依赖；同时，智能教学系统能够使代理商做到实时把控，也便于乐朗乐读对加盟商的监管和评估。此外，家长也可以通过手机平台进行学校、孩子和家长的三方同步互动，实现家校实时互通。教学系统的完全可视化使得家长能够对教学质量实施监督。技术让教育更公平，利用技术手段乐朗乐读实现了“山区的孩子和北京的孩子可以享受同等质量的教育”的抱负。

通过创新性的教学平台、教师培训模式的技术革新和模式创新，乐朗乐读形成了大量数据沉淀，比如学员的学习行为、习惯等；课程包和算法都形成了专利，为进一步实现机器学习升级和智能化教学打下了技术和数据基础。乐朗乐读的这套系统不仅产品设计界面简洁易学，也有利于通过加盟连锁的商业模式快速在全国范围内普及学习能力提高教学培训。

“如果现在那个重庆山区的老师找到我们，我们就会有能力帮助他：

通过短期的培训，给他提供一个账号，通过技术来进行辅助教学。这就是技术、教育公平产生的贡献，使个性化教育是可以复制的，这是我们的探索之路。”

2. 业务转型：承担更大的社会价值

在北京直营店的读写障碍教学中，有一个现象引起了黄兰紫的注意。在北京，很多妈妈组成团队轮流接送孩子上下课。因此经常会出现这样一种情况，一个读写困难的孩子由另外两个正常的孩子陪着一起上课。这些读写能力正常的孩子的数量大概有 10 个，但这些孩子读写能力的改善程度让黄兰紫非常吃惊。在去香港交流的时候，黄兰紫把这个现象做了分享，引起了比较大的关注。香港的专家告诉她，读写能力的提高教育是所有孩子都需要的。

国际上在特殊儿童教育中非常流行蒙台梭利教育法，这种教育法在设计的过程中最初针对的是残障儿童，但在实际应用中对正常健康儿童也能够起到很大的教学作用。读写困难改善的教材用于正常读写能力的儿童也可以起到提高读写能力的作用，甚至提高的效果会更好。

由此，黄兰紫开始思考业务转型的可能性，从只专注读写障碍教学转向学习能力提高培训教学，不仅面向读写障碍儿童群体，也面向有学习能力提高需要的学员。如果将读写困难教学应用于正常孩子，那么乐朗乐读过去所采用的运营模式就需要做出改变。乐朗乐读之前所从事的事业更多是社会价值导向，究竟是否需要引入更多的商业化运营元素，使企业转型成为不仅面向读写困难儿童的培训治疗，也面向正常阅读能力的学员读写学习能力的改善和提高训练，即关注学习能力提高的专业培训机构呢？

乐朗乐读通过全体会议的方式讨论是否要转型，最后的投票结果是 8:2，通过了业务转型的决议。乐朗乐读从此开始转型为聚焦于更广的读写学习能力提高领域。这次转型在赋予乐朗乐读机会获得更多商业价值的同时，也使得其有机会创造更大的社会价值。

转型之后的乐朗乐读聚焦于提高适龄儿童的十大学习能力，培育孩子的综合学习能力（见表 2）。乐朗乐读希望通过市场的力量影响家长的购买服务行为，并通过商业化运作获得资本的青睐，产生更为深远的影响。

表 2　十大学习能力

序号	能力类型	能力内涵
1	阅读能力	提高儿童阅读的速度和准确性，更准确地理解文章的含义，让孩子爱上阅读。
2	书写能力	帮助儿童更准确地掌握文字的间架结构，提高书写的速度和准确性，让书写更工整。
3	专注能力	提高儿童听觉、视觉专注力的集中性和持久性，有助于儿童学习效率的显著提高。
4	记忆能力	提高儿童记忆知识的速度和准确性，运用联想、形象等好的记忆方法，轻松掌握所学内容。
5	人际能力	提高儿童在群体中和谐相处的能力，帮助孩子走出自我中心，学习公平、分享、礼让与合作。
6	表达能力	增强儿童的沟通能力，让孩子的语言更流畅，词汇更丰富，当众演讲时更勇敢，更有自信。
7	自省能力	提高儿童认识、洞察、反省自身行为的能力，帮助孩子正确认识和评价自己，增强规则意识。
8	想象能力	帮助儿童不断扩展思路，增强知识间的联结，让儿童遣词造句语言丰富、更新颖、更有趣。
9	逻辑能力	帮助儿童正确、合理思考，对事物进行观察、比较、分析、推理，让儿童更准确而有条理地表达自己。
10	观察能力	培养儿童细致观察和发现的能力和习惯，促进孩子自己思考和解决问题，让孩子表现更出色。

资料来源：乐朗乐读.

盈利反哺公益

1. 商业模式

目前国内读写困难问题依然没有引起足够的社会关注，亟待社会教育和知识普及，而从事读写困难教育领域的企业和公益组织严重匮乏。在解决读写困难教育问题上，乐朗乐读作为一家社会企业，始终坚持以商业模式反哺公益，以盈利补贴贫困家庭读写困难儿童的治疗。社会企业的特质决定了乐朗乐读并没有采取收入上依赖资助和捐助的传统公益组织输血模式，商业化所带来的盈利和可持续经营能力消除了依赖“输血”制约的窘迫，从而获得了更快、更可持续的发展能力。“建立专业改善儿童读写困难的培训机构，为低收入家庭提供减免服务，形成交叉补贴。用企业的方式改善社会问题，是我们最有创意的地方。”

乐朗乐读目前的收入主要来源于学生学费收入、政府采购服务收入（以北京市朝阳区政府采购服务为主）、各类基金会资助、补贴和投资以及加盟连锁收入。乐朗乐读在保证企业的社会属性的同时，又能获得稳定现金流入，从而提升自身的可持续经营能力。

根据社会企业商业模式的特点，乐朗乐读的商业模式可归为整合模式中的交叉补贴模式，即通过教育培训和加盟连锁盈利反哺解决适龄儿童读写困难问题。乐朗乐读的主要社会目标是解决读写困难儿童和非读写困难儿童读写能力提高问题，主要客户是读写困难学员和非读写困难学员，直接关联对象包括政府、公益机构、投资机构、小学、学员和学员家长，利益主体复杂多样。针对不同客户，乐朗乐读采用三种不同的收费策略：（1）非贫困家庭读写困难学员收费标准是 3 000 元/人/期；（2）在政府服务采购项目中，采取政府补助一部分、企业减免一部分、学员缴纳一部分的模式；（3）按照国际社会企业运行交叉补贴，乐朗乐读每年拿出收入的3%～5%为贫困家庭的读写障碍学员提供扶持。

乐朗乐读的产品价值定位分为专业的读写能力提高和读写困难儿童教学治疗两个方面。2014年，乐朗乐读从专注于读写困难儿童教学治疗转型成为读写能力提高专业教学培训后，利用原有的针对读写困难儿童的教材，将业务板块拓展至针对读写能力正常儿童的读写能力提高，开始聚焦于改善我国少年儿童阅读能力的社会问题。虽然其所聚焦的社会问题在范围上有了较大的扩展，但乐朗乐读始终不忘读写困难儿童教育的初心，依然在读写困难领域中不断前行。

从乐朗乐读的基础资源来看，我们将其所具有的基础资源划分为重要伙伴、核心资源和关键活动。乐朗乐读的重要合作伙伴包括读写困难研究领域的行业专家资源（如香港学界资源、中科院心理所和北京教科院等）、各类公益基金会（如南都公益基金会、友成企业家扶贫基金会、海航集团和爱维稳特等）、加盟商和学生/家长/中小学教师。乐朗乐读所具有的核心资源主要体现为教学系统平台、PDA学堂、专业的读写能力教学团队和独有的教学材料。这些资源和乐朗乐读为之所采取的经营活动为企业发展奠定了资源基础。

乐朗乐读面对的客户可划分为三类：目标客户、客户关系和分销渠道。乐朗乐读现有商业模式中的客户群体分为：K12领域读写能力正常的儿童、读写困难儿童和政府采购服务。乐朗乐读的分销渠道分为直营店渠道和加盟店渠道，目前乐朗乐读共有北京地区直营店2家、全国加盟连锁店42家，加盟连锁模式成为乐朗乐读扩张的主要模式。2014年5月正式转型至专业性小学生定制学习能力培训业务，目前北京地区直营店读写困难儿童和学习能力提高儿童入学人员比例各为50%，京外地区加盟连锁店学员则有95%聚焦于非读写困难儿童的学习能力提高教学。乐朗乐读客户关系维护主要采取官方网站、微信公众号和公益讲座/分享会的方式，线上和线下并举。

近年来，借助商业和技术的力量，乐朗乐读获得了快速发展。乐朗乐读获得香港爱维稳特 70 万美元投资后财务状况大为改善，转型为读写能力提高教学培训机构后更是获得了持续稳定的正向现金流，提高了公司的可持续经营能力；同时 PDA 学堂的上线实现教学的可复制化，借助加盟连锁模式，实现了规模上的快速拓展。“按照原来的速度，我 60 岁前可以开 20 所学校，现在有了自动化软件系统，去年一年就开了 20 所学校。到 60 岁前，我也许可以开几千所学校”，黄兰紫对乐朗乐读的未来充满信心。

未来，乐朗乐读计划实现传统教学收费的盈利模式向线上技术进步带来的加盟店分成盈利模式的转变。通过打破技术壁垒，实现更多地域的公平教育，让更多适龄儿童从中获益。

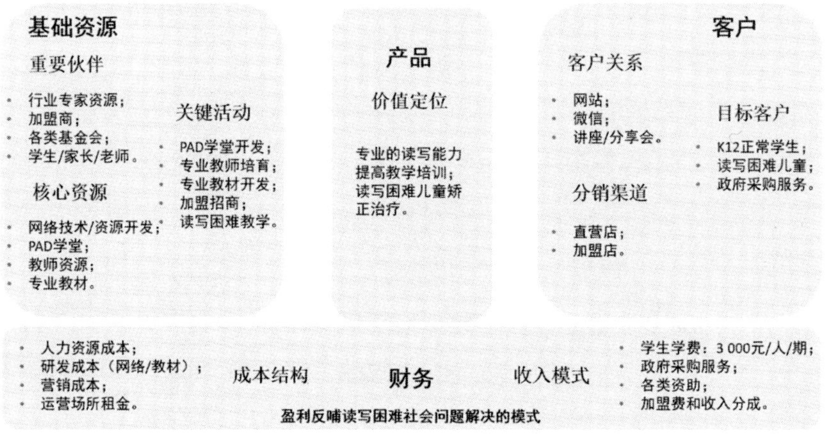

乐朗乐读的商业模式

2. 使命、愿景和价值观

乐朗乐读在公司创立初期就确定了企业目标和使命、愿景、价值观，这也从根本上保障了公司在致力于改善社会读写困难儿童周遭环境和提供有效的教学干预的社会事业上的不偏移和不动摇（见表 3）。

表 3　乐朗乐读企业使命、愿景和价值观

使命	动员全社会重视儿童读写困难问题，改善其处境，因材施教，实现教育公平，使他们成为爱阅读的阳光少年。
愿景	不让一个孩子阅读落后。
价值观	阅读改变人生。

乐朗乐读始终坚持“阅读改变人生”的价值观，致力于“让更多的孩子进入阅读世界，获得心灵的自由”；秉承“不让一个孩子阅读落后”的企业愿景，在还“来得及”的时候，教会孩子们阅读，提高学习能力，“让孩子们更有能力掌握自己的人生”；践行“动员全社会重视儿童读写困难问题，改善其处境，因材施教，实现教育公平，使他们成为爱阅读的阳光少年”的企业使命。

乐朗乐读的企业目标是逐步提高公众与政府对儿童读写困难问题的认知和重视，促进国家立法，实现教育公平，以改善读写困难儿童的处境，使他们得到因材施教和科学矫治的机会，保证读写困难儿童身心健康成长。

“建立专业改善儿童读写困难的培训机构，为低收入家庭提供减免服务，形成交叉补贴。”以企业家精神，用商业的方式，为解决读写困难儿童社会问题贡献力量。

3. 治理机制和管理机制保障

自成立以来，乐朗乐读建立了较为完善的公司治理制度。公司的股权结构中创始人黄兰紫占比 51%，社会企业投资机构香港爱维稳特持股比例为 49%。乐朗乐读董事会五个董事席位中，黄兰紫占有一席，投资方占据两席，社会公益人士占有两席。这就在公司股权结构层面和董事会层面有效控制了乐朗乐读的社会属性不偏离。

作为公司的实际控制人，黄兰紫始终表示不忘初心，公司管理团队和教师团队均支持公司持续致力于改善社会读写困难儿童周遭环境和适龄儿童读写能力提高，同时采取从收入中抽取一定比例反哺减免贫困患儿矫正治疗费用的补助模式。适龄儿童读写困难的教育和读写能力提高的社会属性已经融入了企业文化当中，成为乐朗乐读人的坚守。在黄兰紫看来，乐朗乐读是一家社会企业，社会企业要有社会企业的坚守，不能只追求经济利益。

“社会企业不是纯粹的企业，亦不是一般的社会服务，社会企业透过商业手法运作，赚取利润用以贡献社会。它们所得盈余用于扶助弱势社群、促进小区发展及社会企业本身的投资。它们重视社会价值，多于追求最大的企业盈利。”

冲突与挑战

1.“读写困难”社会认知普及问题

西方国家和我国港澳地区对读写困难的认知已然深度觉醒。香港已经建立读写困难的筛查与援助体系，香港教育统筹局规定，每年入学 4 个月以上的小学生，要在学校接受特殊学习困难量表筛查，被判定为读写困难的学生可以得到统筹局发放的每年两万港元资助基金。2004 年，美国联邦政府颁布《障碍者教育促进法》在学习障碍的定义中增加了阅读困难的内容。而在我国内地，读写障碍尚未被社会广泛认知，全社会对读写困难认知不足。

2008—2016 年，乐朗乐读在北京持续开展“读写困难常识普及”项目，共计在北京举办近 200 场旨在向在校教师普及读写困难的基本常识、如何判断、如何面对以及简单防治办法等的读写困难主题宣传讲座，活动覆盖约 5 万人。通过这些活动使得教师和家长认识到，儿童读写问题是与生俱来的，并不是智力和态度问题，应充分理解孩子的处境，给予及时的帮助。但相对于中国十几亿人口而言，5 万人这个数量还远远不够。读写困难理念的社会普及乃至立法任重而道远。如何引导和充分利用政府、社会和商业的力量提高社会对读写困难问题的关注度亟待解决。

2. 社会价值与商业价值的潜在冲突

社会企业的性质决定了它是社会公益属性与商业属性的结合体。在社会企业的发展中往往会在社会公益属性与商业属性之间发生碰撞，乐朗乐读也不例外。如何打造高水平团队和高效商业模式，同时坚守公益的初心与商业手段的平衡？

乐朗乐读面临的第一个冲突出现在 2014 年乐朗乐读转型之后其所聚焦的社会问题从读写困难教育拓展到了读写能力提高教育后。虽然乐朗乐读始终坚持利用商业盈利反哺读写困难儿童教育的模式，但在公司业务拓展的同时，难免面临注意力失焦的风险，而传统的仅聚焦于读写困难则有可能会面临一些商业价值的挑战。

第二个冲突在于乐朗乐读实施加盟连锁的商业模式后加盟商商业属性与乐朗乐读社会企业所具有的社会公益属性之间的冲突。加盟连锁模式在有效地拓展业务规模和提高企业影响力的同时，也面临着加盟商盈利需求与乐朗乐读社会公益属性的冲突，主要体现在加盟商更关注商业价值，即盈利能力，而非其所能带来的社会价值。从现有数据来看，北京地区两家直营店现有学员中读写困难学员和学习能力提高学员各为 50%，而京外地区加盟连锁店学员则有 95% 为非读写困难儿童的学习能力提高教学。连锁加盟商更加聚焦于商业价值的盈利能力，在一定程度上对乐朗乐读解决读写困难这一社会属性带来了挑战。

3. 融资难题

乐朗乐读的发展规划中有进一步融资的需求，乐朗乐读始终希望利用资本的力量加速自己的发展。在谈及融资时，黄兰紫希望接洽的投资机构能够多给乐朗乐读一些耐心，不要一味地要求其快速发展去完成财务指标，“其实我们还是更希望一些有耐心的资本进来，或者投资规模大一些的社会企业投资机构投资乐朗乐读。”但现状是，一般类公益基金更关注社会问题，反对商业化；社会企业投资机构往往投资规模很小，百万量级投资已经算较大规模了，千万级别的投资目前还没有先例；市场化的专业投资机构往往注重所投企业的高速增长，这显然与乐朗乐读的企业发展理念不符。融资难成为乐朗乐读借助资本力量进一步发展的挑战。

作为国内社会企业领域关注小学生读写障碍和学习能力提高事业的开创者，在过去的9年中乐朗乐读取得了令人瞩目的成就。乐朗乐读一直致力于为读写障碍学员提供专业的教学培训，改变他们的周遭环境，使得读写障碍的社会关注度达到前所未有的水平；同时也将业务转型至小学生学习能力提高，致力于承担更大社会责任。在线教师教学软件系统和智能化的教学平台PDA学堂的上线，使乐朗乐读用技术手段改变了传统的教师培训和教学模式，极大地改善了读写障碍专业教师培训和教学的现状，在实现进一步的教育公平的同时，也为全国范围内的加盟连锁新商业模式提供了支持。技术和商业模式的这两次革新造就了乐朗乐读的成功。在成功承担和扩展自身社会使命的同时，乐朗乐读也正在取得越来越大的商业成功。

展望未来，乐朗乐读的发展面临着诸多困难，既有来自自身发展的困难，也有来自国内社会企业整体状况的困难：如何更有效地提高读写障碍的社会认知水平？如何妥善处理企业社会价值与商业价值的潜在冲突？如何有效地借助资本的力量实现自身跨越式发展？我们期待乐朗乐读在国内小学生读写障碍社会事业上获得更大的成就，为更多的读写困难儿童提供帮助，为提升国内小学生整体学习能力做出更大的贡献。

（吴伟　宋继文　许艳芳）

参考文献

1. 杨晓红，周泓．汉语发展性阅读障碍研究综述．社会心理科学，2010（z2）.

2. The International Dyslexia Association. Definition of Dyslexia. https：//dyslexiaida. org/definition-of-dyslexia.

3. 彭迪．请关注读写困难儿童．社会与公益，2012（12）.

4. 朝阳区政府读写困难儿童助学计划志愿者招募．（2012-12-12）. https：//gongyi. qq. com/a/20121212/000018. htm.

5. 王名，朱晓红．社会企业论纲．中国非营利评论，2010（2）.

6. “博爱之城”力推“全民公益”．（2014-05-12）. https：//www. zsnews. cn/News /2014/05/12/2621708. shtml.

企业资料

1. 乐朗乐读官网，www. 123langlang. com.

2. 这个姑娘坚持了七年，为「读写困难」的儿童做出了标准化教材．乐朗乐读官网，http：//www. 123langlang. com/media/2288. html.

3. 个性化教材自动配选 多屏互动场景教学．乐朗乐读官网，http：//www. 123langlang. com/media/2289. html.

碳阻迹：

碳管理的信息化创新

互联网和低碳作为当今社会两大创新驱动力，需要互相支持才能走得更远。让互联网行业低碳化以及让低碳行业互联网化都是亟须解决的，并且蕴涵巨大商机。

——碳阻迹创始人晏路辉

碳阻迹公司于2011年由牛津大学硕士晏路辉创办，是我国第一家专注于碳排放管理的软件及咨询服务提供商。成立七年来，碳阻迹专业为企业组织提供碳排放管理的咨询、培训、软件以及碳中和等产品和服务。碳阻迹的核心产品是自主研发的“企业碳排放计量管理平台”，这是我国第一款面向组织的碳排放管理软件，目前已经取得三项软件著作权，作为我国唯一代表入围世界银行的气候变化软件大赛，并入围英国大使馆文化教育处“绿色生活行动”六强。

正如碳阻迹名字的由来，碳阻迹成立的目的是减少企业的碳足迹（碳排放）。简而言之，碳阻迹——阻止碳足迹。在2015年的联合国气候大会上，我国政府对世界承诺：到2020年单位生产总值的碳排放要比2005年减少40%～45%，这是一个强制性的碳减排指标。从国内碳排放交易体系建设情况来看，2013年起，我国政府选择的7个碳排放权交易试点逐渐建立交易市场。2017年12月19日，国家发改委组织召开了全国碳排放交易体系启动工作电视电话会议以及新闻发布会，介绍此前印发的《全国碳排放交易市场建设方案（电力行业）》，这标志着全国碳排放交易体系完成总体设计，并正式启动。

全国碳排放交易体系的启动建设，被纳入其中的企业是最直接的受影响者，这意味着更多的企业需要了解碳排放知识、关心碳排放情况，以及评估自身的生产经营对环境造成的影响。然而，在这个领域，我国政府和很多企业还处于起步阶段，部分企业甚至完全不了解、不关心、不重视碳排放管理。作为一家专注、专业于环境领域的软件及咨询解决方案提供商，碳阻迹的宗旨便是在碳管理领域给企业提供专业的指导，成为节能减排和低碳社会的推动力。

碳交易的市场机会

什么是碳交易？什么是碳交易市场？我国碳交易市场目前发展状况如何？要了解碳阻迹的业务和碳阻迹在碳交易市场中所承担的角色，必须先从碳交易和碳交易市场说起。

1. 成熟的欧洲碳交易市场

在推动企业碳减排方面，欧洲早已建立成熟的碳交易市场，即欧盟碳排放交易体系（EU－ETS）。所谓碳交易，即由政府通过对耗能企业的碳排放控制，人为地促进有关二氧化碳排放量交易的市场。欧洲的碳交易市场已经非常成熟，早在1992年6月，在巴西里约热内卢举行的联合国环境发展大会针对全球变暖出台了《联合国气候变化框架公约》，而后又于1997年12月，在日本京都制定了《京都议定书》，并由此催生了以二氧化碳排放为主的碳交易市场机制。欧盟碳排放交易体系于2005年初试运行，2008年初正式开始运行。

在这个碳交易市场机制里，碳包含两个部分，一个是配额，一个是碳减排量。建立碳交易市场的目的是促进整个社会的减排，而促进社会减排的主体就是企业。欧洲的几千家企业都会被分配一个指标即配额，企业的碳排放量不能超过这个指标，否则就要面临一些处罚。若碳排放量超过配额，企业有两个选择，一是在当地购买配额，但是价格很高；二是通过清洁发展机制，投资发展中国家的节能减排项目来实现履约。所谓清洁发展机制（Clean Development Mechanism，CDM），是联合国认可的鼓励发展中国家减排的一个机制。它允许发展中国家开发风电等节能减排项目，将项目产生的减排量卖给欧洲的控排企业，但同时这种欧盟外的减排信用的使用比例是要受到严格控制的。“比如说现在我的排放超过配额100万吨，我可以在当地购买100万吨配额，但这个配额价格特别高，所以很多企业愿意选择购买中国这样的国家的碳减排量来实现履约。一吨碳减排量和一吨碳配额，在履约的时候作用是一样的，但是它们的价格相差很大。”由此可见，CDM是一种双赢机制，既解决了欧洲控排企业减排成本过高的问题，也可鼓励发展中国家节能减排，促进其可持续发展。

2. 方兴未艾的中国碳交易市场

过去十年，欧洲碳交易市场经历了一个由兴起到成熟再到衰落的过程，而我国的碳交易市场才刚起步，有着巨大的发展空间。

目前，我国尚未建立成熟的碳交易市场。2009年的哥本哈根气候变化大会上，我国政府首次提出减排目标，随后逐渐建立自己的碳排放权交易市场。2011年以前，我国没有自己的碳交易市场，只是通过《京都议定书》下的清洁发展机制参与碳交易。之后由于欧洲发生经济危机，大部分企业的碳排放都快速下降，欧洲的企业不再有购买碳减排量的需求，清洁发展机制名存实亡，为推进节能减排，我国急需建立自己的碳交易市场。2011年，我国政府确定北京、天津、上海、重庆、湖北、广东、深圳7个省市作为碳排放权交易试点。2013年6月，深圳率先建立交易市场，拉开了我国碳市场的帷幕，而后各试点省市陆续启动运行。7个碳排放权交易试点涵盖超过3 000家企业，年排放约14亿吨二氧化碳，截至2017年11月，累计成交金额达46亿元。2017年12月19日，国家发改委组织召开了全国碳排放交易体系启动工作电视电话会议以及新闻发布会，介绍此前印发的《全国碳排放交易市场建设方案（电力行业）》，这标志着全国碳排放交易体系完成总体设计，并正式启动。

该方案明确，按照“坚持先易后难、循序渐进”的原则，在发电行业率先启动全国碳排放交易体系，之后再逐步扩大市场覆盖范围，丰富交易品种和交易方式。参与主体包括发电行业年度排放达到2.6万吨二氧化碳当量及以上的企业或者其他经济组织，包括其他行业自备电厂。首批纳入碳排放交易体系的企业1 700余家，排放总量超过30亿吨二氧化碳当量。

从国家层面的管理体制来看，碳交易市场的推动由国家发改委牵头，与相关行业主管部门制定配额分配方案和核查技术规范并监督执行。各相关部门根据职责分工分别对第三方核查机构、交易机构等实施监管。省级、计划单列市应对气候变化主管部门监管本辖区内的数据核查、配额分配、重点分配、重点排放单位履约等工作。控排企业被分配的配额基于政府对该企业的历史碳排放量的追踪盘查，同时也会考虑到企业规模的大小。“企业分配配额是根据企业的排放量来确定的。大的企业肯定分配的比较多，小企业肯定分配的少嘛，”晏路辉解释道。

在碳交易市场上还有一个重要的参与主体——核查机构。符合有关条件的核查机构依据核查有关规定和技术规范，开展碳排放相关数据核查，并出具独立核查报告。目前国内的核查机构不仅包括中国质量认证中心等比较权威的机构，也有很多私人企业通过获得发改委的认可获得做核查的资格。谈及核查机构的费用计量方式，晏路辉介绍说：“考虑到碳本身是一种资产，参与核查的机构都不能直接收企业的钱，如果收企业的钱会有利益冲突。它们基本上都是政府给钱，按数量来算。也跟行业有关，比如化工行业比较复杂，费用会稍微高一点。”

我国碳交易市场目前处于试点阶段，部分试点出现碳排放数据操作不规范的问题，有些核查机构编造、篡改数据，从碳交易中谋取利益；有些核查机构同时参与咨询，这是一个普遍的现象，但也是必须解决的问题。晏路辉认为，这种现象在初期不可避免，随着碳交易市场的成熟，相关核查机构的管理制度需要得到严格执行。

碳阻迹的足迹

碳交易市场本质上是一个政策性市场，不论是数据核查、配额分配，还是核查规范、交易监管，都受到政府相关部门的严格把控。控排企业给核查机构提供相关数据，核查机构依据规定和技术规范，开展碳排放数据核查，基于核查结果各控排企业被分配相应的配额。在这个过程中，碳阻迹承担着什么样的角色？

1. 碳阻迹做什么

在碳交易市场上，碳阻迹的主要工作就是评估提供给核查机构的数据，为企业争取更多的配额。如晏路辉介绍，企业内部有多套数据，碳阻迹的工作正是评估提供哪些数据给核查机构对企业来说更合理、更有利，长远来说能获得更多配额。“当然不是去作弊，还是要通过技术手段来做一些评估，给它提供最优的解决方案。”晏路辉认为，就这方面的数据核查和评估而言，相对于同类咨询公司以及核查机构，碳阻迹经验丰富，技术较为领先。

除了数据核查外，碳阻迹在低碳培训、碳资产开发及管理、低碳技术支持上都有丰富的经验。碳阻迹的客户不仅有我们前面提到的控排企业，还包括政府、交易所、核查机构以及类似碳阻迹的碳资产公司。除了为控排企业提供解决方案外，碳阻迹还会给政府提供培训服务、帮碳交易所开发交易平台、帮核查机构开发核查系统以及帮碳资产公司开发管理碳减排项目的系统等。而早些时候，碳阻迹的业务更多地涉及出口需求。出口需求指的是作为欧美企业的供应商，我国许多企业需要向那些欧美企业提供碳排放的信息。不仅如此，许多投资者也对其拟投资的企业有碳信息披露方面的要求。英国的一个非政府机构（NGO）曾发起一个碳信息披露项目，代表了全球投资机构的诉求。投资机构希望通过这个项目了解企业的信息，希望看到自己投资的企业是可持续发展的。这个项目带动了很多企业对碳减排的重视，“对世界500强来说，它不得不这样做，它不这样做的话就没有投资了，或者投资者关系就处不好。它不仅自己这样做，还要求它的供应商这样做，所以我国的很多企业就被带动了，开始这样做。”可以看到，在碳信息披露、碳核算、碳管理咨询等方面，碳阻迹拥有丰富的经验，也获得了多方认可，在全国碳交易市场建立的进程中发挥了重大的作用。

碳阻迹丰富的碳核算、低碳培训、碳资产开发及管理等方面的经验，使其成为领域内的佼佼者。然而，创始人晏路辉的目标不止于此。纵观其创业历程，可以看出，提高公众的碳减排意识、促进公众的碳减排行动，一直是其义不容辞的责任和使命。碳阻迹也一直致力于驱动公众减排，利用自身优点，通过互联网技术带动大规模民众学习碳减排知识，采取碳减排行动。

2. 创始人和创业历程

别看碳阻迹目前小有成就，晏路辉的创业历程可并非一帆风顺。作为一个技术出身的“程序猿”，晏路辉因何对碳管理产生兴趣？毕业后在英国知名的碳管理咨询公司工作，又为何选择独自一人回国创业？

2011—2013年独自归国、创业维艰

晏路辉本科学的是计算机，毕业后便留在国内某银行做“程序猿”，负责开发网上银行系统。那时的晏路辉十分迷茫，在银行工作的两年，他不断思考自己的未来，难道就这样度过自己的一生？当他听到自己内心“不”的声音后，决定离开这个地方，去更广阔的世界闯荡。他选择了一条旁人难以理解的道路——辞去体面稳定的工作出国深造。2009年获得牛津大学计算机科学硕士学位后，晏路辉留在英国，在一家名为BestFoot Forward的碳管理咨询公司工作，担任高级软件工程师兼产品经理，负责开拓中国市场。晏路辉坦言，在BestFoot Forward做碳排放管理系统，让他第一次接触到碳足迹、碳管理等概念，当时他对公司所做的业务还不甚了解。进入公司半年后，晏路辉发现碳管理是一个很有前景、很有意义且与自己十分契合的领域，而后便申请多做一些咨询工作，主动了解行业发展情况和国内市场。2010 年晏路辉多次往返中国，考察中国市场，试图为公司拓展一些中国客户。正是这段不断往返中国的经历，让晏路辉接触了很多国内的早期机构，比较深入地了解了国内的市场。基于对国际形势和国内市场的判断，晏路辉认为中国政府必定会重视碳交易市场的建立。加上 2010 年以后欧洲经济整体下滑，英国的碳管理咨询业务开始下滑，晏路辉毅然决定回国创业，期望在中国这个广阔的市场开拓出一片天地。

由于晏路辉本人是学计算机出身，2011 年 3 月成立公司时，第一件事情就是开发碳管理软件，这也成了碳阻迹目前的主打产品。2011 年碳阻迹成立时只有晏路辉一个人，在工商局注册的启动资金仅 50 万元，但面对的是巨大的中国市场。成立的第一年，晏路辉拉来以前的同事，一起开发碳管理软件。基于铺垫市场的想法，前期碳阻迹为上百家企业免费提供碳管理软件的使用权。对此，晏路辉认为这种做法是有回报的，企业使用碳管理软件后期会产生升级、维护和定制需求，能为碳阻迹带来相应的回报。创立的第二年，碳阻迹才开始有付费客户。据晏路辉回忆，碳阻迹的第一个付费客户是某交易所。“这个交易所在 2012 年请我们帮它做培训，收入也非常少，就几千块钱，都不够买机票，但也得去。先把第一个付费客户拿下，后面就会好很多。”对于碳阻迹来说，前两年是比较困难的时期。由于创立的第一年公司没有收入，与晏路辉一起开发碳管理软件的同事离开了，头两年基本上是晏路辉一个人在管理公司。但好在晏路辉看到了行业的前景，并有坚持事业的信念，他没有放弃。

2013—2017 年紧跟热点、拓展业务

创业第二年有了客户后，碳阻迹顺应客户的需求不断拓展自己的业务，发展逐步走向正轨。正如晏路辉介绍的，碳阻迹的低碳培训及碳管理咨询等业务是根据市场的需求逐渐开发拓展的，最后基本上形成了软件和咨询两项核心业务，对应目前的 IT 和咨询两个部门。2013 年，碳阻迹才开始正式的人员招募，目前碳阻迹团队的成员大部分是 2014—2015 年加入的。创业的前三年，员工的流动率较高，一方面因为公司短期内没有利润，另一方面因为晏路辉在人才激励上缺乏经验。2014 年公司开始有利润，意识到员工流动给公司发展带来的不利影响后，晏路辉也越来越重视对人才的培养和激励。

目前碳阻迹只有 IT 和咨询两个部门，总共 12 人，没有单独的市场部、人力资源部等部门。公司以业务为中心，以项目组的形式运作，结构较为扁平化。据晏路辉介绍，咨询部门员工基本都有英国留学经验，且都是硕士学历，个人能力普遍比较强，进入公司不久便可以自己独立承担一些项目。在人才管理上，晏路辉认为“目标管理”是一个十分重要的工具，“他们每年是有目标的。每个人负责的那块业务要达到这个目标，根据以前的情况每年有一个增长，跟年终奖直接相关。”当然，这种目标不是由晏路辉一个人决定的，而是他与项目组的所有成员共同讨论决定的。从确定项目、分配项目到制定目标，整个过程中晏路辉都会与员工协商，共同决策，尽量做到民主，最大限度地激发员工的潜能。

碳阻迹善于紧跟热点，2013 年创建微信公众号，在低碳领域是第一个。创建公众号后碳阻迹开发了一些功能，如将碳计算器这样的小工具放上去，供用户使用。从 2014 年开始，碳阻迹开发了一系列产品，将更多的经验和产品应用于日常生活当中，向公众普及低碳知识，提高公众减排意识，如 2014 年与联合国环境署共同发布的《绿色会议指南和行动》，2016 年发布的碳学堂，以及 2017 年初投入运行的“全民碳交易”小程序。可以看到，晏路辉的目标不仅仅是要促进企业碳减排，更要提高公众的碳减排意识、促进公众的碳减排行动。

促进碳减排的新尝试

碳阻迹的主要业务是为企业组织提供碳排放管理的咨询、培训、软件以及碳中和等产品和服务，而后碳阻迹做了一次转型，将更多的经验和产品应用于日常生活当中，以提高公众碳减排意识。软件和咨询听起来十分“高大上”，而贴合公众的碳减排活动则显得容易理解和接受。对于碳阻迹来说，二者同等重要，面向企业的产品和服务是碳阻迹的安身立命之本，也是晏路辉创业的初心；而面向普通公众的碳减排新尝试是碳阻迹朝更远大的梦想迈出的一小步。

1. “企业碳排放计量管理平台”——碳排放管理的软件服务

碳阻迹于 2011 年自主研发出我国第一个碳排放管理领域的软件系统——企业碳排放计量管理平台（Carbon Accounting and Management Platform，CAMP，见图 1），这是一款专门为各级政府、企业提供碳排放量核算以及碳排放量分析管理的软件产品。通过该平台，企业可以对自己的碳排放量进行量化、分析、管理以及报告，并通过图表清楚地了解自身碳排放现状以及实施碳减排的着力点。软件按照客户需求的复杂程度分为标准版、加强版与定制版，客户可根据自身诉求选择不同的版本，按照年限计费。

目前，CAMP 已经拥有超过 100 家国内外客户。通过该碳管理软件，碳阻迹计划在 2020 年实现帮助企业客户减排 1 800 万吨二氧化碳的目标。碳阻迹服务的客户涵盖跨国企业、大型国有企业、民营企业、国际组织、政府机构和非政府组织等；行业领域包括通信、钢铁、化工、电力、玩具、电信、汽车、食品饮料、农产品、能源等。

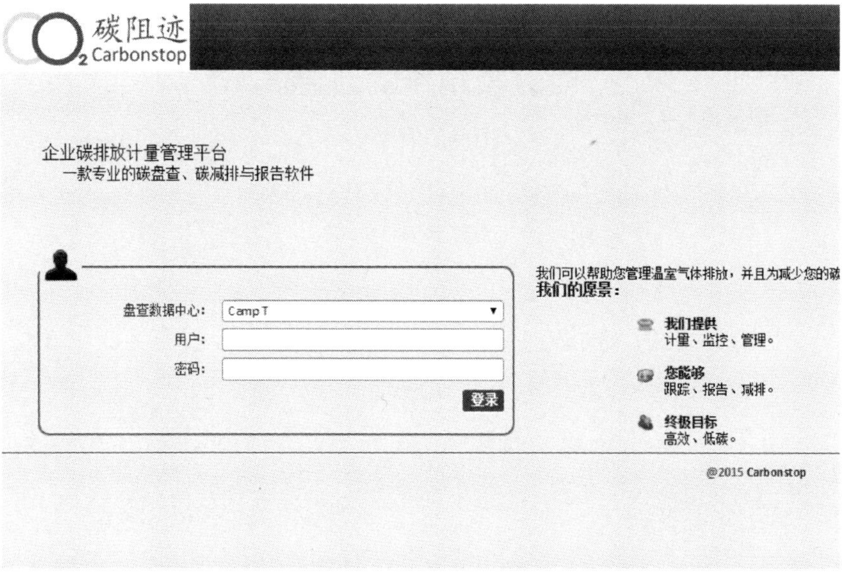

图 1　企业碳排放计量管理软件平台（V2012）

2. 碳排放管理咨询

碳管理咨询提供的服务内容包括：碳排放核算、碳市场顾问、碳信息披露、产品碳足迹（见图 2）。

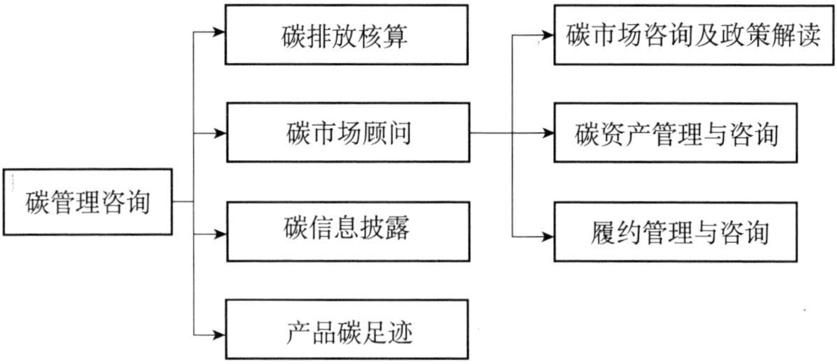

图 2　碳管理咨询服务内容

碳阻迹根据国内外碳核算标准对企业的碳排放进行科学准确的计算，通过数字发现问题，帮助企业清楚了解碳排放状况，为制定碳减排策略以及实施低碳项目提供数据依据（见图3）。在此基础上，碳阻迹还为控排企业提供全面的“碳市场顾问”服务，内容包括：碳市场咨询与政策解读、碳资产管理与咨询、履约管理与咨询等。

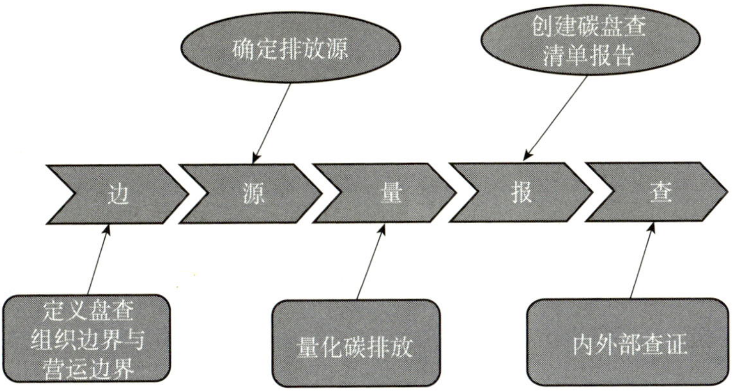

图3　碳核算流程

此外，碳阻迹与碳信息披露项目（Carbon Disclosure Project，CDP）合作，为企业提供碳排放核算和CDP问卷的咨询，鼓励企业披露应对气候变化的战略和温室气体排放数据，并协助企业在理解碳排放管理的基础上，有效量化其碳排放信息，制定碳减排策略。可以看出，企业碳披露的基础还是碳核算及碳管理知识。目前，碳阻迹已指导几十家国内企业开展碳排放信息披露，这些企业在CDP问卷上均取得了优异成绩。

碳阻迹拥有环境咨询领域的国内外合作伙伴，共同为客户提供最优质的咨询及软件服务。如碳阻迹是联合国环境署可持续发展领域的合作方，世界资源研究所（WRI）是碳阻迹在碳排放计算工具领域的合作方，BestFoot Forward是碳阻迹在碳盘查咨询业务上的合作伙伴。

在碳阻迹的协助下，企业开展碳管理工作有以下三方面好处：第一，对于出口企业，可以满足国外客户碳排放披露的要求；第二，通过碳排查，企业可以了解各个生产环节产生的碳排放，从而有针对性地制定节能减排措施，实施低碳项目，减少成本；第三，履行企业环境责任，有效提升企业形象，赢得消费者的认可。碳阻迹倡导通过科学的方法和精确合理的数据计算碳排放，并从商业角度为企业量身定制碳管理方案，使企业积极应对风险，把握市场良机，在市场竞争中始终处于领先地位。

3. 低碳 + 互联网——促进公众减排的新尝试

除了给企业提供碳管理软件和咨询，碳阻迹还将更多的经验和产品应用于日常生活当中，这是碳阻迹的一次重要转型，其目的是向公众普及低碳知识，提升公众减排意识，并让作为消费者的公众意识到，自己购买企业的产品或服务也是为企业的环境影响买单。

2014 年，碳阻迹和联合国环境署一起发布了《绿色会议指南和行动》，旨在呼吁人们组织会议时从各个方面优先考虑对于环境和生态的影响。“绿色会议”的中心理念是将资源善用与环境的优先考虑尽早地纳入会议举办的规划以及准备当中，即在会议的各个部分都优先考虑对于环境与生态的冲击。这是碳阻迹推动公众碳减排的一个切入点。一次大型的会议中，大量参会人员的交通、食宿等行为，以及会议材料和物资的采购行为，都会产生大量的碳排放。“绿色会议”微信公众号给参会人员提供了线上会议注册的渠道，以及线上的会议材料和会议新闻，并提供实时的碳排放信息查询。

绿色会议案例：碳市场交易策略研讨会

绿色会议的三大目标是：会议无纸化：节省办会成本，减少纸张浪费，减少碳排放，提升参会人员环保意识；注册高效化：通过微信注册参加会议，减少人力投入成本，实现高效轻松办会；碳排放量化及碳中和：将参会人员碳排放计算出来，通过碳汇或减排项目抵消会议产生的碳排放，实现真正的绿色低碳会议。

为了在更大范围内推广绿色会议的理念与实践，碳阻迹团队除了为机构直接提供绿色会议的服务外，还提供绿色会议系统平台的开发服务，使绿色会议在更多领域得到落实。绿色会议自 2014 年启动以来，已陆续为多家机构完成近 200 场绿色会议。通过绿色会议，碳阻迹预计帮助客户在 2020 年实现碳减排 300 万吨。

2016 年 11 月 4 日，恰逢《巴黎气候协定》正式生效之日，由碳阻迹研发的我国第一个线上低碳学习平台——碳学堂成立了。碳学堂以碳排放权交易市场和公众参与为切入点，涵盖低碳领域的方方面面，包括气候变化科学、气候变化谈判、国际国内低碳政策、碳交易、碳核算、碳披露、碳金融、碳汇、碳资产开发等，致力于让更多的人用绿色低碳的方式了解气候变化、碳市场建设等绿色低碳话题。碳阻迹邀请行业中各细分领域顶级专家分享碳市场专业知识，让关注低碳的人们通过观看

碳学堂网站

视频、碳友互动、低碳服务等提升应对气候变化、实现低碳转型的能力。课程的观看通过碳币结算，碳币是根据全国各试点的碳价加权而得（全国碳市场开启后将另行计算），碳币兑换人民币的汇率每个月更新一次。系统会计算线上课程相比线下课程的碳减排量，这种线上交流平台模式覆盖面广、成本低、效率高，能在更大程度上调动公众参与的热情。在碳学堂中，碳阻迹的目标是培养大约 2 000 名低碳学员，让更多来自不同领域的人了解低碳知识。

2017 年 1 月，碳阻迹研发的“全民碳交易”小程序上线。“全民碳交易”通过模拟碳交易，为对碳交易感兴趣的人提供一个学习知识、锻炼实操能力的平台。自投入运行以来，“全民碳交易”小程序已经成功举办三季活动。第一季活动短短 5 天便吸引了超过 2 000 人参加，在碳圈内获得了广泛认可；第二季访问量有了巨大的突破，短短 5 天吸引了

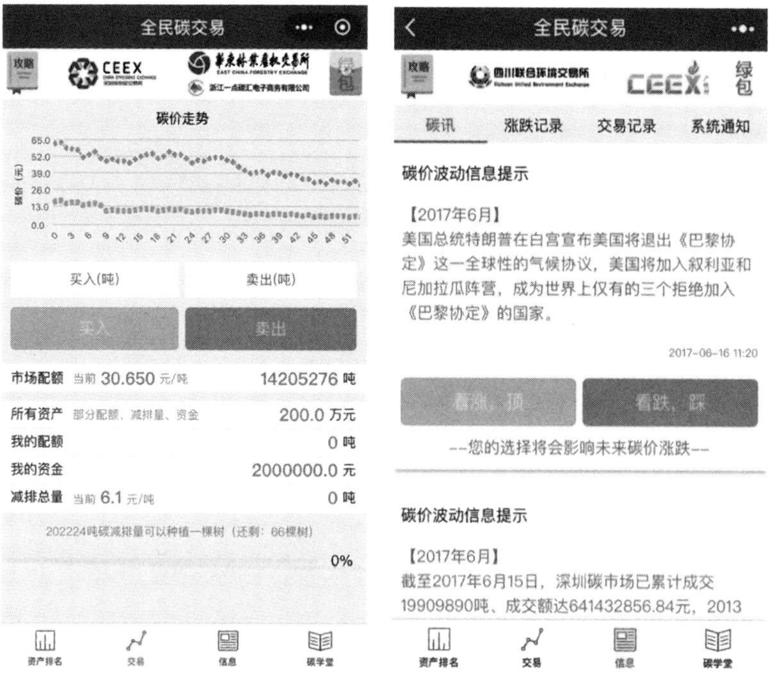

“全民碳交易”小程序页面

超过 20 000 人参与，点击量突破 200 万次；第三季累计用户 34 000 人，访问量更是突破 300 万次，活跃用户接近 7 000 人，比第二季增长 64%，说明越来越多的企业和普通民众对碳市场产生浓厚的兴趣并积极学习。

碳阻迹的核心能力

自 2011 年创立以来，碳阻迹经历过业务萧条的艰难，面临过人才流失的困境。是什么支撑碳阻迹一路走来，并不断发展业务、开发产品，在领域内成为佼佼者呢?

1. 沿袭欧洲先进思想，用数据指导管理

碳阻迹这种介入碳市场、为控排企业提供碳盘查和碳管理咨询服务的模式是对欧洲优秀碳管理咨询公司的一种模仿。晏路辉也坦言其前雇主对自己的影响，“可能很多理念是比较像，我们还是学了很多英国的理念过来，比如说碳核算，最重要的理念就是要用数据来指导管理”。然而，中国市场与欧洲市场在很多方面存在很大的差别，因此要进入中国市场做碳管理的咨询，必然需要根据本土的情况做一些调整和改变。“国际国内的核算标准是不一样的，至少你也需要本土化，很多数据要用国内的。比如说我算用电的碳排放，那国内的跟国际的就差很大，因为电的来源是差别非常大的。像英国那边相对来说更清洁一点，中国的话，火力发电碳排放就比较高了。计算排放的公式也是不一样的。”

对于晏路辉来说，在英国的两年工作经验让他对碳领域产生了极大的兴趣和热情，也让他学到了很多碳核算和碳管理的技术和思想，这些无疑都为他回国创业打下了坚实的基础。但同时，要想在国内开辟出自己的市场，则必然需要根据中国市场的特殊情况进行有特色的创新发展

和尝试。这些独特的思考和尝试都使碳阻迹在碳领域获得了良好的成绩和口碑。

2. 提前布局，打造软件与咨询相结合的解决方案

谈及碳阻迹在行业中的位置，晏路辉比较自信地说："在行业当中，我们最大的优势是软件和咨询结合的解决方案，而不是只做咨询或者软件。我们软件方面有竞争对手，咨询方面也有竞争对手，但解决方案这块基本上没有。"碳阻迹打造的软件与咨询相结合的解决方案，与碳阻迹的发展道路和人才背景紧密相关。

事实上，碳阻迹创立之初目标很明确，主要是做碳管理软件，这也与晏路辉本人的技术背景密切相关。基于推广软件的想法，碳阻迹开发的中文版碳管理软件首先提供给客户免费试用，而后客户对于系统的升级、维护和定制产生具体的需求，便能为他们带来收入。另一方面，客户逐渐产生了培训、咨询等服务的需求，"一开始我们给机构提供一些软件服务时，发现它们也需要培训，需要咨询，所以就结合起来提供解决方案，这种门槛就会高一点"。如此一来，碳阻迹逐渐拓展出低碳培训、碳管理咨询等业务。

另外，这种软件加咨询形成解决方案的优势，也与碳阻迹的人才背景密切相关。目前碳阻迹主要有两个部门，IT 和咨询两个部门总共 12 人，软件方面主要由 IT 部门的员工负责，咨询业务则主要由咨询部门员工负责。其中，咨询部门员工均有英国留学背景，且都是硕士学历，个人能力普遍比较强。据晏路辉介绍，大多数员工进入碳阻迹，一个重要的原因是他们对碳领域充满热情并认同碳阻迹的理念，这也是碳阻迹在咨询服务方面比同行出色的重要因素。

3. 紧跟热点，抓住时机

碳阻迹擅长紧跟热点，典型的例子便是其对于移动互联网的使用。

在低碳领域，碳阻迹是第一个做微信公众号，也是第一个做微信小程序的，这也是相比欧洲碳管理咨询公司的一种创新。正如晏路辉介绍的，“我们更多是借助手机端。后面我们做了很多，比如说手机端的碳计算器，这个在英国肯定是没有的；还有绿色会议，这是其他任何国家都没有的，都是我们国际首创”。在晏路辉本人看来，互联网和低碳作为当今社会两大创新驱动力，需要互相支持才能走得更远。“互联网行业要低碳的主要原因在于互联网公司直接面向终端消费者，体验、品味以及社会责任成为互联网公司在新消费时代的新驱动；低碳行业最重要的是数据，通过互联网使得数据更易获取，同时获取过程更透明，避免主观性以及人为操纵，比如碳排放报送系统的建立。”

通过互联网的方式来吸引更多人加入，也是我国新兴的互联网技术带来的一些天然的优势。具体来说，微信公众号也好，微信小程序也好，通过对这种移动互联网技术的运用，碳阻迹能与普通公众进行更多直接的、有效的互动，传递碳阻迹的理念，提高公众的减排意识，这也与晏路辉的初衷相符。晏路辉在谈到碳阻迹的发展轨迹时说：“（碳阻迹）前面更多做 B2B，为企业、机构提供软件、咨询，提供解决方案。但后来慢慢地觉得低碳这件事还是需要更多人参与，这也是我们的使命。我们叫碳阻迹嘛，阻止碳排放，减少碳足迹。”对于碳阻迹来说，不仅是冰冷的机构，还有有热度的人参与到碳减排中，是它更希望看到的。

具体来说，碳阻迹把更多的经验和产品应用于日常生活当中，如绿色会议、碳学堂、全民碳交易等，都是碳阻迹在推动公众关心环保、关心低碳，并把日常生活中的行为与低碳结合起来所做的一些尝试。以碳学堂为例，作为我国第一个线上的低碳培训平台，它旨在通过互联网加快低碳领域的能力建设，更快、更好地应对气候变化。碳学堂提供在线的碳市场相关的专业知识视频，让关注低碳的人们通过观看视频、碳友互动、低碳服务等综合提升应对气候变化、实现低碳转型的能力。这种线上交流平台模式覆盖面广、成本低、效率高，能在更大程度上调动公众参与的热情。近年来，碳阻迹利用互联网平台，不断开发与公众紧密结合的活动，增强公众参与感，如与政府合作，开展碳普惠活动，未来将与高校合作，开展碳减排活动。

4. 形成企业与个人用户循环的“生态圈”

目前来说，碳阻迹的主要收入来源还是碳管理软件和碳管理咨询服务。对于碳阻迹来说，虽然面向普通公众所做的尝试尚未带来经济回报，但这种尝试并不是毫无意义的。碳阻迹的目标不仅仅是要企业重视碳减排，还要普通公众关心碳减排，并在更大范围内推动碳减排，倒逼企业做低碳转型。另一方面，面向普通公众的尝试可以为碳阻迹带来更多的企业客户，形成一个生态圈，“对低碳或者对绿色感兴趣的，不管是人还是机构，开始会关注这件事，然后可能会成为我们的潜在客户。功利一点就是说成为潜在客户，当然也可以说成为这个生态圈的一部分”。以碳学堂为例，“其实很多人参加培训的目的不是花时间或金钱学具体的知识，而是要跟专家建立联系。因为在碳领域，这些愿意参加培训的人都有很直接的诉求，想在碳交易里面赚钱。所以他愿意花很低的成本进入这个市场。跟行业中最牛的人建立联系，会给他带来很多资源，这就是它的价值”。

获得更多的公众参与，一方面为碳阻迹创造了一种生态环境，所有对低碳或绿色感兴趣的人和机构可以在生态圈中互动与交流，维持碳阻迹的可持续发展；另一方面，公众对低碳产品的了解、对低碳的重视，可以倒逼企业向低碳转型。晏路辉认为，强迫或诱惑企业碳减排，动力不足也不可持续，然而如果消费者愿意为此买单，并且非常看重企业或产品的低碳性能的话，企业就会更有意愿进行低碳转型。这也是碳阻迹希望达到的目标。

发展与挑战

碳阻迹目前已经成为领域内的佼佼者，创始人晏路辉也在碳圈小有名气。然而，晏路辉的“野心”还不止于此，我国碳交易市场的建设道路还很漫长，公众碳减排认知仍需加强，碳阻迹任重而道远。未来的几年，对碳阻迹来说，机会和挑战并存，就看作为创始人的晏路辉如何把握机会，是否能迈上一个新台阶。

1. 业务拓展与产品开发

在碳信息披露、碳核算、碳管理咨询等方面，碳阻迹已经拥有丰富的经验，也获得了多方认可。对碳阻迹来说，业务收入的主要来源是为企业提供碳管理软件和咨询服务，针对普通公众所做的业务如绿色会议、碳学堂基本上没有利润或收入微薄。但碳阻迹的目标不仅是在碳市场上减少企业的碳足迹，更要从生活点滴中减少每个普通人的碳足迹。对于碳阻迹未来的业务发展，晏路辉依然秉持自己的理念，强调从各个方面减少碳足迹。从 B 端，要抓住全面启动碳交易市场的机会，不断扩充资源，加深与各方的合作；从 C 端，要不断开发新的产品和功能，提高公众的参与度。对于公司的成长和扩张，晏路辉也有自己的想法，“从长远来讲，我们都觉得不一定要成立很多公司，不需要太多的人，还是希望更精细化”。

对于碳阻迹的未来，晏路辉比较乐观，理想也较为远大。“将来可能很大的目标也是全球化，因为在这块中国还是有很大的优势。中国已经成为全球最大的碳排放国家，中国碳市场是全球最大的，现在伴随‘一带一路’建设，很多碳排放经验也是输出给了其他一些国家，其实这对我们来说也是一个机会。我们的市场不能仅限于中国，但中国的优势在于体量大，还有这些新兴的技术像互联网技术其他国家是没有的。

我们把这些东西融合起来，形成一种比较整合的产品，或者是一个服务解决方案，然后推出去，这样跟美国、欧洲国家竞争还是会有优势的。到那个时候再来谈上市就会水到渠成，不是那么勉强。”对于上市，晏路辉并没有太多功利的想法，他更多地考虑上市可能给碳阻迹带来的机会和空间，以及对碳减排事业的推进作用。

作为一家在碳领域已有丰富经验、拥有丰富资源的公司，必然会吸引很多投资者的关注。然而现在，碳阻迹尚未接受任何一家投资机构的投资。究其原因，晏路辉说：“对投资者来讲，他希望很快有回报。我们不是纯的互联网公司，周期会稍微长一点。我觉得前期还是在摸索的阶段，因为这个市场本身包括像主管部门发改委，也是在摸索，都不知道市场要往哪里走，所以还是脚踏实地，先走一段时间，走稳一点。”目前来说，碳阻迹的产品和服务能够形成自己的生态圈，“我们自己可以靠业务周转起来、滚动起来。比如说软件、咨询业务都是有收入的，然后可以支持我们开发 C 端的服务，然后 C 端的服务又反哺回来，带来更多的客户，就这样形成一个循环”。

2. 面临的挑战

作为一个在碳领域已积累了七年经验的企业，碳阻迹走出了一条具有中国特色的发展道路。对于未来的发展规划，晏路辉也一直有自己的想法。七年来碳阻迹积累的数据和经验已成为其核心竞争力，碳阻迹这个品牌在碳领域也具有一定的知名度。对于碳阻迹来说，2017 年全面开启的全国碳交易市场是一个千载难逢的机会，或将成为碳阻迹迈上新台阶的关键。但同时不容忽视的是，新的机会也会带来很多新的挑战，如何在激烈的竞争中脱颖而出，充分利用资源、开拓市场，同时吸引和留住人才，对碳阻迹来说是一个不小的考验。

对于碳阻迹目前发展遇到的困难，晏路辉也很坦诚，缺乏与政府对接的资源是阻碍其发展的一个因素。“比如我们之前也试图跟政府走得更近一点，但就是没有这个能力。如果有这个资源或能力的话，其实后面做事情会顺畅很多。但我们纯粹是自己创业，就没有这个资源。而其他很多机构直接请发改委入股。跟它们竞争，我们只能靠产品，我们是自下而上，它们是自上而下，就是这样的一个打法。我们说得好听是农村包围城市，能做成的话，那就是真的比较正能量的事情。”对于缺乏与政府对接的资源与能力，晏路辉看到了另一面，认为碳阻迹的这种发展模式也有自身的优势，“你看那些公司，它就不可能做全民碳交易这样的东西，它也没必要做这些东西。所以这个说是劣势，其实我觉得也是优势。我们还是更接地气，要发展求生存吧。”

除了缺乏资源，很难跟政府进行深入的沟通和合作，碳阻迹的另一个弱势是市场推广。正如晏路辉所说，碳阻迹过去的客户都是自己找来的，后期更多是慕名而来，其基础是碳阻迹先进的技术和良好的口碑。碳阻迹很少去维护客户关系，更多的是靠产品和服务。但随着全国市场的开启，市场的推广和客户的维系是碳阻迹不得不重点关注的问题。

目前来看，除了偶尔现金流比较紧张之外，碳阻迹的发展一切顺利。对于碳阻迹目前的节奏和发展轨迹，创始人晏路辉十分满意。“现在的确有很多机会，看能不能抓住了，这是最大的挑战。”

（刘彧彧　翟羽佳）

参考文献

碳阻迹：拭去碳足迹．（2015-10-21）．http：//www.chinatoday.com.cn/chinese/economy/ls/201510/t20151021_800040858.html.

企业资料

1. 碳阻迹官网，www. carbonstop. net

2. 碳阻迹服务号，carbonstop.

3. 碳阻迹订阅号，carbonstop_ dingyue.

致　谢

感谢以下机构与个人对本书理论框架及案例选择提出的中肯建议：

北京大学公民社会研究中心主任袁瑞军及其研究团队

深圳市中国慈展会发展中心秘书长典春丽

深圳市社创星社会企业发展促进中心理事长夏璇

億方公益基金会秘书长李北伟

友成企业家扶贫基金会秘书长零慧

社创之星秘书长陈迎炜

爱佑慈善基金会公益创投项目组

北京大学政府管理学院教授句华

北京大学政府管理学院公共政策系主任李永军

中国人民大学马克思主义学院副教授张晓萌

华北电力大学人文学院教授朱晓红

对外经济贸易大学公共管理学院副教授金仁仙

中央民族大学管理学院副教授李健

美国宾夕法尼亚大学社会政策与实践学院教授、Nonprofit and Voluntary Sector Quarterly 杂志主编郭超

感谢中国社会企业与社会投资论坛 2017 年会上提供机会发布中国社会企业界定框架。

感谢中国人民大学商学院在读研究生郭欣楠为本书“社会企业理论框架”部分撰写做出的贡献。感谢中国人民大学商学院在读研究生翟羽佳、在读本科生米壮和占烁、MBA 学员蔡金峰为本书案例部分撰写做出的贡献。

图书在版编目（CIP）数据

社会企业家精神/毛基业，赵萌等著.—北京：中国人民大学出版社，2018.7
ISBN 978-7-300-25897-3

Ⅰ.①社… Ⅱ.①毛… ②赵… Ⅲ.①企业管理-研究 Ⅳ.①F272

中国版本图书馆 CIP 数据核字（2018）第 116791 号

社会企业家精神
——创造性地破解社会难题
毛基业 赵 萌 等 著
Shehui Qiyejia Jingshen

出版发行	中国人民大学出版社			
社 址	北京中关村大街 31 号	邮政编码	100080	
电 话	010－62511242（总编室）	010－62511770（质管部）		
	010－82501766（邮购部）	010－62514148（门市部）		
	010－62515195（发行公司）	010－62515275（盗版举报）		
网 址	http://www.crup.com.cn			
	http://www.ttrnet.com（人大教研网）			
经 销	新华书店			
印 刷	北京联兴盛业印刷股份有限公司			
规 格	160mm×230mm 16 开本	版 次	2018 年 7 月第 1 版	
印 张	20.25 插页 2	印 次	2019 年 12 月第 2 次印刷	
字 数	265 000	定 价	59.00 元	